21世纪高等教育会计通用教材

财务分析实验教程

（第二版）

周晋兰　胡北忠　主编

东北财经大学出版社
Dongbei University of Finance & Economics Press

大连

图书在版编目（CIP）数据

财务分析实验教程／周晋兰，胡北忠主编. —2 版. —大连 ： 东北财经大学出版社，2014.8（2016.12 重印）
（21 世纪高等教育会计通用教材）
ISBN 978-7-5654-1654-5

Ⅰ. 财… Ⅱ. ①周… ②胡… Ⅲ. 会计分析-高等学校-教材
Ⅳ. F231. 2

中国版本图书馆 CIP 数据核字（2014）第 184126 号

东北财经大学出版社出版
（大连市黑石礁尖山街 217 号　邮政编码　116025）
教学支持：（0411）84710309
营销部：（0411）84710711
总编室：（0411）84710523
网　　址：http：∥www. dufep. cn
读者信箱：dufep @ dufe. edu. cn

大连美跃彩色印刷有限公司印刷　　　东北财经大学出版社发行

幅面尺寸：170mm×240mm　　字数：349 千字　　印张：17　　插页：1
2014 年 8 月第 2 版　　　　　　　　　　2016 年 12 月第 6 次印刷

责任编辑：李智慧　　　　　　　　　　　　　责任校对：王　娟
封面设计：冀贵收　　　　　　　　　　　　　版式设计：钟福建

定价：28.00 元

第二版前言

　　《财务分析实验教程》第一版于 2011 年 8 月由东北财经大学出版社出版发行。在过去约 3 年的时间里，本书深得用书师生的厚爱与好评，他们一致认为本书紧密结合我国资本市场的现状，以我国上市公司连续多年的报表为例展开分析，紧扣时代脉搏，财务分析实验项目设计科学合理，能够提高学生的操作能力。在此，非常感谢大家的鼓励与支持！

　　经过长期的"财务分析"课程教学的积累，我们财务分析课题组的各位老师设计了财务分析课程实验教学的实验项目。其设计原理是以我国上市公司为背景展开，根据实验教学目的，教师提出具体的实验内容及要求，要求学生上网查阅我国上市公司报表等财务信息资料，运用所学的财务分析方法，对公司的盈利能力、偿债能力、营运能力及发展能力进行综合分析与评价，撰写财务分析报告，并将财务分析过程制作成 PPT 进行演示和讲解，着力提高学生发现问题、分析问题的能力，以及财务分析理论知识的综合运用能力及电脑操作能力。

　　本次修订，对第一至第四章的"环比趋势分析"的公式进行了更正；对第二至第四章主要以小数表示的分析数据调整为以百分数表示；并增加了第十一章"企业财务预警分析"。

　　本书的特色体现为：

　　1. 本书以 2007 年实施的企业会计准则为基础，以 2007—2010 年连续四年的报表为分析依据，完整、系统地介绍了财务分析的基本理论和基本方法。

　　2. 选取上市公司作为分析对象，让学生全面了解我国资本市场的信息披露体系，并可以随时查询、了解上市公司的最新信息，以增强学生的感性认识。

　　3. 教材设计与实际需要相结合，能够实现因材施教、因需施教的办学理念，旨在提高学生的专业知识、技术能力和业务素质。

　　4. 本书是以 2007—2010 年连续四年的报表展开的分析，具有时效性、完整性和连续性。

　　《财务分析实验教程》的编写与修订工作，得到了贵州财经大学以及贵州财经大学会计学院领导的鼓励和支持，同时也得到了财务分析课题组各位老师的热诚帮助。财务分析课题组的老师参与了本书编写大纲的讨论及资料的收集、整理、计算与分析工作。本书的具体分工如下：周晋兰教授负责本书框架设计、组织分工和审核定稿，并撰写、修订第一章、第三章、第五章、第六章、第七章、第九章；胡北忠教授负责拟定本书的编写提纲并撰写、修订第四章；林文副教授负责撰写、修订第二章；张丹老师负责撰写、修订第八章；杨昀副教授负责撰写、修订第十章；程蕾副教授负责撰写第十一章。在此，对贵州财经大学、贵州财经大学会计学院的领导以及财务分析课题组的各位老师表示深深的感谢！

　　由于作者水平有限，书中难免存在错漏，敬请读者批评指正。

周晋兰　胡北忠

2014 年 7 月

第一版前言

"财务分析"是一门理论性、实践性、技术性和操作性都比较强的课程，同时又是一门介于会计学、财务学、管理学、经济学之间的边缘性学科。如何组织好"财务分析"课程的教学，近年来引起了会计学界诸多学者的高度关注。作者根据多年的教学积累，借鉴MBA案例教学法，在多年的教学中不断总结经验，创建了"财务分析"三维教学模式，即理论教学、案例教学和实验教学相结合的三维教学模式。

一、理论教学环节：以教师为主体，系统介绍财务分析学科的基本理论、基本内容和基本方法。

在理论教学环节，仍以教师为主体，讲授财务分析学科的基本理论、基本内容和基本方法。理论部分主要介绍财务分析的主体、分析目的、分析对象、分析内容、分析依据、分析标准和学科定位等；基本方法部分主要介绍比较分析法、比率分析法、沃尔分析法、杜邦分析法、综合分析法、财务预警分析法等。通过理论教学的学习，让学生掌握财务分析的理论体系、学科定位、分析方法、分析步骤和分析程序，同时让学生了解财务分析的国际惯例及财务信息的披露体系。

二、案例教学环节：强调教师与学生的互动，教学中精选近年来资本市场的典型案例，培养学生发现问题、解决问题和分析问题的能力。

在案例教学环节，强调学生的参与和师生间的互动。通过具体案例情景的描述，引导学生进行独立思考、分析判断和相互讨论。案例教学是一种教师与学生双方共同参与、相互交流、合作式的教学方法。首先，需要对课程所用的案例进行精心挑选，选择与教学目的相适应的典型案例；其次，教师在教学前将案例推荐给学生，事先布置让学生熟悉案例，使学生对案例有一个思考和认识的过程；再次，课堂讨论过程中，教师组织学生在分组的基础上展开积极的讨论，充分表达各自的想法及意见，进而使各组努力达成较为统一的意见或方案；最后，教师进行点评总结，使讨论中暴露出的问题得到及时修正，使学生获得正确的观点和系统的认识。

三、实验教学环节：以学生为主体，对我国上市公司的财务报表进行全面系统的分析，并撰写财务分析报告。

在实验教学环节，以学生为主体，充分发挥学生的主观能动性。由于传统教学方法主要是以教师为主体，教师单方面向学生灌输大量的基础理论、知识和方法，学生被动地接受，限制了学生创新思维能力、动手操作能力和综合应用能力的发挥，学生学习的积极性难以调动，教学效果不理想。为了克服上述弊端，有必要加强实验教学。通过实验教学环节，激发学生的学习兴趣、提高学生学习的主动性和积极性。通过理论与实际相结合的教学方式，加深学生对理论知识的理解，拓展学生的思维空间，增强学生分析问题、解决问题的综合应用能力。

财务分析实验教学的设计，以我国上市公司为背景展开，根据实验教学目的，教师提出具体的实验内容及要求，要求学生上网查阅我国上市公司报表等财务信息资料，运用所学的财务分析方法，对公司的盈利能力、偿债能力、营运能力及发展能力等进行综合分析与评价，撰写财务分析报告，并将财务分析过程制作成 PPT 进行演示和讲解，着力提高学生的动手能力、财务分析知识的综合运用能力及电脑操作能力。

《财务分析实验教程》是对实验教学的延伸研究，本教材由两部分组成：

第一部分，财务分析实验概论。第一部分由 10 章实验教学内容组成，实验教学内容以贵州茅台股份有限公司（以下简称贵州茅台）2007—2010 年连续 4 年新准则实施后的财务报表为蓝本，通过对贵州茅台连续 4 年财务报表的分析，使学生全面掌握利润表、资产负债表、现金流量表等财务会计报告的阅读、计算和分析；掌握比重分析法、比率分析法、趋势分析法、杜邦分析法等财务分析的基本方法和程序；并根据计算及分析结果、公司概况及行业发展前景，撰写财务分析报告。

第二部分，财务分析实验项目。第二部分由 6 个实验项目组成，实验项目以五粮液股份有限公司 2007—2010 年连续 4 年新准则实施后的财务报表为蓝本展开，供学生学习时使用。通过实验，使学生掌握上网查阅我国上市公司资料的方法，并对所查询的上市公司资料及行业背景资料进行筛选、整理、归纳、总结。同时，参阅第一部分贵州茅台股份有限公司的分析方法、指标数据及财务分析报告，对五粮液股份有限公司连续 4 年的财务状况、经营成果及现金流量进行分析，并撰写五粮液股份有限公司 2010 年度财务分析报告，为学生下一步分组实验奠定良好的专业基础。

　　《财务分析实验教程》的编写工作，得到了贵州财经学院和会计学院领导的鼓励和支持，得到了财务分析课题组老师的热诚帮助，在此表示诚挚的谢意。财务分析课题组的老师参与了本书编写大纲的讨论及资料的收集、整理、计算与分析工作。本教材的具体分工如下：周晋兰教授负责本书框架设计、组织分工和审核定稿，并撰写第一章、第三章、第五章、第六章、第七章、第九章；胡北忠教授负责本书的编写提纲及撰写第四章；林文副教授负责撰写第二章；张丹老师负责撰写第八章；杨昀副教授负责撰写第十章。

　　《财务分析实验教程》是作者申报的贵州省高等学校教学质量与改革工程项目——"财务分析实验教学设计"项目的研究成果。由于作者水平有限，书中难免存在错漏，敬请读者指正。

作　者
2011 年 6 月

目　录

第一部分　财务分析实验概论

第二部分　财务分析实验项目

第一部分

财务分析实验概论

第一章

财务分析实验教程概述

第一节　财务分析的含义和主体

一、财务分析的含义

关于财务分析的含义，有多种表达，美国南加州大学教授 Water B. Neigs 认为，财务分析的本质是搜集与决策有关的各种财务信息，并加以分析和解释的一种技术。美国纽约市立大学 Leopold A. Bernstein 认为，财务分析是一种判断的过程，旨在评估企业现在或过去的财务状况及经营成果，其主要目的在于对企业未来的状况及经营业绩进行最佳预测。

本书将财务分析定义为：财务分析是一定的财务分析主体以企业的财务报告等财务资料为依据，采用一定的标准，运用科学系统的方法，对企业的财务状况、经营成果、现金流量、财务信用和财务风险，以及财务总体情况和未来发展趋势进行的分析与评价。

财务分析的依据是财务分析进行的基础，财务分析的依据可进一步划分为财务信息和非财务信息。财务信息主要是从企业内部获得的资料，如企业的财务报表。财务报表是对企业财务状况、经营成果和现金流量的结构性表述。根据《企业会计准则第 30 号——财务报表列报》的规定，财务报表至少应当包括下列组成部分：

1. 资产负债表

资产负债表是反映企业一定日期财务状况的会计报表。通过资产负债表可以了解企业资产规模，了解企业资产结构、资本结构是否合理。

2. 利润表

利润表是反映企业一定期间生产经营成果的财务报表。通过利润表可以了解企业的经营成果和获利能力，了解企业成本控制水平。

3. 现金流量表

现金流量表是反映企业一定会计期间现金和现金等价物流入和流出情况的报

表。通过现金流量表可以了解企业的支付能力和偿债能力，了解企业的现金流量并预测企业未来的现金流量。通过相关指标的计算还可以进一步了解现金流量的充裕程度。

4. 所有者权益（或股东权益，下同）变动表

所有者权益变动表应当反映构成所有者权益的各组成部分当期的增减变动情况。

5. 附注

附注是对在资产负债表、利润表、现金流量表和所有者权益变动表等报表中列示项目的文字描述或明细资料，以及对未能在这些报表中列示项目的说明等。附注应当披露财务报表的编制基础，相关信息应当与资产负债表、利润表、现金流量表和所有者权益变动表等报表中列示的项目相互参照。

非财务信息是从企业的内部和外部获得的财务报表以外的财务信息，如国家宏观调控政策，行业数据，市场占有率等。

二、财务分析的主体

财务分析的主体是指与企业利益密切相关的群体和个人。如企业投资者，企业经营管理者，企业职工，企业贷款提供者，企业供应商，政府机构等。

（一）企业投资者

企业投资者也称为所有者或股东。企业投资者投资的目的是扩大自己的财富。他们最关心的是企业资产的保值、增值及长远的发展能力。企业投资者进行财务分析，是想进一步了解以下的问题：

（1）公司当前和长期的收益水平高低，以及公司收益是否容易受重大变动的影响；

（2）公司目前的财务状况如何，公司资本结构决定的风险和报酬如何；

（3）与其他竞争者相比，公司处于何种地位。

（二）企业经营管理者

企业经营管理者是指被所有者聘用的、对公司资产和负债进行管理的个人组成的团体，有时称之为"管理当局"。

企业经营管理者关心公司的财务状况、盈利能力和持续发展的能力。经理人员可以获取外部使用人无法得到的内部信息。他们分析报表的主要目的是改善报表。

（三）企业职工

企业的职工与企业存在着长久、持续的关系。他们最关心企业长远的发展及企业的盈利能力，关心企业的奖金、福利等劳动报酬是否与其付出的劳动对等。

（四）企业贷款提供者

企业贷款提供者也称为债权人，是指借款给企业并得到企业还款承诺的银行及金融机构。债权人关心企业是否具有偿还债务的能力。债权人可以分为短期债权人

和长期债权人。债权人的主要决策是决定是否给企业提供信用，以及是否需要提前收回借款。他们进行财务报表分析是为了了解以下几方面的问题：

（1）公司为什么需要额外筹集资金；

（2）公司还本付息所需资金的可能来源是什么；

（3）公司对于以前的短期和长期借款是否按期偿还；

（4）公司将来在哪些方面还需要借款。

（五）企业供应商

企业的供应商为企业提供原材料等，与企业存在着密切的经济利益关系。在长期的合作中，会把原材料赊销给企业，因此，他们关心企业的信用状况，资产的流动性，以判断企业偿付其货款的能力。

（六）政府机构

政府机构也是公司财务报表的使用人，包括税务部门、国有企业的管理部门、证券管理机构、会计监管机构和社会保障部门等，它们使用财务报表是为了履行自己的监督管理职责，了解公司纳税、遵守法规和市场秩序的情况。

第二节　财务分析的程序和方法

为了保证财务分析的有效进行，必须遵循科学的分析程序和方法，以保障财务分析工作顺利进行。

一、财务分析的程序

财务分析的程序，就是进行财务分析的具体步骤，一般包括：

（一）明确财务分析的目的

任何财务分析者在进行财务分析时都有一定的目的性，财务分析的主体不同，财务分析的内容不同，财务分析的目的就不同。财务分析的目的是财务分析的起点，它决定了后续分析的内容和分析结论。因此，进行财务分析前首先要明确分析目的。

（二）确定财务分析的范围

明确了财务分析的目的，就可以按照成本效益原则确定分析范围，以做到有的放矢，将有限的精力放在分析重点上，以节约收集分析资料、选择分析方法的成本。

（三）收集相关资料

保证财务分析的客观性和准确性的基本条件之一就是要收集全面、真实、准确的分析对象的资料。财务分析的范围决定了所需收集的相关资料的数量，范围小，则所需资料少。而全面的财务分析，则需要收集各方面的经济资料，如财务信息的资料和非财务信息的资料。此外，为了保证财务分析的有效进行，在开展财务分析之前，还要对收集的资料进行必要的筛选、加工和整理。

（四）选择分析方法

财务分析的目的和范围不同，所选用的分析方法也不同。常用的财务分析方法有比较分析法、比率分析法、连环替代法等。这些方法各有特点，在进行财务分析时可以结合使用。通过对财务分析对象的实际情况深入研究、科学地计算，进行横向和纵向比较，动态和静态分析等，从中发现财务管理中成功的经验，抓住主要矛盾，揭示存在的问题，并找出问题产生的原因。

（五）做出分析结论

财务分析的最终目的是为财务决策提供依据。通过比较与分析，可以提出各种方案，然后权衡各种方案的利弊得失，选出最佳方案，做出决策。此外，利用财务分析，可以分析、总结过去好的经验，找出问题及其产生的原因，提出改善工作的建议和需要采取的相应措施，进一步促进企业管理水平的提高。

二、财务分析的方法

科学的分析方法是做好财务分析的基础，只有运用科学的分析方法，才能保证财务活动分析结果的正确性。财务分析的方法通常有比较分析法、比率分析法、趋势分析法和因素分析法四种财务分析方法。

（一）比较分析法

比较分析法，是通过比较两个或两个以上相关的财务数据，以绝对数和相对数的形式，来提示财务数据之间的相互关系。通过对比，确定成绩，发现差异，揭露问题，分析原因，总结经验教训，提出改进措施。比较分析法是财务分析工作中最基本、经常使用的技术方法。

1. 绝对数比较

绝对数比较是利用财务报表中两个或两个以上的绝对数进行比较，以揭示其数量差异。比较标准通常有：

（1）历史标准，是反映本企业历史水平的指标评价标准。在财务报告分析中，运用历史标准的具体方法有三种，即期末与期初对比，本期与历史同期对比，以及本期与历史最好水平对比。财务报告分析中采用历史标准，有利于揭示企业财务状况和经营成果的变化趋势及存在的差距。

（2）行业标准，是反映某行业水平的指标评价标准。在比较分析时，既可以用本企业财务指标与同行业平均水平指标对比，也可以用本企业财务指标与同行业先进水平指标对比，还可以用本企业财务指标与同行业公认标准指标对比。通过行业标准指标比较，有利于揭示本企业在同行业中所处的地位及存在的差距。

（3）预算标准，是反映本企业目标水平的指标评价标准。当企业的实际财务指标达不到目标标准时，应进一步分析原因，以便改进财务管理工作。

（4）公认标准，是对各类企业不同时期都普遍适用的指标评价标准。典型的公认标准是200%的流动比率和100%的速动比率，利用这些标准能揭示企业短期偿债能力及财务风险的一般状况。

2. 相对数比较

相对数比较是利用财务报表中有相关关系的数据的相对数进行对比，如将绝对数换算到百分比、结构比重、比率等进行对比，以揭示相对数之间的差异。例如，贵州茅台2009年实现净利润96亿元，2010年实现净利润116亿元。2010年与2009年相比，贵州茅台的净利润增加20亿元。也可以说，贵州茅台2010年的净利润是2009年的121%，增长了21%。前者就是绝对数的比较，后者是相对数的比较。一般来说，绝对数比较只通过差异数说明差异金额，没有表明变动程度，而相对数比较则可以进一步说明变动程度。在实际工作中，绝对数比较和相对数比较可以交互应用，以便通过比较做出更充分的判断和更准确的评价。

比较分析法是从数字上找出差距，为改进工作，挖掘内部潜力，超额完成任务，提供可靠的数据资料。但是，在实际运用中要注意财务指标的可比性，否则，就会失去意义，甚至产生误导作用。因此，在进行比较分析时，要求：一是在性质上同类，如不同类型的公共组织，其相关的财务指标则是不可比的；二是在范围上一致，即相比较的财务指标所代表的主体范围应基本相同；三是时间上相同，即相比较的财务指标所代表的时期是相同的，如都是采用年度指标或季度指标等。只有用于比较的指标保持相同的口径，比较才有意义。

（二）比率分析法

比率分析法，是把会计报表之间相关联的财务指标加以对比，计算出比率，据以确定经济活动变动程度的分析方法。比率是相对数，采用这种方法，能够把某些条件下的不可比指标变为可比指标，便于进行分析。

1. 相关比率分析

相关比率是以两个相互联系但又不同的财务指标相除求得的。以两个指标的相除求得的比率，也就是通常所说的相对指标。利用相关比率指标，可以考察有联系的相关业务安排得是否合理。如流动负债除以流动资产得出流动比率，可以分析企业的短期偿债能力的强弱。

2. 构成比率分析

构成比率又称为结构比率，是以某项财务指标的某个组成部分的数据除以该项财务指标的总和数据求得的，也就是通常所说的比重。所以，构成比率分析就是比重分析。使用构成比率，可以考察总体中某个部分的形成和安排是否合理，以便协调各项财务活动。如负债除以资产等于资产负债率，通过资产负债率指标可以了解企业的资本结构是否合理。

比率分析法的优点是计算简便，计算结果容易判断。但是使用这一方法时，应注意以下几点：一是对比指标的相关性。计算比率的子项和母项必须具有相关性，把不相关的指标进行对比是没有意义的。二是对比口径的一致性。计算比率的子项和母项必须在计算时间、范围等方面保持口径一致。三是衡量标准的科学性。运用比率分析，需要选用一定的标准与之对比，以便对财务状况做出评价。

（三）趋势分析法

趋势分析法又称为水平分析法，是将两期或连续数期财务报告中相同指标进行对比，确定其增减变动的方向、数额和幅度，以说明财务状况或经营成果的变动趋势的一种方法。采用这种方法，可以分析引起变化的主要原因，变动的性质，并预测未来的发展前景。趋势分析法有两种比较分析方式。

1. 定比趋势分析

它是在连续数年的会计报表中，以第一年为基期，计算其余年度各个项目对基期同一项目的百分比，借以显示各个项目在分析期间的上升或下降趋势。这种分析的基期是固定的。

定比趋势分析＝分析期某指标数值÷固定基期某指标数值×100%

2. 环比趋势分析

它是在连续数年的会计报表中，计算后一年度各个项目对前一年度同一项目的百分比，依此类推，形成一系列比值，借以显示各个项目在分析期间内的总的趋势。这种分析的基期是变动的。

环比趋势分析＝（分析期某指标数值－上一期某指标数值）÷上一期某指标数值×100%

采用趋势分析法时，应注意以下问题：

（1）用于进行对比的各个时期的指标，在计算口径上必须一致。

（2）剔除偶发性项目的影响，使作为分析的数据能反映正常的财务状况。进行定比趋势分析时，首先要选取一个合适的基期，将各年要比较的财务报表上的项目以基期指数作为100，除以基期该项目的金额来衡量各项目的增减变化。如果选取的基期并不典型，将会影响分析效果。避免这一问题的方法之一是，以两年或三年的平均数作为基期指数100，然后以各年财务报表上要比较的项目除以这一基期指数即可。

（3）应用例外原则，对有显著变动的指标应作重点分析，研究其产生的原因，以便采取对策，趋利避害。

（四）因素分析法

因素分析法是在许多因素中对某一项指标综合发生作用的情况下，分别确定各个因素的变动对该指标变动的影响。因素分析法有连环替代法和差额计算法两种方法。

连环替代法是指确定影响因素，并按照一定的替换顺序逐个因素替换，计算出各个因素对综合性经济指标变动程度的一种计算方法。

差额计算法是因素分析法在实际应用中的一种简化形式。这种方法是先计算出各因素实际数和预算数的差额，然后再按照一定的替换程序，依次计算出各因素变动对预算完成的影响程度。

因素分析法的计算程序如下：

第一，列出各个因素的预算数和实际数。

第二，依次以每个因素的实际数替换预算数，有几个因素就替换几次，直到所有因素都由预算数换成实际数，并计算出"替换指标"；然后将各次替换与替换前的指标相比较，两者的差额，就是某一因素对预算完成结果的影响程度。

第三，将各个因素的影响值相加，即是实际数与预算数之间的总差额。

1. 连环替代法

假定某项财务指标 A 的影响因素为 a、b、c 三个因素，对差异额的影响与该财务指标的关系为乘积关系，即：

计划指标 $A_0 = a_0 \times b_0 \times c_0$

实际指标 $A_n = a_n \times b_n \times c_n$

实际指标与计划指标的差异 $= A_n - A_0 = X$

各因素对上述差异的影响程度如下：

计划指标 $A_0 = a_0 \times b_0 \times c_0$　　　　　①

第一次替代：$a_n \times b_0 \times c_0$　　　　　②

第二次替代：$a_n \times b_n \times c_0$　　　　　③

第三次替代：$a_n \times b_n \times c_n$　　　　　④

a_n 对差异额的影响 $=$ ② $-$ ① $= X_1$

b_n 对差异额的影响 $=$ ③ $-$ ② $= X_2$

c_n 对差异额的影响 $=$ ④ $-$ ③ $= X_3$

全部因素的影响 $= X_1 + X_2 + X_3 = X$

2. 差额计算法

假定某项财务指标 A 的影响因素为 a、b、c 三个因素，与该财务指标的关系为乘积关系，即：

计划指标 $A_0 = a_0 \times b_0 \times c_0$

实际指标 $A_n = a_n \times b_n \times c_n$

a 因素变动的影响 $= (a_n - a_0) \times b_0 \times c_0 = X_1$

b 因素变动的影响 $= a_n \times (b_n - b_0) \times c_0 = X_2$

c 因素变动的影响 $= a_n \times b_n \times (c_n - c_0) = X_3$

全部因素的影响 $= X_1 + X_2 + X_3 = A_n - A_0$

在运用因素分析法时，应注意以下问题：

（1）因素分解的关联性，即确定构成经济指标的因素，必须是客观上存在着因果关系，要能够反映形成该项指标差异的内在构成原因，否则就失去了存在价值。

（2）因素替代的顺序性。替代因素时，必须按照各因素的依存关系，排列成一定的顺序并依次替代，不可随意加以颠倒，否则就会得出不同的计算结果。一般而言，确定正确排列因素替代顺序的原则是，按分析对象的性质，从诸因素相互依存关系出发，并使分析结果有助于分清责任。

（3）顺序替代的连续性。连环替代法在计算每一个因素变动的影响时，都是在前一次计算的基础上进行，并采用连环比较的方法确定因素变化影响之和，因为只有保持计算程序上的连环性，才能使各个因素影响之和，等于分析指标变动的差异，以全面说明分析指标变动的原因。

（4）计算结果的假定性。连环替代法计算的各因素变动的影响数，会因替代计算顺序的不同而有差别，因而计算结果不免带有假定性，即它不可能使每个因素计算的结果，都达到绝对地准确。它只是在某种假定前提下的影响结果。离开了这种假定前提条件，也就不是这种影响结果了。因此，分析时财务人员应力求使这种假定是合乎逻辑的假定，是具有实际经济意义的假定。这样，计算结果的假定性，才不至于妨碍分析的有效性。

【例1-1】某企业2014年3月某种材料费用的实际数是4 620元，而其计划数是4 000元。实际比计划超支620元。相关数据见表1-1。

表1-1　　　　　　　　　　　　　　某企业材料费用表

项　　　目	单位	计划数	实际数
产品产量	件	100	110
单位产品材料消耗量	千克	8	7
材料单价	元	5	6
材料费用总额	元	4 000	4 620

要求：运用因素分析法分析材料费用超支620元的原因。

1. 连环替代法

（1）计算材料费用总额实际与计划的差异。

计划指标=100×8×5=4 000（元）

实际指标=110×7×6=4 620（元）

实际指标与计划指标的差异=4 620-4 000=620（元）

（2）计算各因素对材料费用总额的影响程度。

计划指标=100×8×5=4 000（元）　　　　　　　　①

第一次替代：110×8×5=4 400（元）　　　　　　②

第二次替代：110×7×5=3 850（元）　　　　　　③

第三次替代：110×7×6=4 620（元）　　　　　　④

②-①=4 400-4 000=400（元）

由于产量增加的影响，使成本增加了400元。

③-②=3 850-4 400=-550（元）

由于材料节约的影响，使成本降低了550元。

④-③=4 620-3 850=770（元）

由于材料单价提高的影响，使成本增加了770元。

全部因素汇总影响=400-550+770=620（元）

2. 差额计算法

（1）计算材料费用总额实际与计划的差异。

计划指标 = 110×8×5 = 4 000（元）

实际指标 = 110×7×6 = 4 620（元）

实际指标与计划指标的差异 = 4 620 - 4 000 = 620（元）

（2）计算各因素对材料费用总额的影响程度。

产量增加的影响 =（110 - 100）×8×5 = 400（元）

　由于产量增加，使成本增加了 400 元。

材料节约的影响 = 110×（7 - 8）×5 = -550（元）

　由于材料节约，使成本降低了 550 元。

材料价格提高的影响 = 110×7×（6 - 5）= 770（元）

　由于材料单价提高，使成本增加了 770 元。

全部因素的影响 = 400 - 550 + 770 = 620（元）

第三节　财务分析实验课程的目的和要求

一、开设财务分析实验课程的目的

　　财务分析是为企业的投资者、债权人、经营者及其他关心企业的组织或个人了解企业过去、评价企业现状、预测企业未来，做出正确决策提供准确的信息或依据的经济应用学科。财务分析无论对企业的所有者、债权人、经营者、职工，还是对政府、客户、供应商等都是十分重要的。财务分析将为各分析主体进行财务预测、财务决策、财务控制和财务评价等提供可靠信息。

　　"财务分析"是一门理论性、实践性、技术性和操作性都比较强的课程，理论教学和案例教学成为主要的教学手段。通过本课程的学习，一方面使学生加深对会计报表的理解，掌握财务分析的基本理论与基本方法，另一方面使学生明确作为财务分析师或分析人员应如何阅读与分析财务报表、如何分析财务活动状况、如何评价财务绩效等等。使学生基本具备评价过去，预测未来的能力，帮助利益集团更好地进行决策。

　　（1）使学生能够综合运用所学的财务分析知识，针对不同行业的上市公司进行财务分析。

　　（2）使学生系统地掌握本学科的新知识、新手段、新方法，毕业后能够快速地适应工作需要，在专业知识、技术能力和业务素质三个方面得到综合提高。

　　（3）课程设计与实际需要相结合，能够实现因材施教、因需施教的办学理念。

（4）使学生受到财务分析方法的系统训练，培养其科学的思维方式及分析方法。

（5）提高调查研究和搜集资料的能力。

（6）熟悉并计算各项经济指标的能力。

（7）强化理论分析能力。

（8）加强实际操作能力。

（9）通过分工与协作，培养其团队合作精神。

开设"财务分析"实验课程，是根据高级应用型人才培养目标的要求，使学生在通过理论教学学习和掌握财务分析的基本理论、基本原理的同时，通过实验教学掌握上市公司财务分析的具体要求和应用方法。将理论学习与课程实验有机、紧密结合起来，防止理论学习与课程实验出现"两张皮"的脱节现象，从而增强专业学习的后劲，为使学生能朝着"素质高、后劲足、上手快、适应性强"的高级应用型人才方向成长打下良好基础。

二、财务分析实验课程的要求

为保证"财务分析"课程中的上市公司财务分析高质量地完成，在课程设计时间内，要求教师和学生做到以下几点：

（1）教师应在本学期讲授这门课时，就提醒学生本门课在课程设计方面的任务，以使学生从一开始就重视该课程的学习，并对此有所准备。

（2）教师应提前布置课程设计作业，然后在规定的课程设计学时内使学生能够完成该项作业。该项作业要借助于一部分课外时间才能完成。

（3）学生在接到课程案例设计任务后，应在课程设计布置后的两周内做出作业计划，并在课程设计时间结束时交出作业。

（4）教师应认真审阅学生完成的课程设计，并在随后的时间内解决课程设计中出现的问题，以使学生真正掌握该门课程的内容。

（5）以 4~8 人为一组，小组成员最多不能超过 8 人，最少不能低于 4 人。

在整个课程设计过程中，每名分析小组的学生都将代表该上市公司的财务管理人员对该上市公司的财务状况、经营成果及现金流量做出计算分析与评价。实验结束，各小组应交一份该上市公司的基本概况、3 年的财务报表、基本财务指标的计算分析、财务分析报告及 PPT 演示稿（电子文档）。交一份打印稿的财务分析报告。

第四节　财务分析实验课程的设计思路

财务分析实验课程设计，以我国上市公司为背景展开，上网收集上市公司近期连续 3 年的财务信息资料，运用所学的财务分析基本理论、基本知识和基本方法，对上市公司的财务状况、经营成果、现金流量等进行计算分析，结合上市公司的行业发展前景，撰写上市公司财务分析报告，制作 PPT 演示文稿，对上市公司进行综合分析与评价。

上市公司财务分析由六部分内容组成。

（一）公司简介

公司简介包括公司基本情况介绍及主要经营业务介绍等。

（二）行业分析

行业分析包括行业背景分析、行业特点介绍、行业发展现状及行业发展前景分析。

（三）报表分析

报表分析包括资产负债表、利润表及现金流量表三大会计报表的分析，报表分析运用比较分析法和结构百分比法。通过对资产负债表的结构与趋势进行分析，可以了解企业资产的规模，并对企业资产的风险结构和资本的风险结构做出分析与评价。通过对利润表的结构与趋势进行分析，可以对企业营业收入及利润的构成、发展趋势做出分析与评价。通过对现金流量表的结构与趋势进行分析，可以对企业目前及未来的现金流量做出分析与评价。

（四）财务指标分析

比率分析包括盈利能力指标的计算与分析、偿债能力指标的计算与分析、营运能力指标的计算与分析和发展能力指标的计算与分析。通过财务指标的计算，与历史数据、行业平均值比较，可以分析评价上市公司的盈利能力状况、资产质量状况、债务风险状况和经营增长状况。

（五）综合分析

综合分析是将各项财务指标作为一个整体，系统、全面、综合地对企业财务状况、经营成果和现金流量进行剖析、解释和评价。综合分析采用世界范围内广泛运用的杜邦分析体系，对企业的销售规模、成本水平、资产的利用效率及财务杠杆的运用情况做出综合评价。

（六）分析报告

通过以上各个步骤的分析，撰写上市公司财务分析报告，对公司的财务状况、经营成果及现金流量做出全面的分析与评价，对存在的问题提出意见及建议。根据上市公司的行业发展前景对公司未来的发展可能存在的风险进行预测并提出防范措施。

具体内容如图 1-1 所示。

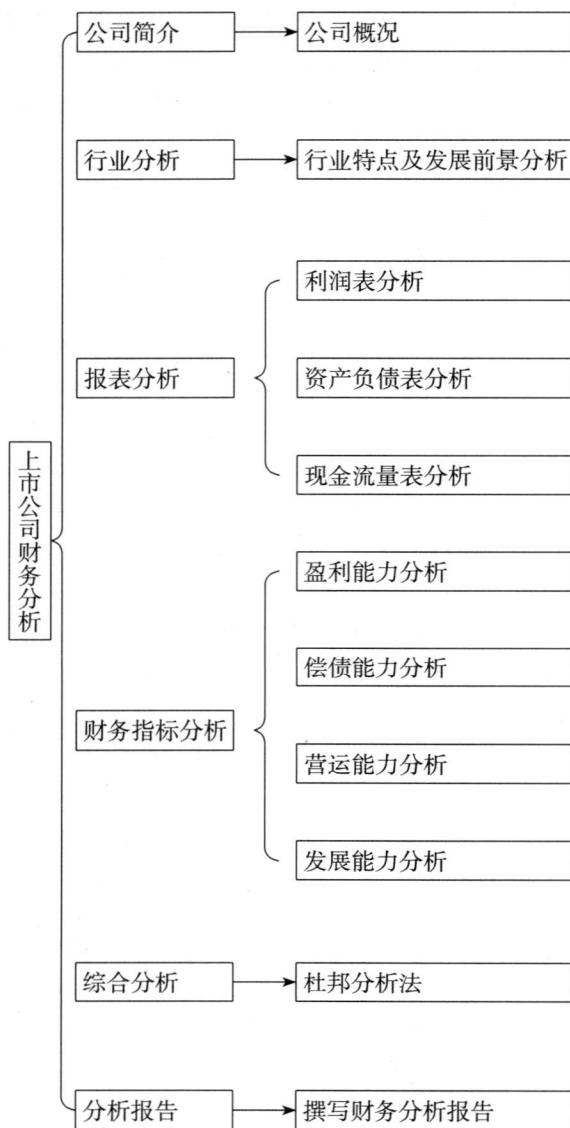

图 1-1 上市公司财务分析步骤

第五节 财务分析课程实验项目教学安排

财务分析课程实验项目教学安排见表 1-2。

表 1-2   财务分析课程实验项目教学安排

序号	实验项目	实验内容及要求
1	公司简介及行业发展前景分析	上网查阅上市公司报表资料，收集、了解该公司所处的行业背景，并对公司概况及行业发展前景进行分析
2	主要报表项目结构及趋势分析	根据所收集的上市公司报表资料，分析资产负债表主要资产项目结构及趋势，利润表项目结构及趋势，现金流量表项目结构及趋势
3	财务指标体系分析	根据所收集的上市公司报表资料，计算并分析上市公司的盈利能力、偿债能力、营运能力和发展能力
4	综合分析：杜邦分析	根据所收集的上市公司报表资料，计算杜邦分析体系的主要指标并进行综合分析
5	撰写财务分析报告	根据上述计算及分析，撰写上市公司财务分析报告
6	上市公司财务评析	各小组用 PPT 方式演示上市公司财务分析并评析

第二章

利润表分析

第一节　利润表概述

一、利润表的概念

利润表是反映企业在一定会计期间的经营成果的财务报表。利润表是以"利润＝收入－费用"这一会计等式为依据编制而成的，是一张动态的财务报表。利润表的列报必须充分反映企业经营业绩的主要来源和构成，有助于使用者判断净利润的质量及风险，有助于使用者预测净利润的持续性，从而做出正确的决策。

二、利润表的作用

第一，可据以解释、评价和预测企业的经营成果和获利能力，为投资决策提供依据。

经营成果通常指以营业收入、其他业务收入抵扣成本、费用、税金等的差额所表示的收益信息。经营成果是一个绝对值指标，可以反映企业财富增长的规模。获利能力是一个相对值指标，它指企业运用一定的经济资源（如人力、物力）获取经营成果的能力。这里，经济资源可以因报表用户的不同需要而有所区别，可以是资产总额、净资产，可以是资产的耗费（成本或费用），还可以是投入的人力（如职工人数），因而衡量获利能力的指标包括资产收益率、净资产（税后）收益率、成本收益率以及人均实现收益等指标。经营成果的信息直接由利润表反映，而获利能力的信息除利润表外，还要借助于其他会计报表和附注才能得到。

通过比较和分析同一企业在不同时期，或不同企业在同一时期的资产收益率、成本收益率等指标，能够揭示企业利用经济资源的效率；通过比较和分析收益信息，可以了解某一企业收益增长的规模和趋势。根据利润表所提供的经营成果信息，股东、债权人和管理部门可解释、评价和预测企业的获利能力，据以对是否投资或追加投资、投向何处、投资多少等做出决策。

第二，可据以解释、评价和预测企业的偿债能力，为筹资决策提供依据。

　　偿债能力指企业以资产清偿债务的能力。利润表本身并不提供偿债能力的信息，然而企业的偿债能力不仅取决于资产的流动性和资本结构，也取决于获利能力。企业在个别年份获利能力不足，不一定影响偿债能力，但若一家企业长期丧失获利能力，则资产的流动性必然由好转坏，资本结构也将逐渐由优变劣，陷入资不抵债的困境。因而一家数年收益很少，获利能力不强甚至亏损的企业，通常其偿债能力不会很强。

　　债权人和管理部门通过分析和比较利润表的有关信息，可以间接地解释、评价和预测企业的偿债能力，尤其是长期偿债能力，并揭示偿债能力的变化趋势，进而做出各种信贷决策和改进企业管理工作的决策，如维持、扩大或收缩现有信贷规模，应提出何种信贷条件等。管理部门则可据以找出偿债能力不强的原因，努力提高企业的偿债能力，改善企业的公关形象。财务部门通过分析和比较利润表的有关信息和偿债能力可以对筹资的方案和资本结构以及财务杠杆的运用做出决策。

　　第三，可以为企业管理层的经营决策提供依据。

　　比较和分析利润表中各种构成要素，可知悉各项收入、成本、费用与收益之间的消长趋势，发现各方面工作中存在的问题，揭露缺点，找出差距，改善经营管理，努力增收节支，杜绝损失的发生，做出合理的经营决策。

　　第四，可以考核和评价企业经营管理人员的经营业绩和管理水平，为业绩考核提供依据。

　　通过对利润表中各项构成因素的比较分析，可以考核企业经营目标的完成情况，发现各方面工作中存在的问题，促使企业经营管理人员找出差距，明确重点，不断提高经营管理水平。

　　第五，可以为税务部门课征税款提供依据。

　　利润表反映的收入、费用、成本及利润情况，可以为税务部门课征税款提供依据，也可以作为有关贸易组织和政府有关部门制定价格的基本依据，此外，利润表还是国民经济核算中计算国民收入的主要资料来源。

三、利润表的列报方法

　　利润表正表的格式一般有两种：单步式和多步式。单步式利润表是将当期所有的收入列在一起，然后将所有的费用列在一起，两者相减得出当期净损益。多步式利润表是通过对当期的收入、费用、支出项目按性质加以归类，按利润形成的主要环节列示一些中间性利润指标，分步计算当期净损益。

　　财务报表列报准则规定，企业应当采用多步式列报利润表，将不同性质的收入和费用进行对比，从而可以得出一些中间性的利润数据。这样便于使用者理解企业经营成果的不同来源。企业可以分如下三个步骤编制利润表：

　　第一步，以营业收入为基础，减去营业成本、营业税金及附加、销售费用、管理费用、财务费用、资产减值损失，加上公允价值变动收益（减去公允价值变动损失）和投资收益（减去投资损失），计算出营业利润；

第二步，以营业利润为基础，加上营业外收入，减去营业外支出，计算出利润总额；

第三步，以利润总额为基础，减去所得税费用，计算出净利润（或净亏损）。

普通股或潜在普通股已公开交易的企业，以及正处于公开发行普通股或潜在普通股过程中的企业，还应当在利润表中列示每股收益的相关信息。

四、利润表的格式

利润表的格式见表2-1。

表 2-1   利润表

编制单位：年度单位：

项　　　目	本期金额	上期金额
一、营业收入		
减：营业成本		
营业税金及附加		
销售费用		
管理费用		
财务费用		
资产减值损失		
加：公允价值变动收益		
投资收益		
其中：对联营企业和合营企业的投资收益		
二、营业利润		
加：营业外收入		
减：营业外支出		
其中：非流动资产处置损失		
三、利润总额		
减：所得税费用		
四、净利润		
归属于母公司所有者的净利润		
少数股东损益		
五、每股收益		
（一）基本每股收益		
（二）稀释每股收益		

第二节 利润表项目分析

一、营业收入

营业收入项目，反映企业经营主要业务和其他业务所确认的收入总额。本项目应根据"主营业务收入"和"其他业务收入"科目的发生额分析填列。

收入是指企业在日常活动中形成的、会导致所有者权益增加的、与所有者投入资本无关的经济利益的总流入。这里的收入，包括销售商品收入、提供劳务收入和让渡资产使用权收入。在市场经济条件下，收入作为影响利润指标的重要因素，越来越受到企业和投资者等众多信息使用者的重视。

营业收入是企业创造利润的核心，最具有未来的可持续性，如果企业的利润总额大部分来源为营业收入，则表明企业的利润质量较高。在分析营业收入时，需要注意以下几个问题：

（一）收入的确认标准是否符合条件

1. 销售商品收入的确认与计量

商品包括企业为销售而生产的产品和为转售而购进的商品，如工业企业生产的产品、商业企业购进的商品等，企业销售的其他存货，如原材料、包装物等，也视同企业的商品。收入准则规定，销售商品收入同时满足下列条件的，才能予以确认：

（1）企业已将商品所有权上的主要风险和报酬转移给购货方；

（2）企业既没有保留通常与所有权相联系的继续管理权，也没有对已售出的商品实施有效控制；

（3）收入的金额能够可靠地计量；

（4）相关的经济利益很可能流入企业；

（5）相关的已发生或将发生的成本能够可靠地计量。

2. 提供劳务收入的确认与计量

提供劳务交易的结果能够可靠估计，是指同时满足下列条件：

（1）收入的金额能够可靠地计量；

（2）相关的经济利益很可能流入企业；

（3）交易的完工进度能够可靠地确定；

（4）交易中已发生和将发生的成本能够可靠地计量。

3. 让渡资产使用权收入的确认与计量

让渡资产使用权收入包括利息收入、使用费收入等。让渡资产使用权收入同时满足下列条件的，才能予以确认：

（1）相关的经济利益很可能流入企业；

（2）收入的金额能够可靠地计量。

（二）收入的确认时间的合理性分析

分析本期收入与前期收入或后期收入的时间界限有无混淆的迹象。

（三）收入的确认方法的合理性分析

分析所采用的完工百分比法、完成合同法的条件与估计方法是否合理。

二、营业成本

营业成本项目，反映企业经营主要业务和其他业务所发生的成本总额。本项目应根据"主营业务成本"和"其他业务成本"科目的发生额分析填列。

三、营业税金及附加

营业税金及附加项目，反映企业经营业务应负担的消费税、营业税、城市维护建设税、资源税、土地增值税和教育费附加等。本项目应根据"营业税金及附加"科目的发生额分析填列。

四、销售费用

销售费用项目，反映企业在销售商品过程中发生的包装费、广告费等费用和为销售本企业商品而专设的销售机构的职工薪酬、业务费等经营费用。本项目应根据"销售费用"科目的发生额分析填列。

销售费用也称营业费用，它是企业销售商品过程中发生的费用，包括运输费、装卸费、包装费、保险费、展览费和广告费，以及为销售本企业产品而专设的销售机构的职工工资、福利费、业务费等。如果是商业企业，还包括进货过程中发生的运输费、装卸费、包装费、保险费、运输途中的合理损耗和入库前的挑选整理费等。

销售费用的分析建立在本期销售费用实际发生额以及其他相关信息的基础上。为便于分析，企业应定期编制销售费用明细表，用以提供分析所必需的数据。进行分析时，首先查看表中销售费用总额预算的执行情况；然后进行各项目的对比分析，查明销售费用脱离预算的原因。分析销售费用可联系当期市场需求变化情况和企业销售业务的开展、销售规模的大小等业务背景来进行。

销售费用的分析要点列示如下：

（1）销售过程中的运输费、装卸费、包装费、保险费等是企业对客户提供产品时的附加服务，它虽然耗费企业资源，但这是企业提高对客户服务质量不可减少的费用，通常属于变动成本，与企业销售量的变动成正比，其中运输费还会受运输价格的影响。企业在进行降低这部分费用的决策时，一定要谨慎考虑它对企业和产品形象的影响，对送货时间效率等市场竞争能力的影响。

（2）展览和广告费用于提高企业或产品的知名度，拓展产品或服务市场，是企业增加营业收入的手段。展览和广告费发生后一般是一次性计入当期费用，但它产生的影响能够持续多久则很难估计，因此其金额是否合理较难确定。从成本特性上看，展览和广告费符合"酌量性固定成本"的特征，其费用发生额只适宜与预算额相比，并结合企业销售量和市场占有情况分析其功效；而不宜与前期实际数额去对比，并据此做出优劣的结论。企业应针对产品及服务的特点以及其目标市场的特点，慎重制定广告策略，应以其预计增加的营业利润是否能够抵补广告支出作为决策的依据，并及时通过比较展览和广告后一定时期的销售收入增长额与展览和广告费投入额，评价分析广告投入的作用是否有效。

（3）专设销售机构的费用通常随企业营业规模的扩大而呈阶梯状上升。专设的销售机构可以使企业更好地开拓不同地区的市场，扩大企业在该地区的销售量。但是，相对于委托代理商或分销商的销售方式，专设销售机构的费用是固定的，这就需要企业在当地的销售收入至少要高于保本点，保证收回该专设销售机构的费用，否则专设销售机构将成为企业的包袱。因此，专设销售机构的费用可与该销售机构实现的销售收入、销售利润等指标一起进行本量利分析，以判断其合理性。

（4）商业企业在进货过程中发生的各项费用的多少与企业采购频率、采购批量等采购策略有关，商业企业减少进货费用的关键是按照经济采购批量的决策方式进行采购，应努力减少运输途中的损耗，如选取稳妥、负责的运输商等。

五、管理费用

管理费用项目，反映企业为组织和管理生产经营发生的管理费用。本项目应根据"管理费用"的发生额分析填列。

管理费用是企业为组织和管理生产经营所发生的费用，包括行政管理费用，如行政管理人员工资及福利费、各种办公用物料消耗及摊销、差旅费、会议费、业务招待费等；维持经营能力的费用，如聘请中介机构费、咨询费、无形资产及长期待摊费用摊销、坏账准备等；促进企业发展的研究开发费，职工培训费等；以及承担社会责任的费用，如工会经费、待业保险费、劳动保险费以及除营业税和所得税外的其他税费等。

管理费用的分析是对报告期已发生的管理费用从费用项目到实际发生数额是否合理的情况进行分析和评价，找出问题和原因。因此也要利用编制、提供管理费用明细表这一手段和工具，借助表中数据完成分析工作。它与产品销售费用的分析方法一致，只是费用的性质和内容不同，在具体分析时要结合业务情况或管理背景分别而论。

管理费用分析要点列示如下：

（1）行政管理费用在一定时期内，如果企业经营规模没有发生重大改变，几乎与企业的业务量没有关系。因此，只要预算制定是合理的，则超过预算就说明企业费用控制存在问题。行政管理费的发生主要在企业最高的管理层，内部监督力量较弱，因此其标准的制定、控制和评价也较困难。

（2）维持经营能力的费用中，聘请中介机构的费用和咨询费的金额通常较小，或是不为企业控制，可以不作为分析的重点。无形资产及长期待摊费用的摊销以及坏账准备的提取金额受企业会计政策的影响很大。在无形资产及长期待摊费用以及应收账款金额既定的情况下，这部分摊销金额和坏账准备金额的大小取决于企业制定的摊销年限和提取比例，通过改变摊销年限和提取比例降低这部分费用虽能使企业账面利润得到改观，但这并不能说明企业费用真正降低了，分析时应格外注意。

（3）促进企业发展的费用虽然在当期发生了，但是在当期甚至近期无法看到成效，而且很容易受到企业调整账面利润的需要而减少，但是它们却是企业未来发展至关重要的投入。这部分费用从金额直观地分析，应在企业可承担的能力范围内适当增长。国际上公司研究开发费用的水平通常应达到销售收入的10%以上。研究开发费用的效果，可从新产品在营业收入中所占比例、专利产品在营业收入中所占比例等财务指标中得到一定程度的反映。

（4）承担社会责任的费用是企业不可避免和减少的，而且大部分项目的金额都不是企业可以控制的，对这些企业无法控制的费用进行分析的重点不是其金额的大小，而是发现企业外部环境的变化，从而纠正企业保本收入和保利收入的判断。

对于销售费用和管理费用两项期间费用而言，在企业的产品结构、销售规模、营销策略、组织结构、管理风格以及管理手段等方面变化不大的情况下，其发生规模应基本保持稳定。若两项费用在年度间出现巨额变化，则很可能是会计调整的结果。因此可以通过销售费用率（销售费用同营业收入的比率）和管理费用率（管理费用同营业收入的比率）来初步判断两项费用开支的合理性和有效性。

六、财务费用

财务费用项目，反映企业筹集生产经营所需资金等而发生的筹资费用。本项目应根据"财务费用"科目的发生额分析填列。

同上述两项期间费用一样，对财务费用的具体分析也必须借助于详细资料，即有必要编制并利用财务费用明细表。财务费用是企业为了筹集资金等而发生的费用，包括利息费用、汇兑损失和相关的手续费。我国企业的利息收入和汇兑收益作为财务费用的冲减项也归类为财务费用的内容。财务费用是企业筹资活动和闲置资金利用效果的反映。财务费用的高低主要取决于企业的筹资决策，即资金来源中负债比例、长短期债务安排的结果。因此在分析评价财务费用时应考虑企业融资对生产经营资金需求的满足程度以及外汇市场上汇率变化的风险情况（有外币业务的企业需要考虑）。

财务费用分析要点列示如下：

（1）利息费用的分析主要用于判断企业财务风险的大小，可以通过计算利息保障倍数、企业财务杠杆系数等指标进行分析。

（2）利息收入是企业的一项收入，它是企业将闲置资金存入银行所得到的利息。通常情况下，银行存款利息率应远远低于企业的投资收益率，因此除保持必要的流动性资金外，将资金过多地存于银行说明企业资金运用效率低下。如果企业利息收入金额突然大幅度增加，最常见的原因是企业新近筹集大笔资金用于固定资产投资。

（3）汇兑损失和汇兑收益是有外汇业务的企业因汇率变化而产生的外汇项目的增值或减值。企业虽无法控制汇率的变化，但可以通过对汇率变化的预测，及时调整相关的外汇资产，合理安排外汇负债期限，尽量减少汇兑损失，增加汇兑收益。可以说，汇兑损失和汇兑收益可以在一定程度上反映企业财务部门管理外汇资金的绩效。

对于财务费用而言，一般来说，其规模变化与企业的产品结构、销售规模、营销策略等方面之间不存在正相关的关系，而是更多地受贷款规模、贷款利率和贷款环境等外部因素的影响。企业财务费用规模的变化则反映了企业的理财状况。

七、资产减值损失

资产减值损失项目，反映企业各项资产发生的减值损失。本项目应根据"资产减值损失"科目的发生额分析填列。

八、公允价值变动收益

公允价值变动收益项目，反映企业应当计入当期损益的资产或负债公允价值变动收益。本项目应根据"公允价值变动损益"科目的发生额分析填列，如为净损失，本项目以"－"号填列。

通过列报公允价值变动收益，利润表全面反映了企业的收益情况，具体分为经营性收益和非经营性收益。投资者能了解企业因公允价值变动而产生的损益是多少及其占企业全部收益的比重，从而更好地进行分析和决策。另外，原制度下有些特殊业务产生的收益计入资产负债表的所有者权益中，未通过利润表反映，如资产评估增值和债务重组利得等，会出现一些绕过利润表而直接计入资产负债表方面的问题，使资产负债表和利润表失去了内在的逻辑联系。通过列报公允价值变动收益项目，使利润表全面反映了这种收益，也提供了协调资产负债表和利润表内在关系的一种方法。

"公允价值变动损益"科目是一个新增加的损益类科目，核算的内容包括：交易性金融资产、交易性金融负债，以及采用公允价值模式计量的投资性房地产、衍生工具、套期保值业务等因公允价值变动形成的应计入当期损益的利得或损失。

企业应在资产负债表日对"交易性金融资产"按公允价值进行如下调整：当"交易性金融资产"的公允价值高于其账面余额时，将其差额借记"交易性金融资产——公允价值变动"科目，贷记"公允价值变动损益"科目；当公允价值低于其账面余额时，将其差额借记"公允价值变动损益"科目，贷记"交易性金融资产——公允价值变动"科目。期末，作借记或贷记"公允价值变动损益"科目，贷记或借记"本年利润"科目，将"公允价值变动损益"科目的余额转入"本年利润"科目。而出售"交易性金融资产"时，除转销该金融资产的账面余额外，还要将原计入该金融资产的"公允价值变动损益"转出，借记或贷记"公允价值变动损益"科目，贷记或借记"投资收益"科目。

也就是说，"公允价值变动损益"科目既可以直接影响"本年利润"，又可以影响"投资收益"。虽然可以认为在股市下跌的情况下，企业未将股票卖出时，"公允价值变动损益"只是潜亏，但它对利润表的影响却是实实在在的。

九、投资收益

投资收益项目，反映企业以各种方式对外投资所取得的收益。本项目应根据"投资收益"科目的发生额分析填列。如为投资损失，本项目以"－"号填列。

投资收益是指企业在一定期间内对外投资所取得的回报。投资收益包括对外投资所分得的股利和收到的债券利息，以及投资到期收回或到期前转让债权的款项高于账面价值的差额等。投资活动也可能遭受损失，如投资到期收回或到期前转让所得款低于账面价值的差额，即为投资损失。投资收益减去投资损失则为投资净收益。随着企业握有的管理和运用资金权力的日益增大，资本市场的逐步完善，投资活动中获取收益或承担亏损，虽不是企业通过自身的生产或劳务供应活动所得，却是企业利润总额的重要组成部分，并且其比重发展呈现出越来越大的趋势。

十、营业利润

营业利润项目，反映企业实现的营业利润。如为亏损，本项目以"－"号填列。

十一、营业外收入

营业外收入项目，反映企业发生的与经营业务无直接关系的各项收入。本项目应根据"营业外收入"科目的发生额分析填列。

十二、营业外支出

营业外支出项目，反映企业发生的与经营业务无直接关系的各项支出。本项目应根据"营业外支出"科目的发生额分析填列。

十三、利润总额

利润总额项目，反映企业实现的利润。如为亏损，本项目以"－"号填列。

十四、所得税费用

所得税费用项目，反映企业应从当期利润总额中扣除的所得税费用。本项目应根据"所得税费用"科目的发生额分析填列。

十五、净利润

净利润项目，反映企业实现的净利润。如为亏损，本项目以"-"号填列。

十六、每股收益

每股收益包括"基本每股收益"和"稀释每股收益"两个指标。这两个指标用来向资本市场广大投资者反映上市公司（公众公司）每一股普通股所创造的收益水平。对资本市场广大投资者（股民）而言，是反映投资价值的重要指标，是投资决策最直观最重要的参考依据，是广大投资者关注的重点。

第三节　利润表结构分析

利润表结构是指利润表中各内容要素金额之间的相互关系。利润表结构分析就是对这种关系进行分析，从而对企业整体的经营成果做出判断。利润表结构分析即以利润表中某一关键项目为基数，设其金额为100或1，而将其余项目的金额分别计算出各占关键项目金额的百分比，这个百分比表示项目的比重，通过比重对各项目做出判断和评价。运用结构百分比法所编制的利润表，通常称为总体结构利润表，也称共同比利润表。利润表通常以营业收入总额或利润总额为总体值。

结构百分比＝某项指标值÷总体值×100%

共同比利润表举例见表2-2。

从表2-2贵州茅台共同比利润表，可以初步得出以下结论：

（1）从2007年至2010年连续四年，贵州茅台营业利润占营业收入的比重均在60%以上。2010年营业利润占营业收入的比重与2009年相比，略有下降。从整体来看，贵州茅台的利润质量非常高，其利润来源主要是营业利润。

（2）从2007年至2010年连续四年，贵州茅台利润总额占营业收入的比重均在60%以上，通过表2-2可以看出，贵州茅台营业外收支所占比重非常低，说明其利润的构成主要是营业利润，贵州茅台的利润质量很高，可持续发展能力很强。

（3）贵州茅台较高的营业利润，说明其成本控制非常理想，营业成本在营业收入中所占的比重仅为10%左右，也说明了酿酒行业的成本是较低的。贵州茅台作为国酒，地位尊崇，价格垄断，使贵州茅台的利润空间较大。作为需要缴纳消费税的酿酒行业，营业税金及附加在营业收入中所占的比重一般为10%左右。2010年，贵州茅台的营业税金及附加在营业收入中所占的比重为13.56%，说明税金在贵州茅台的营业收入中所占的比重较高，其中大部分为消费税。

表 2-2 贵州茅台共同比利润表

项　　目	2007 年	2008 年	2009 年	2010 年
一、营业收入	100.00%	100.00%	100.00%	100.00%
减：营业成本	12.04%	9.70%	9.83%	9.05%
营业税金及附加	8.35%	8.27%	9.73%	13.56%
销售费用	7.74%	6.46%	6.42%	5.82%
管理费用	9.99%	11.42%	12.59%	11.57%
财务费用	−0.62%	−1.24%	−1.38%	−1.52%
资产减值损失	−0.01%	0.01%	0.00%	−0.03%
加：公允价值变动收益				
投资收益	0.03%	0.02%	0.01%	0.00%
其中：对联营企业和合营企业的投资收益				
二、营业利润	62.53%	65.40%	62.83%	61.56%
加：营业外收入	0.04%	0.08%	0.06%	0.05%
减：营业外支出	0.09%	0.14%	0.01%	0.03%
其中：非流动资产处置损失				
三、利润总额	62.48%	65.34%	62.88%	61.57%
减：所得税费用	21.50%	16.80%	15.80%	15.67%
四、净利润	40.98%	48.54%	47.08%	45.90%
归属于母公司所有者的净利润	39.11%	46.10%	44.60%	43.42%
少数股东损益	1.87%	2.44%	2.49%	2.48%
五、每股收益				
（一）基本每股收益（元）	3.00	4.03	4.57	5.35
（二）稀释每股收益（元）	3.00	4.03	4.57	5.35

（4）贵州茅台连续四年期间费用整体结构变化不大，销售费用从 2007 年至 2010 年连续四年在营业收入中所占比重逐渐减少，说明在贵州茅台供不应求的市场环境中节约了高额的广告宣传费用，2010 年销售费用仅占营业收入的 5.82%，与 2009 年销售费用占营业收入的 6.42% 相比，下降了 0.6 个百分点。管理费用连续四年在营业收入中的比重维持在 10% 左右，2010 年管理费用占营业收入的比重为 11.57%，与 2009 年管理费用占营业收入的 12.59% 相比，下降了 1.02 个百分点。财务费用连续四年是负数，是贵州茅台大量的货币资金存入银行所产生的利息收入所致。

（5）贵州茅台连续四年营业外收入及营业外支出占营业收入的比重非常低，营业外收支的比重不到营业收入的 0.1%，说明贵州茅台的利润主要是营业利润，其利润质量较高。

第四节　利润表趋势分析

利润表趋势分析就是采用比较的方法，以企业连续若干年经营成果的信息为分析对象，并观察其变动趋势。

趋势分析法是根据企业连续数期的财务报告，以第 1 年或另外选择某一年份为基期，计算每一期各项目对基期同一项目的趋势百分比，或计算趋势比例或指数，形成一系列具有可比性的百分数或指数，从而揭示当期经营成果的增减变化及发展趋势。对不同时期财务指标的比较，可以计算成动态比率指标，依据采用的基期不同，所计算的动态指标比率有定基比趋势分析和环比趋势分析两种，相关的计算公式如下：

定基比趋势分析 = 分析期某指标数值 ÷ 固定基期某指标数值 ×100%

环比趋势分析 = （分析期某指标数值 − 上一期某指标数值）÷ 上一期某指标数值 ×100%

贵州茅台利润表定基比、环比趋势分析见表 2-3、表 2-4。

从表 2-3 贵州茅台利润表定基比趋势分析及表 2-4 贵州茅台利润表环比趋势分析，可以初步得出以下结论：

（1）与基期年度 2007 年相比，贵州茅台的营业收入呈连年上升趋势，2010 年营业收入与 2007 年相比增长 160.74%，随着营业额的增长，营业成本也在增加，营业成本的上升趋势低于营业收入的增长幅度，表明贵州茅台近年来成本控制较理想。2010 年营业成本与 2007 年相比增长 120.80%，这就为企业带来了较多的利润空间。

（2）近年来贵州茅台营业税金及附加的增长幅度较大，营业税金及附加的增长幅度超过了营业收入增长的幅度，这与国家的宏观调控政策密切相关，2008 年新税法实施，加大了消费品的调控力度。

（3）贵州茅台的营业收入呈连年上升趋势，与之配比的期间费用也随着销售额的增长而增长。其中销售费用的增长幅度低于营业收入的增长幅度，2010 年营业收入与 2007 年相比增长 160.74%，而 2010 年销售费用与 2007 年相比仅增长 120.73%，说明了贵州茅台国酒的尊崇地位，在贵州茅台供不应求的市场环境中节约了广告费用的支出。

（4）期间费用中管理费用的增长幅度高于营业收入的增长幅度，2010 年营业收入与 2007 年相比增长 160.74%，而 2010 年管理费用与 2007 年相比却增长了186.13%，而同期的营业成本 2010 年与 2007 年相比仅增长 120.80%，说明贵州茅台营业成本控制得较好，但管理费用控制不理想。

表 2-3　　　　　　　　　　　　贵州茅台利润表定基比趋势分析

（以 2007 年为基期年度）

项　　目	2007 年	2008 年	2009 年	2010 年
一、营业收入	100.00%	113.88%	133.61%	160.74%
减：营业成本	100.00%	91.75%	109.07%	120.80%
营业税金及附加	100.00%	112.86%	155.69%	261.06%
销售费用	100.00%	94.94%	110.87%	120.73%
管理费用	100.00%	130.15%	168.31%	186.13%
财务费用	100.00%	229.08%	298.67%	394.64%
资产减值损失	100.00%	-73.21%	48.82%	498.91%
加：公允价值变动收益				
投资收益	100.00%	72.85%	66.64%	25.84%
其中：对联营企业和合营企业的投资收益				
二、营业利润	100.00%	119.12%	134.26%	158.24%
加：营业外收入	100.00%	215.35%	214.18%	181.93%
减：营业外支出	100.00%	182.35%	19.71%	60.91%
其中：非流动资产处置损失				
三、利润总额	100.00%	119.09%	134.46%	158.39%
减：所得税费用	100.00%	88.98%	98.18%	117.14%
四、净利润	100.00%	134.88%	153.50%	180.03%
归属于母公司所有者的净利润	100.00%	134.22%	152.34%	178.43%
少数股东损益	100.00%	148.85%	177.81%	213.40%
五、每股收益				
（一）基本每股收益	100.00%	134.33%	152.33%	178.33%
（二）稀释每股收益	100.00%	134.33%	152.33%	178.33%

表 2-4   贵州茅台利润表环比趋势分析

项　　目	2007 年	2008 年	2009 年	2010 年
一、营业收入	—	13.88%	17.33%	20.30%
减：营业成本	—	-8.25%	18.88%	10.76%
营业税金及附加	—	12.86%	37.95%	67.68%
销售费用	—	-5.06%	16.78%	8.89%
管理费用	—	30.15%	29.32%	10.59%
财务费用	—	129.08%	30.38%	32.13%
资产减值损失	—	-173.21%	-166.67%	922.04%
加：公允价值变动收益	—			
投资收益	—	-27.15%	-8.53%	-61.22%
其中：对联营企业和合营企业的投资收益				
二、营业利润	—	19.12%	12.71%	17.86%
加：营业外收入	—	115.35%	-0.54%	-15.06%
减：营业外支出	—	82.35%	-89.19%	209.02%
其中：非流动资产处置损失				
三、利润总额	—	19.09%	12.91%	17.79%
减：所得税费用	—	-11.02%	10.34%	19.31%
四、净利润	—	34.88%	13.80%	17.28%
归属于母公司所有者的净利润	—	34.22%	13.50%	17.13%
少数股东损益	—	48.85%	19.46%	20.01%
五、每股收益				
（一）基本每股收益	—	34.33%	13.40%	17.07%
（二）稀释每股收益	—	34.33%	13.40%	17.07%

（5）期间费用中财务费用的增长幅度高于营业收入的增长幅度，贵州茅台的财务费用是用负数列示的，指的是利息收入。2010 年财务费用与 2007 年相比增长394.64%，2010 年贵州茅台的利息收入高达约 1.7 亿元（176 577 024.91），2010年底贵州茅台货币资金为 128 亿元（12 888 393 889.29），说明贵州茅台现金持有量非常充裕，同时也预示贵州茅台资金闲置严重。

第三章

资产负债表分析

第一节　资产负债表概述

一、资产负债表的概念

资产负债表是反映企业在某一特定日期的财务状况的会计报表。它以"资产=负债+所有者权益"这一会计恒等式为依据，按照一定的分类标准和次序反映企业在某一时间点上资产、负债和所有者权益的基本状况。资产负债表是一张静态的时点报表，反映的是企业在资产负债表日所拥有的资源、所承担的负债以及所有者所拥有的权益。

二、资产负债表的作用

第一，可以提供某一日期资产的总额及其结构，表明企业拥有或控制的资源及其分布情况，使用者可以一目了然地从资产负债表上了解企业在某一特定日期所拥有的资产总量及其结构。

第二，可以提供某一日期的负债总额及其结构，表明企业未来需要用多少资产或劳务清偿债务以及清偿时间。

第三，可以反映所有者所拥有的权益，据以判断资本保值、增值的情况以及对负债的保障程度。此外，资产负债表还可以提供进行财务分析的基本资料，如将流动资产与流动负债进行比较，计算出流动比率；将速动资产与流动负债进行比较，计算出速动比率等，可以表明企业的变现能力、偿债能力和资金周转能力，从而有助于报表使用者做出经济决策。

三、资产负债表的列报要求

资产负债表列报，最根本的目标就是应如实反映企业在资产负债表日所拥有的资源、所承担的负债以及所有者所拥有的权益。资产负债表遵循了"资产=负债+所有者权益"这一会计恒等式，把企业在特定时日所拥有的经济资源和与之相对应的企业所承担的债务及偿债以后属于所有者的权益充分反映出来。因此，资产负债表应当分别列示资产总计项目和负债与所有者权益之和的总计项目，并且这二者的金额应当相等。

按照流动性划分，资产和负债应当分别分为流动资产和非流动资产、流动负债和非流动负债列示。流动性，通常按资产的变现或耗用时间的长短或者负债偿还时间的长短来确定。按照财务报表列报准则的规定，应先列报流动性强的资产或负债，再列报流动性弱的资产或负债。资产负债表中的资产类项目中至少应当列示流动资产和非流动资产的合计项目；负债类至少应当列示流动负债、非流动负债以及负债的合计项目；所有者权益类应当列示所有者权益的合计项目。

1. 资产的列报

资产负债表中的资产反映由过去的交易、事项形成并由企业在某一特定日期所拥有或控制的，预期会给企业带来经济利益的资源。资产应当按照流动资产和非流动资产两大类别在资产负债表中列示，在流动资产和非流动资产类别下进一步按性质分项列示。

（1）流动资产和非流动资产的划分

资产负债表中的资产应当分别按流动资产和非流动资产列报，因此区分流动资产和非流动资产十分重要。资产满足下列条件之一的，应当归类为流动资产：

①预计在一个正常营业周期中变现、出售或耗用。这主要包括存货、应收账款等资产。需要指出的是，变现一般针对应收账款等而言，指将资产变为现金；出售一般针对产品等存货而言；耗用一般指将存货（如原材料）转变成另一种形态（如产成品）。

②主要为交易目的而持有。这主要是指根据《企业会计准则第 22 号——金融工具确认和计量》划分的交易性金融资产。

③预计在资产负债表日起 1 年内（含 1 年）变现。

④自资产负债表日起 1 年内，交换其他资产或清偿负债的能力不受限制的现金或现金等价物。在实务中存在用途受到限制的现金或现金等价物，比如用途受到限制的信用证存款、汇票存款、技改资金存款等，这类现金或现金等价物如果作为流动资产列报，可能高估了流动资产金额，从而高估流动比率等财务指标，影响到使用者的决策。

（2）正常营业周期

值得注意的是，判断流动资产、流动负债时所称的一个正常营业周期，是指企业从购买用于加工的资产起至实现现金或现金等价物的期间。正常营业周期通常短于 1 年，在 1 年内有几个营业周期。但是，也存在正常营业周期长于 1 年的情况，如房地产开发企业开发的用于出售的房地产开发产品，造船企业制造的用于出售的大型船只等，从购买原材料进入生产，到制造出产品出售并收回现金或现金等价物的过程，往往超过 1 年，在这种情况下，与生产循环相关的产成品、应收账款、原材料尽管是超过 1 年才变现、出售或耗用，仍应作为流动资产列示。当正常营业周期不能确定时，应当以 1 年（12 个月）作为正常的营业周期。

2. 负债的列报

资产负债表中的负债反映在某一特定日期企业所承担的、预期会导致经济利益流出企业的现时义务。负债应当按照流动负债和非流动负债在资产负债表中进行列示，在流动负债和非流动负债类别下再进一步按性质分项列示。

流动负债的判断标准与流动资产的判断标准相类似。负债满足下列条件之一的，应当归类为流动负债：①预计在一个正常营业周期中清偿。②主要为交易目的而持有。③自资产负债表日起 1 年内到期应予以清偿。④企业无权自主地将清偿推迟至资产负债表日后 1 年以上。

值得注意的是，有些流动负债，如应付账款、应付职工薪酬等，属于企业正常营业周期中使用的营运资金的一部分。尽管这些经营性项目有时在资产负债表日后超过 1 年才到期清偿，但是它们仍应划分为流动负债。

3. 所有者权益的列报

资产负债表中的所有者权益是企业资产扣除负债后的剩余权益，反映了企业在某一特定日期股东投资者拥有的净资产的总额。资产负债表中的所有者权益类项目一般按照净资产的不同来源和特定用途进行分类，应当按照实收资本（或股本）、资本公积、盈余公积、未分配利润等项目分项列示。

四、资产负债表的格式

资产负债表的一般格式见表 3-1。

表 3-1　　　　　　　　　　　　　　　资产负债表

编制单位：　　　　　　　　　　　　年　月　日　　　　　　　　　　　　单位：

项　　目	年初数	年末数	项　　目	年初数	年末数
流动资产：			流动负债：		
货币资金			短期借款		
交易性金融资产			交易性金融负债		
应收票据			应付票据		
应收账款			应付账款		
预付款项			预收款项		
应收利息			应付职工薪酬		
应收股利			应交税费		
其他应收款			应付利息		
存货			应付股利		
一年内到期的非流动资产			其他应付款		
其他流动资产			一年内到期的非流动负债		

续表

项　　目	年初数	年末数	项　　目	年初数	年末数
流动资产合计			其他流动负债		
非流动资产：			流动负债合计		
可供出售金融资产			非流动负债：		
持有至到期投资			长期借款		
长期应收款			应付债券		
长期股权投资			长期应付款		
投资性房地产			专项应付款		
固定资产			预计负债		
在建工程			递延所得税负债		
工程物资			其他非流动负债		
固定资产清理			非流动负债合计		
生产性生物资产			负债合计		
油气资产			股东权益：		
无形资产			实收资本（或股本）		
开发支出			资本公积		
商誉			减：库存股		
长期待摊费用			盈余公积		
递延所得税资产			未分配利润		
其他非流动资产			所有者权益（或股东权益）合计		
非流动资产合计					
资产总计			负债和所有者权益（或股东权益）总计		

第二节　资产负债表项目分析

一、资产项目分析

1. 货币资金

货币资金项目，反映企业库存现金、银行结算户存款、外埠存款、银行汇票存款、银行本票存款、信用卡存款、信用证保证金存款等的合计数。货币资金是企业流动性最强的资产，同时也是盈利能力最差的资产。企业持有货币资金主要是为了满足经营需要、预防需要和投机需要，但企业持有过多或过少的货币资金，都将会对实现企业财务管理目标产生不利影响。货币资金持有量过大，会使企业整体赢利能力下降，反之，如果货币资金持有量过少，企业会因为没有足够的支付能力而面临财务风险。

对货币资金进行分析，一是看货币资金的使用是否符合国家的相关法规的规定；二是看货币资金的持有数量是否合适；三是注意与前期比较的同时，与同行业比较，并结合现金流量表及报表附注进行分析，分析货币资金发生变动的原因，如销售规模变动，信用政策改变，为大笔现金支出做准备，所筹资金尚未使用等。

货币资金持有量通常根据以下因素确定：①企业规模。通常企业规模越大，业务量就越多，货币资金的需求量就越大。反之，企业规模小，货币资金的需求量相对较小。②行业特点。不同行业对货币资金的需求量是不一样的，如制造业对货币资金的需求量相对较小，商品流通企业货币资金的需求量相对较大。③企业融资能力。如果企业信用较好，融资能力较强，就不必过多持有货币资金。④企业负债结构。若企业负债主要以流动负债为主，应持有较多的货币资金，以偿还到期的债务。

货币资金发生变动的主要原因有：

（1）销售规模的变动。企业销售商品或提供劳务是取得货币资金的最重要途径，当销售规模发生变动时，货币资金存量规模必然会发生相应的变动，并且二者具有一定的相关性。

（2）信用政策的变动。销售规模的扩大是货币资金增加的先决条件，如果企业改变信用政策，则货币资金存量规模就会因此而变化。例如，在销售时，企业提高现销比例，货币资金存量规模就会大些。反之，货币资产存量规模就会小些。企业收账政策的改变，也会对货币资金存量规模产生影响，如企业奉行较严格的收账政策，收账力度较大，货币资金存量规模就会大些。

（3）为大笔现金支出做准备。在企业生产经营过程中，可能会发生大笔的现金支出，如准备派发现金股利，偿还将要到期的巨额银行借款，或集中购货等，企业为此必须提前做好准备，积累大量的货币资金以备需要，这样就会使货币资金存量规模较大。一旦这种需要消失，货币资金存量规模就会降下来。

（4）资金调度。一般来说，企业货币资金存量规模过小，会降低企业的支付能力，影响到企业的信誉，因此而负担不必要的罚金支出等，或因此而丧失优惠进货机会及最佳投资机会等。反之，如果货币资金存量规模过大，则会使企业丧失这部分资金的获利机会，影响企业资金的利用效果。企业管理人员对资金的调度会影响货币资金存量规模，如在货币资金存量规模过小时通过筹资活动提高其存量规模，而在其存量规模较大时，通过短期证券投资的方法加以充分利用，就会降低其存量规模。

2. 交易性金融资产

交易性金融资产项目，反映企业持有的以公允价值计量且其变动计入当期损益的为交易目的所持有的债券投资、股票投资、基金投资、权证投资等金融资产。交易性金融资产的显著特征是随时变现，持有交易性金融资产的目的一方面能获得较好的收益，另一方面又能增强企业整体资产的流动性，降低企业的财务风险。因此，适当持有交易性金融资产是一种较好的财务策略。

根据我国新会计准则的有关规定，交易性金融资产的期末账面价值便是其在该时点上的公允价值与前次账面价值之间的差异，即公允价值变动金额需要计入当期损益。财政部、国家税务总局明确规定，在计税时，持有期间的"公允价值变动损益"不予考虑，只有在实际处置时，所取得的价款在扣除其历史成本后的差额才计入处置期间的应纳税所得额，可见交易性金融资产的计税基础仍为历史成本。因此，在上市公司持有交易性金融资产期间，当公允价值发生变动时，账面价值与计税基础之间便存在一种"暂时性差异"，只有在实际处置后，该差异才会转回。

新准则要求交易性金融资产期末按公允价值计价，如果企业交易性金融资产所占的比重较大，分析时应注意股市行情的变化，以防范风险。

3. 应收票据

应收票据项目，反映企业因销售商品、提供劳务等而收到的商业汇票，包括银行承兑汇票和商业承兑汇票。应收票据与一般的应收款项相比，流动性和安全性更强，更容易在市场上流通转让，供货方比较容易接受。有鉴于此，在过去，应收票据一般不考虑坏账风险而是按照其原值反映，但其毕竟也是一种商业信用，依然存在着风险，因此根据新准则规定，应收票据也要根据实际情况计提坏账准备，并按照扣除坏账准备后的净额列示。

分析时应注意企业持有的应收票据的类型，一般来说银行承兑汇票风险较低，而商业承兑汇票的风险则较高。

4. 应收账款

应收账款项目，反映企业因销售商品、提供劳务等经营活动应收取的款项，如应收的货款、增值税款以及代垫的运杂费等。在正常情况下，这种账款在 1 年内应该能够收回，因此将其归属于流动资产。但在实际工作中，债务人可能因资金紧张等原因迟迟不归还货款，导致企业应收账款长期收不回来，甚至发生坏账。为了体现应收账款的真实价值，应收账款应当估计其坏账损失，按照商业信用的金额扣除所计提的坏账准备的净额列示。应收账款的起点是销售，终点是现金，应收账款分析应与销售额、现金流分析联系起来。正常情况下销售额增加会引起应收账款增加，现金的存量和经营现金流量也会随之增加。如果一个企业应收账款日益增加，而销售和现金日益减少，则企业的营销政策就可能已经出现问题，甚至变得比较可疑，有虚构收入操纵利润之嫌疑。

应收款项目增长较快，所占比重较大时，应当分析其原因。一般来说，应收账款增加的原因主要是三个：一是销售增加引起应收账款的增加；二是企业为扩大销售适当放宽信用标准，造成应收账款增加；三是客户财务发生困难拖延付款。对应收账款和应收票据的分析，应注意以下几点：

（1）销售规模的变动。当销售规模发生变动时，会引起应收款项和货币资金的同比增长，应收票据和应收账款的合计数，可以看成是企业的赊销，通过赊销占营业收入的比重，可以进一步了解企业销售额的增长是以赊销为主还是以现销为主。

（2）考查应收账款和应收票据有无真实的贸易背景，分析企业是否利用虚假信用来创造销售，或用无真实贸易背景的应收票据向银行贴现，加大企业的信用风险。

（3）考查应收账款的质量。可从以下几个方面进行考查：①账龄分析。一般而言，未过信用期或已过信用期但拖欠期较短的债权，出现坏账的可能性比已过信用期较长时间的债权发生坏账的可能性要小。涉及与其他企业比较时，应参考其他企业的计算口径、确定标准。②对债务人的构成分析。包括债务人的区域构成、债务人的所有权性质、债权人与债务人的关联状况和债务人的稳定程度，应收账款的大部分是否集中于少数几个客户。③对形成债权的内部经手人构成分析。④分期付款应收款较其他应收款流动性差，对其分析时要区别于一般应收账款。

5. 预付账款

预付账款项目，反映企业按照购货合同规定预付给供货单位的款项等。预付账款同样存在债权性风险，也应当根据市场经济环境等考虑计提坏账准备，并按照其价值净额予以列示。预付账款是一种特殊的流动资产，由于款项已经支付，除一些特殊情况外（如预收货款的企业未能如约提供产品、预付保险单被提前注销等），在未来会计期间不会导致现金流入，即在这种债权收回时，流入的不是货币资金，而是存货。预付账款在性质上并不属于货币性资产，因此该项目的变现性较差。预付款项如果较多，通常意味着企业为了稳定货源等而进行了一笔资金垫支。

6. 其他应收款

其他应收款项目，反映企业除应收票据、应收账款、预付账款、应收股利、应收利息等经营活动以外的其他各种应收、暂付的款项。其他应收款属于企业营业收入以外的债权，如应收的各种赔款、罚款、保证金，应向职工收取的垫付款项等。

其他应收款既为"其他"，则与营业收入产生的债权相比其数额不应太大，其他应收款金额如果过大，可能隐含企业的违规行为，如非法拆借资金、给个人的销售折扣、抽逃注册资金等，应警惕企业将该项目作为企业成本费用和利润的调节器，此时应当深入了解相应资金的安全性。

7. 应收利息

应收利息项目，反映企业应收取的债券投资等的利息。本项目应根据"应收利息"科目的期末余额，减去"坏账准备"科目中有关应收利息计提的坏账准备期末余额后的金额填列。

8. 应收股利

应收股利项目，反映企业应收取的现金股利和应收取其他单位分配的利润。本项目应根据"应收股利"科目的期末余额，减去"坏账准备"科目中有关应收股利计提的坏账准备期末余额后的金额填列。

9. 存货

存货项目，反映企业期末在库、在途和在加工中的各种存货的可变现净值。存货是企业在生产经营中为销售或耗用而储备的资产，包括各种原材料、包装物、低值易耗品、委托加工材料、产成品、库存商品以及委托代销商品等。存货具有三个特点：①占流动资产的比例较大，占用资金多；②对企业资金结构合理性的影响较大；③不仅影响资产的计价，还对企业利润的计量影响较大。

存货的作用在于：①适当的存货有利于组织均衡生产；②储备必要的原材料，可保证生产原料供应；③储备必要的产成品，有利于销售；④可防止意外事故造成的停产损失。

存货资产过多所带来的不利影响有两个方面：一是增加存货，则存货成本增加；二是存货占用资金增多，市场风险增大。因此，存货也存在着一个合理的数量问题。

对存货进行分析，应注意以下几点：

（1）会计政策变更对存货影响的分析。存货资产是企业流动资产中最重要的组成部分，是生产经营活动重要的物质基础，存货资产的变动，不仅对流动资产的资金占用有极大的影响，而且对生产经营活动产生重大影响。存货变动更主要地受到企业生产经营方面的影响。例如，生产经营规模的扩张和收缩、资产利用效果的高低、资产周转速度的快慢、存货管理的水平等等。如果仅就会计政策对存货的影响进行分析，其原因有：

①存货数量盘存方法的影响。存货数量变动是影响资产负债表存货项目的基本因素，企业存货数量的确定主要有两种方法可供选择，即定期盘存法和永续盘存法。当企业采用定期盘存法进行存货数量核算时，资产负债表上存货项目反映的就是存货的实有数量。如果采用永续盘存法，除非在编制资产负债表时对存货进行盘存，否则，资产负债表上存货项目所反映的只是存货的账面数量。两种不同的存货数量确认方法会造成资产负债表上存货项目数额的差异，这种差异不是存货数量本身变动引起的，而是存货数量的会计确认方法不同造成的。

②期末存货价值的计价原则对存货项目的影响。期末存货价值的确定通常采用历史成本原则，但会计制度也允许企业采用"成本与可变现净值孰低法"确定。当按历史成本原则确定的存货低于可变现净值时，按两种方法确定的期末存货价值是一致的，当存货的可变现净值下跌至成本以下时，按"成本与可变现净值孰低法"确定的存货期末金额就会低于按历史成本法确定的存货期末金额。因此，当企业改变存货价值的确定方法时，就有可能引起资产负债表上存货项目的变动。

（2）对存货物理质量的分析。如商业企业的商品是否完好无损，制造业的产成品质量是否符合相应的等级要求。

（3）存货的时效状况分析。如食品是否超过保质期，出版物的内容是否过时，工业产品的技术是否落伍。

（4）存货的品种构成结构分析。即盈利产品占企业品种构成的比例及市场发展前景和产品抗变能力。

（5）存货的日常管理分析。企业存货的质量，不仅取决于存货的账面数字，还与存货的日常管理密切相关。只有恰当保持各项存货的比例和库存周期，材料存货才能为生产过程所消化，商品存货才能及时实现销售，从而使存货顺利变现。

10. 一年内到期的非流动资产

一年内到期的非流动资产项目，反映企业将于一年内到期的非流动资产项目金额。本项目应根据有关科目的期末余额填列。

11. 其他流动资产

其他流动资产项目，反映企业除货币资金、交易性金融资产、应收票据、应收账款、存货等流动资产以外的其他流动资产。本项目应根据有关科目的期末余额填列。

12. 可供出售金融资产

可供出售金融资产项目，反映企业持有的以公允价值计量的可供出售的股票投资、债券投资等金融资产。本项目应根据"可供出售金融资产"科目的期末余额，减去"可供出售金融资产减值准备"科目期末余额后的金额填列。

对于公允价值能够可靠计量的金融资产，企业可以将其直接指定为可供出售金融资产。例如，在活跃市场上有报价的股票投资、债券投资等，如果企业没有将其划分为交易性金融资产、贷款及应收款项、持有至到期投资这三类金融资产，则应将其作为可供出售金融资产处理。现实会计实务当中，可供出售金融资产通常是持有期限不能确定、持有意图不够明显的非流动资产。

13. 持有至到期投资

持有至到期投资项目，反映企业持有的以摊余成本计量的持有至到期投资。本项目应根据"持有至到期投资"科目的期末余额，减去"持有至到期投资减值准备"科目期末余额后的金额填列。

持有至到期投资是指到期日固定、回收金额固定或可确定，且企业有明确意图和能力持有至到期的非衍生金融资产。可见，被确认为持有至到期投资的项目具备苛刻的条件，这些条件缺一不可。持有至到期投资属于金融工具范畴，但与按照公允价值计量的交易性金融资产和可供出售金融资产不同，在资产负债表中，持有至到期投资按照摊余成本计量。所谓摊余成本，是指其初始确认金额扣除已偿还本金、加上或减去相关累计摊销额并扣除已发生的减值损失后的金额。

14. 长期应收款

长期应收款项目，反映企业融资租赁产生的应收款项和采用递延方式分期收款、实质上具有融资性质的销售商品和提供劳务等经营活动产生的应收款项。

长期应收款项目反映企业融资租赁产生的应收款项、采用递延方式具有融资性质的销售商品和提供劳务等产生的长期应收款项等。对于可能发生的坏账损失，企业应当予以扣除。长期应收款对于一般企业并不多见，在进行财务分析时应仔细探究那些名义上的长期应收款项目是不是在实质上构成对其他单位的一种变相投资和资金占用。例如，在我国很多企业将拨付给下属独立核算的分公司的长期资金列入长期应收款，但并没有明确的回收期限，其在实质上已经相当于长期股权投资。

15. 长期股权投资

长期股权投资项目，反映企业持有的对子公司、联营企业和合营企业的长期股权投资。本项目应根据"长期股权投资"科目的期末余额，减去"长期股权投资减值准备"科目期末余额后的金额填列。

长期股权投资反映的内容主要是企业持有的对子公司、合营企业、联营企业的投资。对于企业持有的对被投资单位不具有控制、共同控制或重大影响，并且在活跃市场上没有报价、公允价值不能可靠计量的权益性投资，也被纳入长期股权投资项目反映。财务会计上所谓的投资是指企业为了获得收益或实现资本增值向被投资单位投放资金的经济行为。这与一般经济生活当中的投资用语不同，长期股权投资强调的是一个对外投资的问题，如果投资出去以后投资企业成为被投资单位的股东，这样的投资一般被称为股权投资。在日常会计核算中，长期股权投资是一个比较复杂的问题，反映到资产负债表中，该项目的金额代表的含义也比较混乱。比如它可能反映的是原始投资额（成本法），也可能反映的是随着被投资单位净资产公允价值的变动而按照持股比例予以调整后的金额（权益法），有时候也可能反映所拥有的被投资方账面净资产的份额（同一控制下企业合并形成的长期股权投资）等等，建议财务报告使用者能够结合财务报表附注信息对长期股权投资项目予以分析。

企业长期股权投资的作用主要有：①出于战略性考虑（如兼并竞争对手，控制原料供应商），形成企业的优势；②通过多元化经营降低经营风险、稳定经营收益；③为将来某些特定目的积累资金。

对长期股权投资进行分析，应注意以下几点：

（1）资产负债表中长期股权投资项目的金额，在很大程度上代表了企业长期不能直接控制的资产流出，其投资方案是否合理，关键看能否获得较高收益、是否可分散风险，以及企业的安全性如何。

（2）资产负债表中长期股权投资项目，代表的是企业高风险的资产区域，要看其是否与企业的总体发展目标和经营方针一致，也就是说，长期股权投资的增加应以不影响企业生产资金周转和提高企业资金效益为前提，长期股权投资的减少应以实现企业资产的保值增值为前提。

（3）长期股权投资收益的增加，有可能引起企业货币状况的恶化。因为对债权投资来说，投资收益的确定先于利息的收取，企业需对此部分收益上交所得税；对股权投资收益，在权益法确认投资收益时，企业确认的投资收益总会大于企业收回的股利，这样就会出现企业利润分配所需货币大于收回货币的情况。

（4）长期债权投资的质量分析，可从以下几个方面进行：对长期债权投资的账龄、债务人构成、对利润表中债权投资的收益与现金流量表中因利息收入而收到的现金之间的差异进行分析。

（5）长期股权投资的质量分析，可从以下几个方面进行：长期股权投资构成分析（分析投资方向、投资规模、持股比例等）、对利润表中股权投资收益与现金流量表中因股权投资收益而收到的现金之间的差异进行分析。

16. 投资性房地产

投资性房地产项目，反映企业持有的投资性房地产。企业采用成本模式计量投资性房地产的，本项目应根据"投资性房地产"科目的期末余额，减去"投资性房地产累计折旧（摊销）"科目和"投资性房地产减值准备"科目期末余额后的金额填列；企业采用公允价值模式计量投资性房地产的，本项目应根据"投资性房地产"科目的期末余额填列。

投资性房地产指的是企业为赚取租金或资本增值，或者两者兼有而持有的房地产，其范围包括已出租的土地使用权、持有准备增值后转让的土地使用权和已出租的建筑物等。需要注意，房地产开发企业开发的商品房并不是投资性房地产，而是该企业的存货。当下的媒体往往把二者混为一谈，这在一定程度上误导了投资者。

在会计核算中，投资性房地产有两种后续计量模式，成本计量模式和公允价值计量模式。采用公允价值计量模式需要同时满足以下两个条件：一是投资性房地产所在地有活跃的房地产交易市场；二是企业能够从房地产交易市场上取得同类或类似房地产的市场价格及其他相关信息，从而对投资性房地产的公允价值做出科学合理的估计。据此，该适用条件是比较苛刻的，一般仅仅在大中城市城区中的房地产才适用于采用公允价值计量，而且一个企业所有的房地产只能选用一种模式进行计量，而不能两种模式同时使用。因此在资产负债表上，投资性房地产一般是按照成本（账面原值减去累计摊销和减值损失后的余额）计量的，允许采用公允价值计量投资性房地产，往往涉及企业损益的变化，报表使用者需要通过财务报表附注信息对此予以合理关注。

17. 固定资产

固定资产项目，反映企业各种固定资产原价减去累计折旧和累计减值准备后的净额。本项目应根据"固定资产"科目的期末余额，减去"累计折旧"和"固定资产减值准备"科目期末余额后的金额填列。

固定资产是指企业为生产商品、提供劳务、出租或经营管理而持有的，使用寿命超过一个会计年度的有形资产。固定资产是企业经营规模大小的标志，是企业最重要的生产力要素之一，是企业经济效益和竞争力的源泉。在资产负债表上，固定资产按照固定资产原值减去累计折旧和固定资产减值准备后的净额列示。累计折旧的计提存在不同方法，企业通常基于税收方面的考虑而选用不同的折旧方法，由此导致的固定资产账面价值的变化，财务报告使用者需要结合财务报表附注信息予以分析，在必要时可以还原固定资产的原始价值，以便考核企业的经营实力，正确评估固定资产的整体运行情况，对其使用效率和综合竞争力水平给予全面而公允的评价。

对固定资产进行分析，应注意以下几点：

（1）会计政策变更的影响。从会计政策方面讲，引起固定资产变动的最主要方面是折旧方法的选择，会计准则和会计制度允许企业使用的折旧方法有：平均年限法、工作量法、双倍余额递减法、年数总和法，后两种方法属于加速折旧法。不同的折旧方法由于各期所提折旧不同，会引起固定资产价值发生不同的变化。固定资产折旧方法的选择对固定资产的影响还隐含着会计估计对固定资产的影响。例如，对折旧年限的估计，对固定资产残值的估计等。分析中，分析人员必须了解企业采用什么样的会计政策，据此说明会计政策选择和变更对资产负债表产生的影响；这样，才能真正反映出生产经营活动的结果及其影响。

（2）企业规模的影响。固定资产代表了企业生产能力的强弱，但并不是固定资产的规模越大越好，超越企业生产规模和生产能力拥有固定资产，会占用企业大量的资金，而且固定资产变现能力弱，会造成企业资金周转困难。企业固定资产持有的数量与所处的行业有密切的关系，如制造业固定资产数额一般较大，而商品流通企业固定资产数额则相对较小，因此，分析中应注意固定资产的持有量是否与企业的行业特点相吻合。

（3）固定资产构成的影响。固定资产构成是指各类固定资产原价占全部固定资产原价的比重，它反映着固定资产的配置情况。合理配置固定资产既可以提高企业的生产能力，又能使固定资产得到充分有效的利用。分析固定资产构成情况的变化，就是看固定资产的配置是否合理，为挖掘固定资产的利用潜力提供依据。固定资产构成分析主要包括三个方面的内容：一是分析生产经营用固定资产与非生产经营用固定资产之间的比例变化情况，查明企业是否优先增加生产经营用固定资产；二是考查未使用、不需用的固定资产占总资产比重的变化情况，查明企业是否对未使用、不需用的固定资产及时进行了处置，结合企业的生产技术特点，分析生产用固定资产内部结构是否合理；三是考查生产经营用固定资产内部结构是否合理。

（4）固定资产增减变化的影响。固定资产原值在年内的变化可以在一定程度上反映其质量的变化；各类固定资产在某会计期间的变化，不外乎增加、减少（投资转出、清理、转移）。但是，由于特定企业生产经营状况的特点，企业对各类固定资产的结构有不同要求。各个期间固定资产原值的变化，应朝着优化企业内部固定资产结构、改善固定资产质量、提高固定资产利用效率的方向努力。因此，从年度固定资产结构的变化与生产经营特点之间的吻合程度，就可以对固定资产质量的变化情况做出判断。

18. 在建工程

在建工程项目，反映企业期末各项未完工程的实际支出，包括交付安装的设备价值，未完建筑安装工程已经耗用的材料、工资和费用支出，预付外包工程的价款等的可收回金额。本项目应根据"在建工程"科目的期末余额，减去"在建工程减值准备"科目期末余额后的金额填列。

19. 工程物资

工程物资项目，反映企业尚未使用的各项工程物资的实际成本。本项目应根据"工程物资"科目的期末余额填列。

在建工程和工程物资是在资产负债表中予以分列的两个项目。企业投资基本建设工程，购买专用的材料、物资，在投入到具体工程建设之前，被称为工程物资；工程开工以后，企业已经投入了资金，该项目的成本就构成在建工程项目的填列金额。宽泛而言，固定资产在达到可使用状态之前，都被暂时列入在建工程处理。换言之，在资产负债表上，在建工程意味着企业正在进行的固定资产投资项目，影响到企业当前和未来的经营发展状况。如果该项目金额巨大，对于企业长、短期的财务状况都会有较大影响，财务报告使用者需要结合企业所在行业发展形势以及企业自身的经营状况和发展规划对企业"大兴土木"的合理性和前景予以进一步的观察。

20. 固定资产清理

固定资产清理项目，反映企业因出售、毁损、报废等原因转入清理但尚未清理完毕的固定资产的净值，以及固定资产清理过程中所发生的清理费用和变价收入等各项金额的差额。本项目应根据"固定资产清理"科目的期末借方余额填列，如"固定资产清理"科目期末为贷方余额，以"－"号填列。

21. 生产性生物资产

生产性生物资产项目，反映企业持有的生产性生物资产。本项目应根据"生产性生物资产"科目的期末余额，减去"生产性生物资产累计折旧"和"生产性生物资产减值准备"科目期末余额后的金额填列。

22. 油气资产

油气资产项目，反映企业持有的矿区权益和油气井及相关设施的原价减去累计折耗和累计减值准备后的净额。本项目应根据"油气资产"科目的期末余额，减去"累计折耗"科目期末余额和相应减值准备后的金额填列。

23. 无形资产

无形资产项目，反映企业持有的无形资产，包括专利权、非专利技术、商标权、著作权、土地使用权等。本项目应根据"无形资产"科目的期末余额，减去"累计摊销"和"无形资产减值准备"科目期末余额后的金额填列。无形资产按取得时的实际成本作为入账价值，在取得当月起在预计使用年限内分期平均摊销，计入损益。对可收回金额低于账面价值的差额，应计提无形资产减值准备。摊销期限一般按有效使用期或法定寿命期孰短的原则确定，最长不超过 40 年（我国为 10 年）；研究与开发费用在发生时作费用处理。企业无形资产的种类、取得成本、已摊销金额和期末余额，在报表附注中披露，可以解释无形资产总额的变动原因。

　　无形资产是指企业拥有或者控制的、没有实物形态的、可辨认的非货币性资产，包括商标权、著作权、专利权、土地使用权、非专利技术、特许权等。与固定资产类似，无形资产是能够给企业带来较长期的经济利益的资产。无形资产尽管没有实物形态，但在知识经济时代，对企业生产经营活动的影响是十分巨大的。资产负债表上的无形资产是指无形资产原值减去无形资产摊销后的摊余价值，所以，只根据资产负债表提供的资料是难以分析无形资产的增减变化的。此外，按我国财务制度规定，企业的研究开发费用一旦产生就计入当期费用，因而资产负债表上的无形资产也不能真实地反映出企业拥有的无形资产的全部。无形资产的减少除出售、对外投资等原因外，更主要的是因为其价值摊销造成的，分析时应注意企业是否有利用无形资产摊销而调整利润的行为。

　　随着人类社会科技进步和知识创新步伐的加快，无形资产所占比重对于部分企业而言会越来越大，并构成企业价值和核心竞争力的主要来源。在资产负债表上，无形资产项目按照无形资产的取得成本减去相关累计摊销后的金额列示。据此可以看出，无形资产在财务报表上反映企业在这方面的投入的金额，并不能反映其无形资产真正的价值，而在现实经济生活当中，其成本和价值可能相去甚远。

　　24. 开发支出

　　开发支出项目，反映企业开发无形资产过程中能够资本化形成无形资产成本的支出部分。本项目应根据"研发支出"科目中所属的"资本化支出"明细科目的期末余额填列。开发支出项目可以用来表示正处于开发过程，而且估计能够开发成功并具有一定价值，因此能够资本化的无形资产的投入成本，预示着企业的科技进步前景。

　　25. 商誉

　　商誉项目，反映企业合并中形成的商誉的价值。本项目应根据"商誉"科目的期末余额，减去相应减值准备后的金额填列。

　　目前会计上核算的商誉仅仅是指企业在非同一控制下企业合并中，所支付的合并成本大于合并中取得的被购买方可辨认净资产公允价值份额的差额。根据新会计准则，商誉入账后不要求摊销，而是在期末进行减值测试，在资产负债表上按照扣除可能发生的减值损失后的净额列示。在会计核算中，商誉并非源自对企业"好感"而产生的价值，也未必代表超出正常水平的获利能力和服务潜力，而是企业合并中对于被购买方支付的溢价，而这个溢价支付在经济学家眼里已经被部分证实属于主合并企业"狂妄自大"的表现及其对于被合并方盲目的、不现实的预期造成的。举例而言，甲公司和乙公司不存在关联方关系，甲公司通过公开市场交易形成对乙公司的吸收合并，实际付出成本 200 亿元，所取得的乙公司全部净资产的公允价值（注意不是账面原值）为 180 亿元，则多付出的 20 亿元在会计上就被反映为商誉。要知道会计对于自创商誉是不予反映的，又鉴于对于商誉进行减值测试的难度较高，商誉在企业财务报表上的反映金额可能不过是一个平衡数，其信息含量应该是比较有限的。

26. 长期待摊费用

长期待摊费用项目，反映企业已经发生但应由本期和以后各期负担的分摊期限在一年以上的各项费用。长期待摊费用中在 1 年内（含 1 年）摊销的部分，在资产负债表的一年内到期的非流动资产项目填列。本项目应根据"长期待摊费用"科目的期末余额减去将于一年内（含一年）摊销的数额后的金额填列。

长期待摊费用是指不能全部计入当期损益，应当在以后年度内分期摊销的各项费用，包括开办费、租入固定资产改良支出、固定资产大修理支出、筹建期汇兑净损失等。财务报告使用者对于较大金额的长期待摊费用应予以重视，观察企业是否将一些费用递延到后期处理，以达到粉饰现时报表或者有意识地进行平滑收益和盈余管理的目的。

27. 递延所得税资产

递延所得税资产项目，反映企业确认的可抵扣暂时性差异产生的递延所得税资产。本项目应根据"递延所得税资产"科目的期末余额填列。"其他非流动资产"项目，反映企业除长期股权投资、固定资产、在建工程、工程物资、无形资产等资产以外的其他非流动资产。本项目应根据有关科目的期末余额填列。

递延所得税资产反映企业由于会计和税法之间的差异，导致会计根据税法的规定需要在当期缴纳更多的所得税（相对于会计利润和账面净资产的增加数而言），但以后期间相对会少缴的所得税金额，即会计上所谓的由于资产（负债）账面价值小于（大于）计税基础所形成的可抵扣暂时性差异而造成的预期未来经济利益流出。本着权责发生制原则和配比原则，会计上应在其经济利益形成的当期予以确认计量，并在财务报表上予以列示。分析时应注意企业在以后期间能否取得足够的可以利用当期可抵扣暂时性差异的应纳税所得额，否则应当减少递延所得税资产的确认。

28. 其他非流动资产

其他非流动资产是指企业正常使用的固定资产、流动资产等以外的，由于某种特殊原因，企业不得随意支配的资产。这种资产一经确定，未经许可，企业无权支配和使用，但仍应加强管理，单独核算。主要包括：特准储备物资、银行冻结存款、冻结物资以及涉及诉讼中的财产。

二、负债项目分析

1. 短期借款

短期借款项目，反映企业向银行或其他金融机构等借入的期限在一年以下（含一年）的借款。本项目应根据"短期借款"科目的期末余额填列。短期借款用于解决企业流动资金匮乏的问题，一般不用于长期资产的资金需求。短期借款相对而言资金成本较低，但其作为流动负债，通常带有强制性的偿还负担，如果资金安排不当，容易造成企业短期的偿债压力。财务报告使用者可以结合若干财务比率指标进行具体分析。

对短期借款进行分析时，应注意以下几点：

（1）流动资产资金，特别是临时性占用流动资产需要发生变化。当季节性或临时性需要产生时，企业就可能通过举借短期借款来满足其资金需要，当这种季节性或临时性需要消除时，企业就会偿还这部分短期借款，从而造成短期借款的变动。

（2）短期借款资金成本较低。一般来讲，短期借款的利率低于长期借款和长期债券的利率，举借短期借款相对于长期借款来说，可以减少利息支出。

（3）调整负债结构和财务风险。企业增加短期借款，就可以相对减少对长期借款的需求，使企业负债结构发生变化。相对于长期借款而言，短期借款具有风险大、利率低的特点，负债结构变化将会引起负债成本和财务风险发生相应的变化。

（4）偿还期限短，偿债压力大。短期借款可以随借随还，有利于企业对资金存量进行调整。分析时应检查企业短期借款的期限，如果是即将到期的短期借款，应当以企业变现速度最快的货币资金和交易性金融资产为保障，查验短期与可用于偿还的资产数额之间的匹配关系，预测企业的可用于偿债的现金流状况，初步评价企业的短期借款偿还能力。

2. 交易性金融负债

交易性金融负债项目，反映企业承担的以公允价值计量且其变动计入当期损益的，为交易目的所持有的金融负债。本项目应根据"交易性金融负债"科目的期末余额填列。

3. 应付票据

应付票据项目，反映企业购买材料、商品和接受劳务供应等而开出、承兑的商业汇票，包括银行承兑汇票和商业承兑汇票。本项目应根据"应付票据"科目的期末余额填列。相对于应付账款而言，应付票据可变现能力更强，更容易为客户所接受。

4. 应付账款

应付账款项目，反映企业因购买材料、商品和接受劳务供应等经营活动应支付的款项。本项目应根据"应付账款"科目和"预付账款"科目所属各明细科目的期末贷方余额合计数填列；"应付账款"科目所属明细科目期末有借方余额的，应在资产负债表预付款项项目内填列。

应付票据及应付账款是因商品交易产生的，其变动原因有：

（1）企业销售规模的变动。当企业销售规模扩大时，会增加存货需求，使应付账款及应付票据等债务规模扩大。反之，会使其降低。

（2）为充分利用无成本资金。应付账款及应付票据是因商业信用产生的一种无资金成本或资金成本极低的资金来源，企业在遵守财务制度，维护企业信誉的条件下充分加以利用，可以减少其他筹资方式的筹资数量，节约利息支出。

（3）提供商业信用企业的信用政策发生变化。如果其他企业放宽信用政策和收账政策，企业应付账款和应付票据的规模就会大些。反之，就会小些。

（4）企业资金的充裕程度。企业资金相对充裕，应付账款和应付票据规模就小些，当企业资金比较紧张时，就会影响到应付账款和应付票据的偿还。

5. 预收款项

预收款项项目，反映企业按照购货合同规定预付给供应单位的款项。本项目应根据"预收账款"科目和"应收账款"科目所属各明细科目的期末贷方余额合计数填列。如"预收账款"科目所属各明细科目期末有借方余额，应在资产负债表应收账款项目内填列。

预收款项是指企业因销售商品、提供劳务而预先向客户收取的款项。作为一笔流动负债，它意味着后续的商品或服务支出。企业大量而稳定的预收账款的存在往往意味着后续会计期间内较为稳定的收入来源，这对于以后期间的利润具有一定的保障作用，同时也可能展示出该企业商品或劳务供应的紧俏性和优越感，对市场而言不免是一则利好消息。

6. 应付职工薪酬

应付职工薪酬项目，反映企业根据有关规定应付给职工的工资、职工福利、社会保险费、住房公积金、工会经费、职工教育经费、非货币性福利、辞退福利等各种薪酬。外商投资企业按规定从净利润中提取的职工奖励及福利基金，也在本项目列示。

应付职工薪酬反映企业按照规定应当向职工支付的各项报酬。作为新企业会计准则改革的一项重要内容，会计上树立了完整的人工成本概念，使得职工薪酬的内容变得十分丰富。它不仅包括传统意义上的工资和职工福利费，诸如社会保险费、住房公积金、工会经费与职工教育经费、非货币性福利、辞退福利、现金结算的股份支付等都被纳入职工薪酬的范畴。

7. 应交税费

应交税费项目，反映企业按照税法规定计算应交纳的各种税费，包括增值税、消费税、营业税、所得税、资源税、土地增值税、城市维护建设税、房产税、土地使用税、车船使用税、教育费附加、矿产资源补偿费等。企业代扣代缴的个人所得税，也通过本项目列示。企业所交纳的税金不需要预计应交数，如印花税、耕地占用税等，不在本项目列示。本项目应根据"应交税费"科目的期末贷方余额填列；如"应交税费"科目期末为借方余额，应以"-"号填列。

应交税费反映的是企业按照税法规定计算并交纳的各种税费。除了少数税种，如印花税和耕地占用税等不需要通过该项目反映外，企业应交而尚未交纳的其他大部分税款以及教育费附加、矿产资源补偿费等都需要通过该项目予以列示。应交税费和应付职工薪酬等其他流动负债一样，都是企业"当下"需要偿付的义务。分析时注意企业有无拖欠税款的现象，及其对企业支付能力的影响。

8. 应付利息

应付利息项目，反映企业按照规定应当支付的利息，包括分期付息到期还本的长期借款应支付的利息、企业发行的企业债券应支付的利息等。本项目应当根据"应付利息"科目的期末余额填列。

9. 应付股利

应付股利项目，反映企业分配的现金股利或利润。企业分配的股票股利，不通过本项目列示。本项目应根据"应付股利"科目的期末余额填列。

10. 其他应付款

其他应付款项目，反映企业除应付票据、应付账款、预收款项、应付职工薪酬、应付股利、应付利息、应交税费等经营活动以外的其他各项应付、暂收的款项。本项目应根据"其他应付款"科目的期末余额填列。

其他应付款反映企业除短期借款、应付票据、应付账款、预收账款、应付利息、应付股利、应付职工薪酬、应交税费等之外的应付或暂收款项。与前文对于其他应收款的分析类似，其他应付款作为一种往来结算款项，财务报告使用者需要警惕企业变相的资金拆借和不合理的资金占用行为。分析时应重点关注：

（1）其他应付款规模与变动是否正常。

（2）是否存在企业长期占用关联方企业资金的现象。

11. 一年内到期的非流动负债

一年内到期的非流动负债项目，反映企业非流动负债中将于资产负债表日后一年内到期部分的金额，如将于一年内偿还的长期借款，本项目应根据有关科目的期末余额填列。

12. 其他流动负债

其他流动负债项目，反映企业除短期借款、交易性金融负债、应付票据、应付账款、应付职工薪酬、应交税费等流动负债以外的其他流动负债。本项目应根据有关科目的期末余额填列。

13. 长期借款

长期借款项目，反映企业向银行或其他金融机构借入的期限在 1 年以上（不含 1 年）的各项借款。本项目应根据"长期借款"科目的期末余额填列。

影响长期借款变动的因素有：①银行信贷政策及资金市场的资金供求状况。②满足企业对资金的长期需要。分析时应关注企业长期借款的用途，企业长期借款的增加是否与企业长期资产的增加相匹配，是否存在将长期借款用于流动资产支出的情况。③保持企业权益结构的稳定性，分析时应关注资产负债率的变化，保持合理的资本结构。④调整企业负债结构和财务风险。⑤长期债务的偿还与现金流的关系，关注长期债务到期的时间，根据企业连续几年的现金流量，预测企业能否有足够的资金偿还到期的债务。⑥债务与企业营利能力。长期借款本金和利息的支付来自于企业的盈利，因此营利能力应与长期借款规模相配比。

14. 应付债券

应付债券项目，反映企业为筹集长期资金而发行的债券本金和利息。本项目应根据"应付债券"科目的期末余额填列。

15. 长期应付款

长期应付款项目，反映企业除长期借款和应付债券以外的其他各种长期应付款项。本项目应根据"长期应付款"科目的期末余额，减去相应的"未确认融资费用"科目期末余额后的金额填列。

长期应付款反映企业除了长期借款、应付债券以外的其他各种长期的应付款项。现在的业务当中，分期付款的比较多，例如应付融资租赁款项、分期付款购买货物等。如果其偿还期超过1年，会计上就称之为长期应付款。

16. 专项应付款

专项应付款项目，反映企业取得政府作为企业所有者投入的具有专项或特定用途的款项。本项目应根据"专项应付款"科目的期末余额填列。

专项应付款通常是指企业取得政府作为企业所有者投入的具有专项或特定用途的款项。对于此类负债，财务分析者似乎不必太较真，因为它通常并不要求用现金偿还，只要能完成政府交给的任务即可，有时候可以看成是国家对于该企业的政策倾斜和变相补贴，不像一般的长期负债那样构成企业强制的偿还负担。

17. 预计负债

预计负债项目，反映企业确认的对外提供担保、未决诉讼、产品质量保证、重组义务、亏损性合同等预计负债。本项目应根据"预计负债"科目的期末余额填列。

由于预计负债的确认和计量涉及较多的财务判断，企业也倾向于尽可能少地披露相关债务。因此分析时应注意仔细寻找有关预计负债的存在踪迹，查看企业售后条款、发生的诉讼事项等，并注意企业对预计负债的计量是否正确，预计负债金额的估计是否合理等。

18. 递延所得税负债

递延所得税负债项目，反映企业确认的应纳税暂时性差异产生的所得税负债。本项目应根据"递延所得税负债"科目的期末余额填列。

递延所得税负债反映企业由于会计和税法之间的差异，导致会计根据税法的规定在当期不必交纳较多的所得税（相对于会计利润和账面净资产的增加数而言），但注定在以后期间需要"补交"的所得税金额，即会计上所谓的由于资产（负债）账面价值大于（小于）计税基础所形成的应纳税暂时性差异而可能造成的预期未来经济利益的流出，本着权责发生制和配比原则，会计上应在这种在未来予以"补交"的义务形成的当期予以确认并计量，并在报表上予以列示。分析时应当关注资产和负债的计税基础和账面价值，核实企业的递延所得税负债是否真实，是否存在少计、漏计的情况。

19. 其他非流动负债

其他非流动负债项目，反映企业除长期借款、应付债券等负债以外的其他非流动负债。本项目应根据有关科目的期末余额减去将于1年内（含1年）到期偿还数后的余额填列。非流动负债各项目中将于1年内（含1年）到期的非流动负债，应在一年内到期的非流动负债项目内单独反映。

三、所有者权益项目分析

所有者权益是指企业的投资者对企业净资产的要求权，亦称净权益。根据所有者权益的永久性程度一般将其分为投入资本和留存收益两大类。其中投入资本是指企业所有者实际投入企业的资本，包括实收资本和资本公积。而留存收益是指通过企业的生产经营活动而形成的资本，即经营所得净收益的积累。它包括盈余公积和未分配利润两部分。

未分配利润是企业实现的净利润，在提取盈余公积和分配利润后的余额。它是一种未拨定的留存收益，既未指定用途，也未分配给所有者。同时，它也是所有者权益的重要组成部分，是资产负债表与利润表（或利润分配表）联系的桥梁。

1. 实收资本

实收资本（或股本）项目，反映企业各投资者实际投入的资本（或股本）总额。本项目应根据"实收资本"（或"股本"）科目的期末余额填列。实收资本是指股份有限公司以外的企业投资者实缴的并经国家有关部门注册的出资额，也称资本金。对股份有限公司而言，实收资本即股本，表现为已投入企业的资本中相当于股票面值或设定价值的部分。我国的资本金制度从法律上明确了建立企业必须有合法投资者最低限额的投资。我国实行注册资本金制度，开办企业必须依法筹集最低限度的资本金（即注册资本）。例如，《公司法》第七十八条规定，股份有限公司最低注册资本不低于 1 000 万元。注册资本是国家授予企业法人经营管理的财产或者企业法人自有财产数额的表现，它能反映公司法人财产权的大小，并用以作为公司经营的保障和社会信用方面的保障。但是，投资者的资本金往往允许分次缴付，因此在核算上就有必要设置"实收资本"科目来反映实际收到的资本金。投资者在缴清资本金后，企业的实收资本应与注册资本一致。

股本的变动一般由以下原因引起：

（1）公司增发新股或配股。从本质上说，这是由投资者追加投资引起的股本变化。如果企业减资则会相反。

（2）资本公积或盈余公积转增股本。这虽然会引起股本发生变化，但所有者权益总额并不因此而变化。

（3）以送股进行利润分配。这会引起股本的增加和未分配利润的减少，但所有者权益总额不变。

2. 资本公积

资本公积项目，反映企业资本公积的期末余额。本项目应根据"资本公积"科目的期末余额填列。库存股项目，反映企业持有尚未转让或注销的本公司股份的金额。本项目应根据"库存股"科目的期末余额填列。

资本公积在会计核算中被分为两大类：一是资本（股本）溢价，二是其他资本公积。投资者直接投入到企业的资金包括两部分：第一部分就是前述的股本或实收资本；第二部分就是企业收到投资者出资超过其在注册资本或股本中所占份额的部分，即所谓的资本溢价或股本溢价，在会计上通过资本公积项目核算。资本公积除了包括资本溢价之外，还包括其他资本公积，主要是指直接计入所有者权益的利得和损失。比如，会计核算中调整其他资本公积的事项有：可供出售金融资产公允价值发生变动；采用权益法核算的长期股权投资，随着被投资方除净损益之外的所有者权益的其他变动而变动；以权益结算的股份支付所换取的职工或其他方服务的金额；自用房地产或存货转换为以公允价值计量的投资性房地产，转换日公允价值大于账面价值的差额等等。

资本公积包括股本溢价、接受捐赠的资产价值、法定财产重估增值等项目。其用途有两方面：第一，是按法定程序转化为资本，其中准备项目不能转增资本（或股本）；第二，用于弥补亏损。

3. 盈余公积

盈余公积项目，反映企业盈余公积的期末余额。本项目应根据"盈余公积"科目的期末余额填列。

盈余公积和未分配利润合称留存利润或留存收益，它们都表示企业经营活动中的积累，二者并没有本质区别。一般教科书把盈余公积定义为"具有特定用途的留存收益"，这里所谓的"特定用途"其实是一个误解。盈余公积作为一项资金来源，并没有什么特定用途。如果说它有特定用途，就是指盈余公积对于利润分配的限定。换言之，只要不被当做红利分给股东，至于这部分资金用于内部经营活动的什么方面，并没有什么限制和特殊的规定。除了法定盈余公积之外，公司还可以根据股东大会或类似权力机构的批准，按规定提取一定比例的盈余公积，以进一步扩大资本积累。

盈余公积是一种已拨定的留存收益，是指累计的税后利润中已指定用途、不可随便分配给所有者的部分。盈余公积按其提取的法定性和用途的不同，又可分为法定盈余公积和任意盈余公积。企业的盈余公积主要用途为：①弥补亏损。企业弥补亏损的渠道大体上有三条：一是用税前利润弥补；二是用税后利润弥补；三是用盈余公积弥补。②增加资本或股本。经股东会议决议，企业可将盈余公积转增为资本，但此时应注意以下三点：一是要先办理增资手续；二是要按股东原有股份比例结转，股份有限公司，可采用发放新股或增加每股面值的方法增加股本；三是法定盈余公积金转增股本时，在转增后留存的此项公积金不应少于注册资本的25%。

4. 未分配利润

未分配利润项目，反映企业尚未分配的利润。本项目应根据"本年利润"科目和"利润分配"科目的余额计算填列。未弥补的亏损在本项目内以"-"号填列。

未分配利润是利润具体分配后的剩余。确切地说，就是公司期初的累积未分配利润，加上本期实现的净利润，减去提取的盈余公积、向投资者分配的利润等之后的余额。未分配利润是企业可自由支配的资金来源，可以留待以后年度进行分配，可以用来以丰补歉，对于稳定或调整企业的利润分配政策有一定积极意义。对于未分配利润的分析，应注意的是引起未分配利润项目发生变化的原因有两点：

（1）企业生产经营活动的业绩。包括本年度的经营活动和以前年度的经营活动，因为未分配利润是以前年度生产经营业绩积累的结果。

（2）企业的利润分配政策。企业采取高股利分配政策，未分配利润就会减少，企业采取低股利分配政策，未分配利润就会增加。

第三节　资产负债表结构分析

资产负债表结构就是指资产负债表中各内容要素金额之间的相互关系。资产负债表结构分析就是对这种关系进行分析，从而对企业整体财务状况做出判断。资产负债表结构分析即以资产负债表中某一关键项目为基数，以其金额为 100 或 1，而将其余项目的金额分别计算出各占关键项目金额的百分比，这个百分比表示项目的比重，通过比重对各项目做出判断和评价。资产负债表通常以资产总额为总体值。具体公式如下：

结构百分比 =（某项指标值/总体值）×100%

一、资产结构分析

新准则下的资产负债表按流动性的强弱将资产划分为两大类，即流动资产和非流动资产。流动资产是指将在 1 年内或超过 1 年但不超过一个营业周期内变现或消耗的资产。流动资产流动性强、变现能力强，具有较强的抗风险能力，但过多持有流动资产，会削弱企业的营利能力。企业在进行资产结构决策时，往往关注资产的流动性问题，特别是流动资产占总资产的比重，企业为了更好地发展，流动资产的持有量应控制在一个与企业规模相适应的合理水平，根据流动资产占资产总额的比重可以将企业的资产结构划分为三种类型，即保守型、中庸型和风险型三种资产结构。

流动资产占资产总额的比重 =（流动资产/资产总额）×100%

1. 保守型资产结构

保守型资产结构是指企业在一定销售水平上，尽可能增加流动资产的比重，减少非流动资产的比重，从而使企业总资产构成维持较低的风险水平。在这种资产结构下，企业资产流动性较好，从而降低了企业的风险，但因为收益水平较高的非流动资产比重较小，企业的盈利水平同时也较低，因此，企业的风险和收益水平都较低。采用保守型资产结构的企业，比较注重营运资金的保有，注重规模扩张应以资产的流动性和足够的偿债能力为前提。这类企业，经营比较稳健，资本扩张速度较慢，效率保障程度较高。

2. 中庸型资产结构

中庸型资产结构是指企业在一定销售水平上，尽可能使无风险、低风险资产和风险资产的比重达到均衡，从而使企业全部资产维持较高的收益得到中和。中庸型资产结构表明企业的投资策略是中庸型的，既不保守，又不冒进。从理论上讲，这种结构具有最好的稳定性。因为企业的经营活动，一方面需要有一定的基本物质条件，如场地、房屋、建筑物、机器设备、工具、装置等有形固定资产及某些特定的长期权利，另一方面又需要一定的流动性资源，如现金、债权、存货等，以满足其正常的周转需要、支付需求和其他临时性需求。如果企业把总资产相对均衡地配置在流动资产和长期资产上，说明企业同时兼顾了规模与效益、短期与长期的关系。企业的经营状况、财务状况多数是比较稳定的。

3. 风险型资产结构

风险型资产结构是指企业在一定销售水平上，尽可能减少流动资产的比重，增加非流动资产的比重，从而使企业总资产构成维持较高的收益水平。在这种资产结构下，企业资产流动性和变现能力较弱，从而提高了企业的风险，但因为收益水平较高的非流动资产比重较大，企业的盈利水平同时也会提高，因此，企业的风险和收益水平都较高。风险型资产结构表明非流动资产占资产总额的比重较大，企业拥有雄厚的物质基础。这是一种扩张式结构，说明企业把大量资金配置于固定资产、长期股权投资及无形资产等变现性较差的资产上，企业扩张欲望强烈，追求长期经济利益。相比之下，对资产的流动性和短期偿债能力较为忽视。这类企业注重外延式的扩大再生产，注重规模经济优势，善于进行资本运营，应当说是企业发展的一个方向。但由于投资额大，投资回收期长，投资风险相对也大。虽然扩张结构并不意味着企业一定发生财务危机，但如果筹资不畅、投资项目预期效益差甚至不能按期收回投资时，企业的财务危机肯定是要出现的。

表 3-2　　　　　　　　贵州茅台流动资产占资产总额结构分析表　　　　　　　金额单位：元

项　目	2007 年 12 月 31 日	2008 年 12 月 31 日	2009 年 12 月 31 日	2010 年 12 月 31 日
流动资产合计	7 271 502 903.42	12 240 750 882.84	15 655 585 363.39	20 300 284 828.31
资产合计	10 481 471 840.45	15 754 187 836.35	19 769 623 147.72	25 587 579 940.69
流动资产占资产总额的比重	69.37%	77.70%	79.19%	79.34%

表 3-2 列示了贵州茅台连续 4 年流动资产在资产总额中所占的比重较高，其资产结构较为保守，尤其是 2010 年流动资产占资产总额的比重高达 79.34%。保守型资产结构的优势是能使企业拥有足够的具有较强流动性和变现能力的资产以应付其到期的债务，拥有足够的存货保证生产和销售的顺利进行，因此企业所面临的

风险较小，但其不利之处在于，由于流动资产占用了大量的资金，增大了资金占用的机会成本，不利于加速资金的周转，从而导致企业资金利润率相对较低。

二、资本结构分析

资本结构是指企业各项资本的构成及其比例关系。广义的资本结构是指企业全部资本的构成，包括企业负债与所有者权益之间的比例关系、债务结构、所有权结构等；狭义的资本结构是指企业各中长期资本价值的构成及其比例关系，尤其是指长期的股权资本与债权资本的构成及其比例关系。资本结构问题实际上是债务资本和权益资本各占多少比例的问题，或者说是确定负债在全部资本中所占比重的问题。

不同的融资结构，其资金成本和财务风险是各不相同的。资金成本是指企业为获取某类资本所要付出的代价。财务风险是指企业由于筹措对资金的供应者承担义务而可能发生的危险。最佳的融资结构应是资金成本最低而财务风险最小的融资结构。资本结构也有三种类型：保守型、中庸型和风险型资本结构。资产负债率公式如下：

资产负债率＝负债总额÷资产总额×100%

1. 保守型资本结构

保守型资本结构，是指在资本结构中主要采取主权资本融资，且负债融资结构中又以长期负债融资为主。在这种融资结构下，企业对流动负债的依赖性较低，从而减轻了短期偿债压力，财务风险较低，与此同时，由于主权资本融资的成本较高，又会增大企业的资金成本，这是一种低财务风险、高资金成本的融资结构。

2. 中庸型资本结构

中庸型资本结构，是指在资本结构中主权资本融资与负债资本融资几乎对等。在这种融资结构下，主权资本融资与负债资本融资的比重主要根据资金的使用用途来确定，即对波动性资产采用短期融资的方式筹资，对永久性资产则采用长期融资的方式筹资。这种融资决策的优点是，企业既可以避免因资金来源期限太短引起的还债风险，又可以减少由于过多的借入长期资金而支付的高额利息。

3. 风险型资本结构

风险型资本结构，是指在资本结构中主要采取负债融资，流动负债也被大量的长期资产所占用。在这种融资结构下，企业用长期资金来满足部分永久性资产对资金的需求，余下的永久性资产和全部波动性资产，都靠短期资金来融通。风险型资本结构的缺点是具有较大的风险性，这个风险既有旧债到期难以偿还和可能借不到新债的风险，还有利率上升、再融资成本升高的风险。当然，高风险也可能获得高收益，如果企业的融资环境比较宽松，或者企业正赶上利率下调的好时机，则具有更多短期融资的企业会获得较多的利息成本从而降低收益。这是一种高财务风险、低资金成本的融资结构。贵州茅台资本结构分析表，见表3-3。

表 3-3　　　　　　　　　　贵州茅台资本结构分析表　　　　　　　　金额单位：元

项　目	2007 年 12 月 31 日	2008 年 12 月 31 日	2009 年 12 月 31 日	2010 年 12 月 31 日
负债合计	2 112 616 070.01	4 250 769 540.40	5 118 057 753.51	7 038 190 246.07
资产合计	10 481 471 840.45	15 754 187 836.35	19 769 623 147.72	25 587 579 940.69
资产负债率	20.16%	26.98%	25.89%	27.51%

从表 3-3 贵州茅台资本结构分析表可以看出，贵州茅台主要以自有资本为主，自有资本高达 70% 以上，资本结构比较保守。国际公认的资产负债率标准为 50%，即企业的资本一半由债权人提供，一半由股东提供，既利用了财务杠杆，财务压力又不至于过大。贵州茅台连续 4 年的资产负债率均远远低于国际公认标准 50%，一方面说明了贵州茅台自有资本实力强，抗风险能力强，但另一方面也说明其资本结构较为保守，没能充分利用财务杠杆来获取利润。保守型融资结构，是指在资本结构中主要采取主权资本融资，且在负债融资结构中又以长期负债融资为主。在这种融资结构下，企业对流动负债的依赖性较低，从而减轻了短期偿债压力，财务风险较低；与此同时，由于主权资本融资和长期负债融资的成本较高，又会增大企业的资金成本。

三、资产负债结构分析表

贵州茅台资产负债结构分析表，见表 3-4。

表 3-4　　　　　　　　　　贵州茅台资产负债结构分析表

项　目	2007 年 12 月 31 日	2008 年 12 月 31 日	2009 年 12 月 31 日	2010 年 12 月 31 日
货币资金	45.06%	51.38%	49.28%	50.37%
交易性金融资产				
应收票据	0.96%	1.08%	1.93%	0.80%
应收账款	0.44%	0.22%	0.11%	0.00%
预付款项	0.07%	4.71%	6.09%	5.98%
其他应收款	0.82%	0.52%	0.49%	0.23%
应收关联公司款				
应收利息	0.03%	0.02%	0.01%	0.17%
应收股利				
存货	21.99%	19.77%	21.21%	21.78%
其中：消耗性生物资产				
一年内到期的非流动资产			0.09%	
其他流动资产				

续表

项　　目	2007 年 12 月 31 日	2008 年 12 月 31 日	2009 年 12 月 31 日	2010 年 12 月 31 日
流动资产合计	69.37%	77.70%	79.19%	79.34%
可供出售金融资产				
持有至到期投资	0.55%	0.27%	0.05%	0.23%
长期应收款				
长期股权投资	0.04%	0.03%	0.02%	0.02%
投资性房地产				
固定资产	17.43%	13.90%	16.03%	16.38%
在建工程	9.49%	3.70%	0.98%	1.03%
工程物资	0.11%	0.40%	0.13%	0.07%
固定资产清理				
生产性生物资产				
油气资产				
无形资产	2.38%	2.83%	2.35%	1.77%
开发支出				
商誉				
长期待摊费用	0.12%	0.06%	0.11%	0.07%
递延所得税资产	0.50%	1.12%	1.14%	1.09%
其他非流动资产				
非流动资产合计	30.63%	22.30%	20.81%	20.66%
资产总计	100.00%	100.00%	100.00%	100.00%
短期借款				
交易性金融负债				
应付票据				
应付账款	0.57%	0.77%	0.70%	0.91%
预收款项	10.74%	18.64%	17.79%	18.52%
应付职工薪酬	0.52%	2.29%	2.35%	1.96%
应交税费	3.89%	1.63%	0.71%	1.64%
应付利息				
应付股利	0.40%		0.69%	1.25%
其他应付款	4.04%	3.66%	3.60%	3.20%

项　　目	2007 年 12 月 31 日	2008 年 12 月 31 日	2009 年 12 月 31 日	2010 年 12 月 31 日
应付关联公司款				
一年内到期的非流动负债				
其他流动负债				
流动负债合计	20.16%	26.98%	25.84%	27.47%
长期借款				
应付债券				
长期应付款				
专项应付款			0.05%	0.04%
预计负债				
递延所得税负债				
其他非流动负债				
非流动负债合计			0.05%	0.04%
负债合计	20.16%	26.98%	25.89%	27.51%
实收资本（或股本）	9.00%	5.99%	4.77%	3.69%
资本公积	13.12%	8.73%	6.95%	5.37%
盈余公积	8.00%	6.35%	8.02%	8.51%
减：库存股				
未分配利润	48.44%	50.30%	53.42%	54.34%
少数股东权益	1.29%	1.64%	0.94%	0.59%
外币报表折算价差				
非正常经营项目收益调整				
归属母公司股东权益	78.56%	71.38%	73.17%	71.91%
股东权益合计	79.84%	73.02%	74.11%	72.49%
负债和股东权益总计	100.00%	100.00%	100.00%	100.00%

从表 3-4 的相关数据，可以初步得出以下结论：

1. 贵州茅台的资产总额中，以流动资产为主，从 2008 年起，贵州茅台流动资产占资产总额的比重在 77% 以上，2010 年流动资产占资产总额的比重高达 79%。在流动资产中主要是货币资金和存货，其中货币资金占资产总额的 50.37%，也就是说在贵州茅台的资产总额中有一半是可以直接进行支付的货币资金。2010 年贵州茅台资产总额约 255 亿元（准确数额为 25 587 579 940.69 元），其中货币资金就高达 128 亿元（准确数额为 12 888 393 889.29 元），贵州茅台的现金持有量非常充裕。说明贵州茅台有很强的支付能力和偿债能力，但也预示其资金闲置，资金利用效率不高。

2. 在资产总额中存货所占比重也较高，连续 4 年存货所占比重变化不大，存货占资产总额的比重为 21% 左右。2010 年存货 55 亿元（准确数额为 5 574 126 083.42 元）占资产总额的 21.78%。贵州茅台作为酿酒制造企业，存货在资产总额中所占的比重在 20% 左右，比较合理。

3. 贵州茅台的资产总额中，非流动资产所占比重较低，从 2008 年起非流动资产在资产总额中的比重为 20% 左右，在非流动资产中主要是固定资产，2010 年该企业固定资产 41 亿元（准确数额为 4 191 851 111.97 元）占资产总额的 16.38%。

4. 贵州茅台的资本总额中，主要以自有资本为主。连续 4 年贵州茅台的自有资本占资本总额的 70% 以上，自有资本实力雄厚。

5. 贵州茅台的资本总额中，负债所占比重较低，负债占资本总额的比重连续 4 年不到 30%。在负债总额中非流动负债所占比重不到 1‰，其负债主要为流动负债，而流动负债主要是预收款项，预收款项总额为 47 亿元（准确数额为 4 738 570 750.16 元），占资本总额的 18.52%，说明贵州茅台产品畅销，供不应求，预收了大量的货款。

6. 贵州茅台连续 4 年没有筹集资金，其长期借款、短期借款及应付债券的金额均为零。说明贵州茅台近几年资金较充裕，没有融资需求。

第四节 资产负债表趋势分析

资产负债表的趋势分析就是采用比较的方法，分析的对象是企业连续若干年的财务状况信息，并观察其变动趋势。

趋势分析法是根据企业连续数期的财务报告，以第 1 年或另外选择某一年份为基期，计算每一期各项目对基期同一项目的趋势百分比，或计算趋势比例或指数，形成一系列具有可比性的百分数或指数，从而揭示了当期财务状况和经营成果的增减变化及发展趋势。对不同时期财务指标的比较，可以计算成动态比率指标，依据采用的基期不同，所计算的动态指标比率有两种：

（一）定基比趋势分析

定基比趋势分析相关公式如下：

定基比趋势分析＝分析期某指标数值/固定基期某指标数值×100%

贵州茅台定基比趋势分析表见表 3-5。

表 3-5　　　　　　　　　　贵州茅台定基比趋势分析表

（以 2007 年为基期年度）

项　　　目	2007 年 12 月 31 日	2008 年 12 月 31 日	2009 年 12 月 31 日	2010 年 12 月 31 日
货币资金	100.00%	171.38%	206.30%	272.90%
交易性金融资产				
应收票据	100.00%	168.85%	376.82%	202.69%
应收账款	100.00%	75.04%	46.08%	2.70%
预付款项	100.00%	10 865.50%	17 626.61%	22 413.61%
其他应收款	100.00%	95.92%	111.48%	68.63%
应收关联公司款				
应收利息	100.00%	77.66%	53.36%	1 192.07%
应收股利				
存货	100.00%	135.13%	181.89%	241.85%
其中：消耗性生物资产				
一年内到期的非流动资产				
其他流动资产				
流动资产合计	100.00%	168.34%	215.30%	279.18%
可供出售金融资产				
持有至到期投资	100.00%	72.41%	17.24%	103.45%
长期应收款				
长期股权投资	100.00%	100.00%	100.00%	100.00%
投资性房地产				
固定资产	100.00%	119.88%	173.44%	229.44%
在建工程	100.00%	58.61%	19.50%	26.49%
工程物资	100.00%	522.73%	208.82%	155.29%
固定资产清理				
生产性生物资产				
油气资产				
无形资产	100.00%	178.60%	186.76%	181.45%
开发支出				
商誉				
长期待摊费用	100.00%	81.32%	172.07%	149.88%

续表

项　　目	2007 年 12 月 31 日	2008 年 12 月 31 日	2009 年 12 月 31 日	2010 年 12 月 31 日
递延所得税资产	100.00%	334.31%	426.53%	526.85%
其他非流动资产				
非流动资产合计	100.00%	109.45%	128.16%	164.71%
资产总计	100.00%	150.31%	188.61%	244.12%
短期借款				
交易性金融负债				
应付票据				
应付账款	100.00%	203.23%	233.10%	388.75%
预收款项	100.00%	260.93%	312.49%	421.10%
应付职工薪酬	100.00%	661.23%	849.78%	916.29%
应交税费	100.00%	62.86%	34.46%	102.98%
应付利息				
应付股利	100.00%		328.19%	762.04%
其他应付款	100.00%	135.99%	167.85%	193.36%
应付关联公司款				
一年内到期的非流动负债				
其他流动负债				
流动负债合计	100.00%	201.21%	241.79%	332.68%
长期借款				
应付债券				
长期应付款				
专项应付款				
预计负债				
递延所得税负债				
其他非流动负债				
非流动负债合计				
负债合计	100.00%	201.21%	242.26%	333.15%
实收资本（或股本）	100.00%	100.00%	100.00%	100.00%
资本公积	100.00%	100.00%	100.00%	100.00%
盈余公积	100.00%	119.42%	189.15%	259.66%

续表

项　　目	2007 年 12 月 31 日	2008 年 12 月 31 日	2009 年 12 月 31 日	2010 年 12 月 31 日
减：库存股				
未分配利润	100.00%	156.09%	208.03%	273.85%
少数股东权益	100.00%	192.10%	137.72%	111.77%
外币报表折算价差				
非正常经营项目收益调整				
归属母公司股东权益	100.00%	136.56%	175.68%	223.45%
股东权益合计	100.00%	137.46%	175.07%	221.65%
负债和股东权益总计	100.00%	150.31%	188.61%	244.12%

（二）环比趋势分析

环比趋势分析相关公式如下：

环比趋势分析 =（分析期某指标数值－上一期某指标数值）÷上一期某指标数值×100%

贵州茅台环比趋势分析表见表 3-6。

表 3-6　　　　　　　　　　　贵州茅台环比趋势分析表

项　　目	2007 年 12 月 31 日	2008 年 12 月 31 日	2009 年 12 月 31 日	2010 年 12 月 31 日
货币资金	—	71.38%	20.38%	32.28%
交易性金融资产				
应收票据	—	68.85%	123.17%	−46.21%
应收账款		−24.96%	−38.59%	−94.13%
预付款项		10 765.50%	62.23%	27.16%
其他应收款	—	−4.08%	16.22%	−38.44%
应收关联公司款				
应收利息		−22.34%	−31.29%	2 134.05%
应收股利				
存货	—	35.13%	34.60%	32.96%
其中：消耗性生物资产				
一年内到期的非流动资产				
其他流动资产				
流动资产合计	—	68.34%	27.90%	29.67%
可供出售金融资产				
持有至到期投资	—	−27.59%	−76.19%	500.00%

续表

项　　目	2007 年 12 月 31 日	2008 年 12 月 31 日	2009 年 12 月 31 日	2010 年 12 月 31 日
长期应收款				
长期股权投资	—	0.00%	0.00%	0.00%
投资性房地产				
固定资产	—	19.88%	44.68%	32.29%
在建工程	—	−41.39%	−66.72%	35.83%
工程物资	—	422.73%	−60.05%	−25.63%
固定资产清理				
生产性生物资产				
油气资产				
无形资产	—	78.60%	4.57%	−2.84%
开发支出				
商誉				
长期待摊费用	—	−18.68%	111.60%	−12.89%
递延所得税资产	—	234.31%	27.59%	23.52%
其他非流动资产				
非流动资产合计	—	9.45%	17.09%	28.52%
资产总计	—	50.31%	25.49%	29.43%
短期借款				
交易性金融负债				
应付票据				
应付账款	—	103.23%	14.70%	66.77%
预收款项	—	160.93%	19.76%	34.76%
应付职工薪酬	—	561.23%	28.51%	7.83%
应交税费	—	−37.14%	−45.17%	198.80%
应付利息				
应付股利				132.19%
其他应付款	—	35.99%	23.43%	15.20%
应付关联公司款				
一年内到期的非流动负债				
其他流动负债				

续表

项　　　目	2007 年 12 月 31 日	2008 年 12 月 31 日	2009 年 12 月 31 日	2010 年 12 月 31 日
流动负债合计	—	101.21%	20.17%	37.59%
长期借款				
应付债券				
长期应付款				
专项应付款				0.00%
预计负债				
递延所得税负债				
其他非流动负债				
非流动负债合计				0.00%
负债合计	—	101.21%	20.40%	37.52%
实收资本（或股本）	—	0.00%	0.00%	0.00%
资本公积	—	0.00%	0.00%	0.00%
盈余公积	—	19.42%	58.39%	37.28%
减：库存股				
未分配利润	—	56.09%	33.27%	31.64%
少数股东权益	—	92.10%	−28.30%	−18.84%
外币报表折算价差				
非正常经营项目收益调整				
归属母公司股东权益	—	36.56%	28.65%	27.19%
股东权益合计	—	37.46%	27.37%	26.60%
负债和股东权益总计	—	50.31%	25.49%	29.43%

　　从表 3-5 及表 3-6 的相关数据，可以初步得出以下结论：

　　1. 贵州茅台连续 4 年资产总额呈现上升趋势，2010 年资产总额较 2007 年上升到 244.12%，其中股东权益上升到 221.65%，在股本和资本公积增加的情况下，其股东权益的上升主要是因为未分配利润的增加，2010 年的未分配利润较 2007 年上升到了 273.85%，说明自 2007 年以来贵州茅台产销两旺，利润大幅度上升。

　　2. 贵州茅台总资产中，流动资产增长较快，2010 年流动资产较 2007 年上升到 279.18%，其中货币资金增长幅度较大，2010 年货币资金较 2007 年上升到 272.90%，2010 年货币资金持有量高达 128 亿元（准确数额为 12 888 393 889.29 元），说明贵州茅台的资金非常充裕，具有较强的支付能力，但过多的货币资金持有量也说明了贵州茅台的资金没能得到充分合理利用。在资产总额中，存货增长幅度也较大，2010 年存货较 2007 年上升 241.85%，这是由其酿酒行业特殊的生产工艺而形成的，酒的酿造需要一定的时间，茅台酒的酿制时间一般为 5 年。

3. 贵州茅台总资产中，非流动资产的增长速度没有流动资产的增长速度快，2010 年非流动资产较 2007 年上升到 164.71%，其中主要是固定资产的增长，2010 年固定资产较 2007 年上升到 229.44%，在产销两旺，产品供不应求的情况下，贵州茅台加大了投资力度，扩大生产规模，以获得更多的利润。

4. 该公司 2010 年负债总额较 2007 年上升 333.15%，在负债总额中，贵州茅台非流动负债为零，其负债主要是流动负债，流动负债中预收款项、应付职工薪酬和应付股利增长较快，2010 年预收款项、应付职工薪酬和应付股利较 2007 年分别上升到了 421.01%、916.29% 和 762.04%。近几年来贵州茅台产品供不应求，2010 年贵州茅台预收的货款高达 4.7 亿元（准确数额为 4 738 570 750.16 元），说明贵州茅台产品非常畅销。贵州茅台支付给职工及股东的红利也大幅度上升。

第四章

现金流量表分析

第一节　现金流量表概述

一、现金流量表的概念

现金流量表，是反映企业一定会计期间现金和现金等价物流入和流出的报表。企业的会计核算以权责发生制为基础，现金流量表的编制是以收付实现制为基础，反映企业在一定时期内现金收入和现金支出情况的报表，是一张动态的会计报表。现金流量表以现金及现金等价物为基础编制，划分为经营活动、投资活动和筹资活动，按照收付实现制原则编制，将权责发生制下的盈利信息调整为收付实现制下的现金流量信息。

分析现金流量表，还应正确理解现金流量表中涉及的以下相关概念：

1. 现金

现金，是指企业库存现金以及可以随时用于支付的存款。不能随时用于支付的存款不属于现金。现金主要包括：

（1）库存现金。库存现金是指企业持有的、可随时用于支付的现金，与"库存现金"科目的核算内容一致。

（2）银行存款。银行存款是指企业存入金融机构的、可以随时用于支取的存款，与"银行存款"科目的核算内容基本一致，但不包括不能随时用于支取的存款。例如，不能随时支取的定期存款等不应作为现金；提前通知金融机构便可支取的定期存款则应包括在现金范围内。

（3）其他货币资金。其他货币资金是指存放在金融机构的外埠存款、银行汇票存款、银行本票存款、信用卡存款、信用证保证金存款和存出投资款等，与"其他货币资金"科目的核算内容一致。

2. 现金等价物

现金等价物，是指企业持有的期限短、流动性强、易于转换为已知金额现金、价值变动及风险很小的投资。其中，"期限短"一般是指从购买日起 3 个月内到期。例如，可在证券市场上流通的 3 个月内到期的短期债券等。

现金等价物虽然不是现金，但其支付能力与现金的差别不大，可视为现金。例如，企业为保证支付能力，手持必要的现金，为了不使现金闲置，可以购买短期债券，在需要现金时，随时可以变现。

3. 现金流量

现金流量指企业现金和现金等价物的流入和流出。

4. 现金净流量

现金净流量是指现金流入和流出的差额。如果是正数，则为净流入；如果是负数，则为净流出。

5. 现金流量的分类

现金流量可分为三类：经营活动产生的现金流量、投资活动产生的现金流量和筹资活动产生的现金流量。

经营活动是指企业发生的投资活动和筹资活动以外的所有交易和事项。

投资活动是指企业长期资产的购建和不包括在现金等价物范围内的投资及其处置活动。这里所指的长期资产是指固定资产、在建工程、无形资产、其他资产等持有期限在一年或一个营业周期以上的资产。

筹资活动是指导致企业资本及债务规模和构成发生变化的活动。

二、现金流量表的作用

编制现金流量表的主要目的，是为财务报表使用者提供企业一定会计期间内现金和现金等价物流入和流出的信息，以便于财务报表使用者了解和评价企业获取现金和现金等价物的能力，并据以预测企业未来现金流量。现金流量表的作用主要体现在以下几个方面：

一是有助于评价企业支付能力、偿债能力和周转能力；

二是有助于预测企业未来现金流量；

三是有助于分析企业收益质量及影响现金净流量的因素，掌握企业经营活动、投资活动和筹资活动的现金流量，可以从现金流量的角度了解净利润的质量，为分析和判断企业的财务前景提供信息。

三、现金流量表的钩稽关系

1. 现金流量表表内项目的钩稽关系

经营活动产生的现金流量净额＝经营活动产生的现金流入－经营活动产生的现金流出

投资活动产生的现金流量净额＝投资活动产生的现金流入－投资活动产生的现金流出

筹资活动产生的现金流量净额＝筹资活动产生的现金流入－筹资活动产生的现金流出

$$现金及现金等价物净增加额 = 经营活动产生的现金流量净额 \pm 投资活动产生的现金流量净额 \pm 筹资活动产生的现金流量净额 \pm 汇率变动对现金及现金等价物的影响$$

2. 现金流量表与其补充资料及其他报表的钩稽关系

$$\begin{array}{l}\text{现金流量表主表中经营活动}\\ \text{产生的现金流量净额}\end{array} = \begin{array}{l}\text{现金流量表补充资料中}\\ \text{经营活动产生的现金流量净额}\end{array}$$

$$\begin{array}{l}\text{现金流量表主表中现金及}\\ \text{现金等价物净增加额}\end{array} = \begin{array}{l}\text{现金流量表补充资料中}\\ \text{现金及现金等价物净增加额}\end{array}$$

$$= \left(\begin{array}{l}\text{货币资金} \\ \text{期末余额}\end{array} - \begin{array}{l}\text{货币资金} \\ \text{期初余额}\end{array}\right) \pm \left(\begin{array}{l}\text{现金等价物} \\ \text{期末余额}\end{array} - \begin{array}{l}\text{现金等价物} \\ \text{期初余额}\end{array}\right)$$

四、现金流量表的格式

现金流量表的格式见表 4-1。

表 4-1   现金流量表

编制单位：   年度   单位：

项　　目	本期金额	上期金额
一、经营活动产生的现金流量		
销售商品、提供劳务收到的现金		
收到的税费返还		
收到其他与经营活动有关的现金		
经营活动现金流入小计		
购买商品、接受劳务支付的现金		
支付给职工以及为职工支付的现金		
支付的各项税费		
支付其他与经营活动有关的现金		
经营活动现金流出小计		
经营活动产生的现金流量净额		
二、投资活动产生的现金流量		
收回投资收到的现金		
取得投资收益收到的现金		
处置固定资产、无形资产和其他长期资产收回的现金净额		
处置子公司及其他营业单位收到的现金净额		
收到其他与投资活动有关的现金		
投资活动现金流入小计		
购建固定资产、无形资产和其他长期资产支付的现金		
投资支付的现金		

项　　　　目	本期金额	上期金额
取得子公司及其他营业单位支付的现金净额		
支付其他与投资活动有关的现金		
投资活动现金流出小计		
投资活动产生的现金流量净额		
三、筹资活动产生的现金流量		
吸收投资收到的现金		
取得借款收到的现金		
收到其他与筹资活动有关的现金		
筹资活动现金流入小计		
偿还债务支付的现金		
分配股利、利润或偿付利息支付的现金		
支付其他与筹资活动有关的现金		
筹资活动现金流出小计		
筹资活动产生的现金流量净额		
四、汇率变动对现金及现金等价物的影响		
五、现金及现金等价物净增加额		
加：期初现金及现金等价物余额		
六、期末现金及现金等价物余额		
补充资料：		
1. 将净利润调节为经营活动现金流量		
净利润		
加：资产减值准备		
固定资产折旧、油气资产折耗、生产性生物资产折旧		
无形资产摊销		
长期待摊费用摊销		
处置固定资产、无形资产和其他长期资产的损失		
固定资产报废损失		
公允价值变动损失		
财务费用		
投资损失		

续表

项　　　目	本期金额	上期金额
递延所得税资产减少		
递延所得税负债增加		
存货的减少		
经营性应收项目的减少（经营性应收项目的增加用"–"号填列）		
经营性应付项目的增加（经营性应付项目的减少用"–"号填列）		
其他		
经营活动产生的现金流量净额		
2. 不涉及现金收支的重大投资和筹资活动		
债务转为资本		
一年内到期的可转换公司债券		
融资租入固定资产		
3. 现金及现金等价物净变动情况		
现金的期末余额		
减：现金的期初余额		
加：现金等价物的期末余额		
减：现金等价物的期初余额		
现金及现金等价物净增加额		

第二节　现金流量表项目分析

　　分析现金流量及其构成，可以了解企业现金的来龙去脉和现金收支的去向，评价企业的偿债能力、支付能力、变现能力和资金实力。企业的现金流量由经营活动产生的现金流量、投资活动产生的现金流量和筹资活动产生的现金流量三部分构成。在现金流量表中，经营活动是企业最主要的活动，能够反映出企业的盈利质量，经营活动引起现金及现金等价物变化的金额最大，投资、筹资引起现金及现金等价物变化的金额相对较小。从现金流量表的总量上看，如果未来的现金净流量为正，说明现金流入量大于现金流出量，偿还贷款仅为现金流出的一部分，因此，这种情况下的借款人具备还款能力。如果未来的现金净流量为负，说明现金流入量不能满足全部的现金流出量，但是偿还贷款只是现金流出总量的一部分，所以借款人有可能具有偿还能力。我们在对现金流量表进行分析时，不仅要看总量，亦要对经营活动、投资活动、筹资活动产生的现金流量进行分析，只有这样才能动态地了解企业在不同的发展阶段现金流入、流出的变化。

一、经营活动产生的现金流量

经营活动，是指企业投资活动和筹资活动以外的所有交易和事项。分析现金流量表，最关键的是看企业来自经营活动的现金净流量。因为企业偿还债务、进行投资都需要动用现金，而经营活动产生的现金流量是满足这些需要的最根本的来源。一般来说，在企业经营正常且稳定的情况下，经营活动产生的现金净流量应该为正数，也就是说企业销售商品、提供劳务收到的现金大于经营过程中购买商品、接受劳务、支付工资和税费的开销，说明企业的销售利润大，销售回款良好，创现能力强。当经营活动产生的现金净流量为负数时，企业可能处于创建期或衰退期，这时要结合投资活动、筹资活动产生的现金流量进行分析。企业处于创建期，材料消耗量较多，为推销产品会发生大量的广告费、宣传费等，资金占用率较高；企业处于衰退期，会因为存货大量积压，产品销售不出去而导致经营活动产生的现金净流量为负数。

1. 销售商品、提供劳务收到的现金

本项目反映企业销售商品、提供劳务实际收到的现金，包括销售收入和应向购买者收取的增值税销项税额，具体包括：本期销售商品、提供劳务收到的现金，以及前期销售商品、提供劳务本期收到的现金和本期预收的款项，减去本期销售本期退回的商品和前期销售本期退回的商品支付的现金。

2. 收到的税费返还

本项目反映企业收到返还的各种税费，如收到的增值税、营业税、所得税、消费税、关税和教育费附加的返还款等。

3. 收到其他与经营活动有关的现金

本项目反映企业除上述各项目外，收到的其他与经营活动有关的现金，如罚款收入、经营租赁固定资产收到的现金、投资性房地产收到的租金收入、流动资产损失中由个人赔偿的现金收入、除税费返还外的其他政府补助收入等。

4. 购买商品、接受劳务支付的现金

本项目反映企业购买材料、商品、接受劳务实际支付的现金，包括支付的货款以及与货款一并支付的增值税进项税额，具体包括：本期购买商品、接受劳务支付的现金，以及本期支付前期购买商品、接受劳务的未付款项和本期预付款项，减去本期发生的购货退回收到的现金。为购置存货而发生的借款利息资本化部分，应在

"分配股利、利润或偿付利息支付的现金"项目中反映。

5. 支付给职工以及为职工支付的现金

本项目反映企业实际支付给职工的现金以及为职工支付的现金，包括企业为获得职工提供的服务，本期实际给予各种形式的报酬以及其他相关支出，如支付给职工的工资、奖金、各种津贴和补贴等，以及为职工支付的其他费用，不包括支付给在建工程人员的工资。支付的在建工程人员的工资，在"购建固定资产、无形资产和其他长期资产支付的现金"项目中反映。

企业为职工支付的医疗、养老、失业、工伤、生育等社会保险基金、补充养老保险、住房公积金，企业为职工缴纳的商业保险金，因解除与职工劳动关系给予的补偿，现金结算的股份支付，以及企业支付给职工或为职工支付的其他福利费用等，应根据职工的工作性质和服务对象，分别在"购建固定资产、无形资产和其他长期资产支付的现金"和"支付给职工以及为职工支付的现金"项目中反映。

6. 支付的各项税费

本项目反映企业按规定支付的各项税费，包括本期发生并支付的税费，以及本期支付以前各期发生的税费和预交的税金，如支付的营业税、增值税、消费税、所得税、教育费附加、印花税、房产税、土地增值税、车船税等，不包括本期退回的增值税、所得税。本期退回的增值税、所得税等，在"收到的税费返还"项目中反映。

7. 支付其他与经营活动有关的现金

本项目反映企业除上述各项目外，支付的其他与经营活动有关的现金，如罚款支出、支付的差旅费、业务招待费、保险费、经营租赁支付的现金等。其他与经营活动有关的现金，如果金额较大的，应单列项目反映。本项目可以根据有关科目的记录分析填列。

二、投资活动产生的现金流量

投资活动，是指企业长期资产的购建和不包括在现金等价物范围的投资及其处置活动。投资活动现金流量反映了企业对外进行投资、购置长期资产等活动的现金流量。当企业扩大规模或开发新的利润增长点时，需要大量的现金投入，投资活动产生的现金流入量补偿不了流出量，投资活动现金净流量为负数。当企业处于衰退时期，由于市场已经饱和，销售量下降，企业将大幅度收回投资，因此，此时投资活动的现金净流量为正数。分析投资活动现金流量，应结合企业的投资项目进行分析，不能单纯地以现金净流量的正负直接判断其优劣。

1. 收回投资收到的现金

本项目反映企业出售、转让或到期收回除现金及现金等价物以外的交易性金融资产、持有至到期投资、可供出售金融资产、长期股权投资、投资性房地产等而收到的现金，不包括债权性投资收回的利息、收回的非现金资产，以及处置子公司及其他营业单位收到的现金净额。债权性投资收回的本金，在本项目反映，债权性投资收回的利息，不在本项目中反映，而在"取得投资收益收到的现金"项目中反映。处置子公司及其他营业单位收到的现金净额单设项目反映。

2. 取得投资收益收到的现金

本项目反映企业因股权性投资而分得的现金股利，从子公司、联营企业或合营企业分回利润而收到的现金，因债权性投资而取得的现金利息收入。股票股利由于不产生现金流量，不在本项目中反映，包括在现金等价物范围内的债券性投资，其利息收入在本项目中反映。

3. 处置固定资产、无形资产和其他长期资产收回的现金净额

本项目反映企业出售固定资产、无形资产和其他长期资产（如投资性房地产）所取得的现金，减去为处置这些资产而支付的有关费用后的净额。处置固定资产、无形资产和其他长期资产所收到的现金，与处置活动支付的现金，两者在时间上比较接近，以净额反映更能准确反映处置活动对现金流量的影响。由于自然灾害等原因所造成的固定资产等长期资产报废、毁损而收到的保险赔偿收入，在本项目中反映。如处置固定资产、无形资产和其他长期资产收回的现金净额为负数，则应作为投资活动产生的现金流量，在"支付的其他与投资活动有关的现金"项目中反映。

4. 处置子公司及其他营业单位收到的现金净额

本项目反映企业处置子公司及其他营业单位所取得的现金减去子公司或其他营业单位持有的现金和现金等价物以及相关处置费用后的净额。本项目可以根据有关科目的记录分析填列。

整体处置一个单位，其结算方式是多种多样的。企业处置子公司及其他营业单位是整体交易，子公司和其他营业单位可能持有现金和现金等价物。这样，整体处置子公司或其他营业单位的现金流量，就应以处置价款中收到现金的部分，减去子公司或其他营业单位持有的现金和现金等价物以及相关处置费用后的净额反映。

现金流量表准则要求企业在附注中以总额披露当期取得或处置子公司及其他营业单位的下列信息：

①取得或处置价格；

②取得或处置价格中以现金支付的部分；

③取得或处置子公司及其他营业单位所取得的现金；

④取得或处置子公司及其他营业单位按主要类别分类的非现金资产和负债。

处置子公司及其他营业单位收到的现金净额如为负数，则将该金额填列至"支付的其他与投资活动有关的现金"项目中。

5. 收到其他与投资活动有关的现金

本项目反映企业除上述各项目外，收到的其他与投资活动有关的现金。其他与投资活动有关的现金，如果价值较大的，应单列项目反映。本项目可以根据有关科目的记录分析填列。

6. 购建固定资产、无形资产和其他长期资产支付的现金

本项目反映企业购买、建造固定资产，取得无形资产和其他长期资产（如投

资性房地产）支付的现金，包括购买机器设备所支付的现金及增值税款、建造工程支付的现金、支付在建工程人员的工资等现金支出，不包括为购建固定资产、无形资产和其他长期资产而发生的借款利息资本化部分，以及融资租入固定资产所支付的租赁费。为购建固定资产、无形资产和其他长期资产而发生的借款利息资本化部分，在"分配股利、利润或偿付利息支付的现金"项目中反映；融资租入固定资产所支付的租赁费，在"支付的其他与筹资活动有关的现金"项目中反映，不在本项目中反映。

7. 投资支付的现金

本项目反映企业进行权益性投资和债权性投资所支付的现金，包括企业取得的除现金等价物以外的交易性金融资产、持有至到期投资、可供出售金融资产而支付的现金，以及支付的佣金、手续费等交易费用。企业购买债券的价款中含有债券利息的，以及溢价或折价购入的，均按实际支付的金额反映。

企业购买股票和债券时，实际支付的价款中包含的已宣告但尚未领取的现金股利或已到付息期但尚未领取的债券利息，应在"支付的其他与投资活动有关的现金"项目中反映；收回购买股票和债券时支付的已宣告但尚未领取的现金股利或已到付息期但尚未领取的债券利息，应在"收到的其他与投资活动有关的现金"项目中反映。

8. 取得子公司及其他营业单位支付的现金净额

本项目反映企业取得子公司及其他营业单位购买出价中以现金支付的部分，减去子公司或其他营业单位持有的现金和现金等价物后的净额。本项目可以根据有关科目的记录分析填列。

整体购买一个单位，其结算方式是多种多样的，如购买方全部以现金支付或一部分以现金支付而另一部分以实物清偿。同时，企业购买子公司及其他营业单位是整体交易，子公司和其他营业单位除有固定资产和存货外，还可能持有现金和现金等价物。这样，整体购买子公司或其他营业单位的现金流量，就应以购买出价中以现金支付的部分减去子公司或其他营业单位持有的现金和现金等价物后的净额反映，如为负数，应在"收到的其他与投资活动有关的现金"项目中反映。

9. 支付其他与投资活动有关的现金

本项目反映企业除上述各项目外，支付的其他与投资活动有关的现金。其他与投资活动有关的现金，如果价值较大的，应单列项目反映。本项目可以根据有关科目的记录分析填列。

三、筹资活动产生的现金流量

筹资活动，是指导致企业资本及债务规模和构成发生变化的活动。筹资活动的现金流量与企业的发展规划有很大的关联性。当企业以扩大投资和经营活动为目标时，企业将以各种方式筹资，此时现金流量可能为正数。一般来说，筹资活动产生的现金净流量越大，企业面临的偿债压力也越大，但如果现金净流入量主要来自于企业吸收的权益性资本，则不仅不会面临偿债压力，资金实力反而会增强。如果企业经营正常，且有足够能力偿付债务时，会拿出现金去偿付债务，此时现金流量则为负数。

1. 吸收投资收到的现金

本项目反映企业以发行股票、债券等方式筹集资金实际收到的款项净额（发行收入减去支付的佣金等发行费用后的净额）。以发行股票等方式筹集资金而由企业直接支付的审计、咨询等费用等，不在本项目中反映，而在"支付的其他与筹资活动有关的现金"项目中反映；由金融企业直接支付的手续费、宣传费、咨询费、印刷费等费用，从发行股票、债券取得的现金收入中扣除，以净额列示。

2. 借款收到的现金

本项目反映企业举借各种短期、长期借款而收到的现金，以及发行债券实际收到的款项净额（发行收入减去直接支付的佣金等发行费用后的净额）。本项目可以根据"短期借款"、"长期借款"、"交易性金融负债"、"应付债券"、"库存现金"、"银行存款"等科目的记录分析填列。

3. 收到其他与筹资活动有关的现金

本项目反映企业除上述各项目外，收到的其他与筹资活动有关的现金。其他与筹资活动有关的现金，如果价值较大的，应单列项目反映。本项目可根据有关科目的记录分析填列。

4. 偿还债务支付的现金

本项目反映企业以现金偿还债务的本金，包括：归还金融企业的借款本金、偿付企业到期的债券本金等。企业偿还的借款利息、债券利息，在"分配股利、利润或偿付利息支付的现金"项目中反映，不在本项目中反映。本项目可以根据"短期借款"、"长期借款"、"交易性金融负债"、"应付债券"、"库存现金"、"银行存款"等科目的记录分析填列。

5. 分配股利、利润或偿付利息支付的现金

本项目反映企业实际支付的现金股利、支付给其他投资单位的利润或用现金支付的借款利息、债券利息。不同用途的借款，其利息的开支渠道不一样，如在建工程、财务费用等，均在本项目中反映。

6. 支付其他与筹资活动有关的现金

本项目反映企业除上述各项目外，支付的其他与筹资活动有关的现金，如以发行股票、债券等方式筹集资金而由企业直接支付的审计、咨询等费用，融资租赁各期支付的现金、以分期付款方式购建固定资产、无形资产等以后各期支付的现金。其他与筹资活动有关的现金，如果价值较大的，应单列项目反映。本项目可以根据有关科目的记录分析填列。

四、汇率变动对现金及现金等价物的影响

编制现金流量表时，应当将企业外币现金流量以及境外子公司的现金流量折算

成记账本位币。现金流量表准则规定，外币现金流量以及境外子公司的现金流量，应当采用现金流量发生日的即期汇率或按照系统合理的方法确定的、与现金流量发生日即期汇率近似的汇率折算。汇率变动对现金及现金等价物的影响额应当作为调节项目，在现金流量表中单独列报。

汇率变动对现金及现金等价物的影响，指企业外币现金流量及境外子公司的现金流量折算成记账本币时，所采用的是现金流量发生日的汇率或按照系统合理的方法确定的、与现金流量发生日即期汇率近似的汇率，而现金流量表中"现金及现金等价物净增加额"项目中外币现金净增加额是按资产负债表日的即期汇率折算的。这两者的差额即为汇率变动对现金及现金等价物的影响。

第三节 现金流量表结构分析

现金流量表的结构分析就是通过对现金流量表中不同项目之间的比较，分析企业现金流入和流出的来源与方向，评价各种现金流量形成的原因。现金流量结构分析主要是指企业各种现金流入量、各种现金流出量，以及现金净流量与企业总的现金流入量、总的现金流出量及全部现金净流量的比率关系。现金流量分析包括：现金流入结构分析、现金流出结构分析、现金流出流入结构分析。

一、现金流入结构分析

现金流入结构分析就是将经营活动、投资活动和筹资活动的现金流入加总合计，然后计算每个现金流入项目占总现金流入的比率，分析现金流入的结构和含义，明确企业的现金来自何方，要增加现金流入主要应在哪些方面采取措施等。计算现金流入结构分析的公式为：

经营活动现金流入占现金总流入百分比＝经营活动现金流入量÷现金总流入量×100%

投资活动现金流入占现金总流入百分比＝投资活动现金流入量÷现金总流入量×100%

筹资活动现金流入占现金总流入百分比＝筹资活动现金流入量÷现金总流入量×100%

贵州茅台现金流入结构分析表见表4-2。

通过表4-2贵州茅台现金流入结构分析表，可以得到以下信息：

贵州茅台从2007年至2010年连续四年的现金流入主要是经营活动产生的现金流入，经营活动产生的现金流入占总现金流入的99%以上，说明贵州茅台现金流入量以经营活动为主，"造血功能"非常强。在经营活动产生的现金流入量中，又以销售商品、提供劳务收到的现金为主，销售商品、提供劳务收到的现金连续四年占经营活动产生的现金流入量的97%以上，说明贵州茅台的产品畅销，货币资金回笼良好，货币资金充裕。

表 4-2 贵州茅台现金流入结构分析表

项 目	2007 年	2008 年	2009 年	2010 年
销售商品、提供劳务收到的现金	98.71%	97.69%	98.22%	98.59%
收到的税费返还				0.00%
收到其他与经营活动有关的现金	1.27%	2.10%	1.55%	0.91%
经营活动现金流入小计	99.98%	99.79%	99.77%	99.50%
收回投资收到的现金		0.18%	0.21%	0.11%
取得投资收益收到的现金		0.02%	0.02%	0.01%
处置固定资产、无形资产和其他长期资产收回的现金净额		0.00%		
处置子公司及其他营业单位收到的现金净额				
收到其他与投资活动有关的现金				0.37%
投资活动现金流入小计	0.00%	0.20%	0.23%	0.50%
吸收投资收到的现金				
取得借款收到的现金				
收到其他与筹资活动有关的现金	0.02%	0.01%	0.00%	0.00%
筹资活动现金流入小计	0.02%	0.01%	0.00%	0.00%
现金流入合计	100.00%	100.00%	100.00%	100.00%

二、现金流出结构分析

现金流出结构分析就是将经营活动、投资活动和筹资活动的现金流出加总合计，然后计算每个现金流出项目占总现金流出的比率，分析现金流出的结构和含义。通过现金流出结构分析，可以看出企业资金的主要去向，进而分析企业为了发展状况和各项现金流出波动的原因。计算现金流出结构分析的公式为：

经营活动现金流出占现金总流出百分比=经营活动现金流出量÷现金总流出量×100%

投资活动现金流出占现金总流出百分比=投资活动现金流出量÷现金总流出量×100%

筹资活动现金流出占现金总流出百分比=筹资活动现金流出量÷现金总流出量×100%

贵州茅台现金流出结构分析表见表 4-3。

通过表 4-3 贵州茅台现金流出结构分析表，可以得到以下信息：

（1）贵州茅台从 2007 年至 2010 年连续四年的现金流出主要是经营活动产生的现金流出量，经营活动产生的现金流出占总现金流出的 70% 以上，投资活动现金流出量呈逐年上升趋势，从 2007 年起，其投资活动现金流出量占总现金流出量的比率依次为 10.83%、12.43%、13.24%、15.31%，说明贵州茅台近年来加大了投资的力度。筹资活动的现金流出连续四年来维持在 10% 左右，主要是支付的现金股利。

表 4-3 　　　　　　　　　　　贵州茅台现金流出结构分析表

项　　目	2007 年	2008 年	2009 年	2010 年
购买商品、接受劳务支付的现金	15.07%	14.87%	15.09%	13.91%
支付给职工以及为职工支付的现金	8.55%	9.91%	11.91%	12.43%
支付的各项税费	49.44%	44.88%	40.31%	40.69%
支付其他与经营活动有关的现金	6.39%	7.09%	7.48%	6.89%
经营活动现金流出小计	79.46%	76.74%	74.79%	73.92%
购建固定资产、无形资产和其他长期资产支付的现金	10.60%	12.37%	13.15%	14.42%
投资支付的现金	0.23%	0.06%	0.10%	0.42%
取得子公司及其他营业单位支付的现金净额				
支付其他与投资活动有关的现金				0.47%
投资活动现金流出小计	10.83%	12.43%	13.24%	15.31%
偿还债务支付的现金				
分配股利、利润或偿付利息支付的现金	9.70%	10.83%	11.97%	10.77%
支付其他与筹资活动有关的现金				
筹资活动现金流出小计	9.70%	10.83%	11.97%	10.77%
现金流出合计	100.00%	100.00%	100.00%	100.00%

（2）在经营活动现金流出量中，购买商品、接受劳务支付的现金占总现金流出量的比重呈逐年下降趋势，说明酿酒所用的粮食成本不高，在原材料购买上企业没有支付太多的资金。支付给职工以及为职工支付的现金呈逐年上升趋势，从2007 年起，支付给职工以及为职工支付的现金占总现金流出量的比率依次为8.55%、9.90%、11.91%、12.43%，说明贵州茅台的职工享有较高的工资报酬。支付的各项税费占总现金流出量的比重连续四年均在 40%以上，一方面说明贵州茅台作为需要缴纳消费税的酿酒行业，缴纳了较多的消费税及增值税，另一方面也说明其盈利后缴纳了较多的所得税等。支付其他与经营活动有关的现金占总现金流出量的比重基本维持在 7%左右，波动不大。

（3）在投资活动现金流出量中，主要是购建固定资产、无形资产和其他长期资产支付的现金，连续四年用于购建固定资产等支付的现金流出量占总现金流出量的比率依次为 10.60%、12.37%、13.15%、14.42%，说明贵州茅台近年来加大了对内投资的力度。贵州茅台 2010 年的生产量为 3.2 万吨，产品供不应求，近年来不断增加投资力度，目标是 2015 年茅台酒生产量达到 4 万吨，以满足市场需求。

（4）在筹资活动现金流出量中，分配股利、利润或偿付利息支付的现金占总现金流出量的10%左右，由于贵州茅台近年来没有向银行申请长、短期借款，因此该项现金流出主要是回报股东所支付的现金股利，可见贵州茅台的派现比例是较高的。

三、现金流出流入结构百分比

现金流出流入结构反映企业的各项现金活动中现金流出占现金流入的比率。

经营活动现金流量比＝经营活动现金流出量÷经营活动现金流入量×100%

投资活动现金流量比＝投资活动现金流出量÷投资活动现金流入量×100%

筹资活动现金流量比＝筹资活动现金流出量÷筹资活动现金流入量×100%

在上述三个公式中，尤以经营活动现金流量比的分析效果最好，该比率越低，表示经营活动现金净流量越多，经营活动现金净流量越充裕。

（1）一个销售业绩良好、经营稳定的企业，其经营活动现金流量比应维持在50%～90%之间，这样企业可以用经营活动产生的现金的10%～50%去偿还债务或进行投资。经营活动现金的流入量大于流出量，说明借款企业能够用经营活动产生的现金还款，而且现金流量充足。

（2）经营活动现金流量比在90%～100%之间，说明企业经营活动所产生的现金较少，虽然借款企业偿还贷款本息没有问题，但若现金流量继续减少，将会影响贷款的偿还。

（3）经营活动现金流量比大于100%，说明企业销售业绩欠佳，靠经营活动已经不能为企业带来现金流量，而必须依靠收回投资或举债才能维持生产经营。

贵州茅台经营活动现金流量比分析表见表4-4。

表4-4　　　　　　　　**贵州茅台经营活动现金流量比分析表**　　　　　金额单位：元

项　　　目	2007 年	2008 年	2009 年	2010 年
经营活动现金流出小计	5 790 135 752.07	6 270 097 925.23	7 718 194 684.85	8 875 483 081.45
经营活动现金流入小计	7 533 438 963.45	11 517 586 460.97	11 942 131 829.04	15 076 959 601.02
经营活动现金流量比	76.85%	54.44%	64.42%	58.86%

通过表4-4贵州茅台经营活动现金流量比分析表，可以得出以下结论：

贵州茅台经营活动现金流量比2007年至2010年分别是76.85%、54.44%、64.42%、58.86%，说明贵州茅台的产品销售能力很强，货币资金回笼良好，经营活动现金净流量非常充裕，既可以用剩余的资金偿还债务，也可以用于投资。贵州茅台近年来经营活动产生的现金流量主要是用于投资活动中固定资产的购建，以增加茅台酒的年生产量。

贵州茅台投资活动现金流量比分析表见表4-5。

通过表4-5贵州茅台投资活动现金流量比分析表，可以得出以下结论：

表 4-5　　　　　　　　贵州茅台投资活动现金流量比分析表　　　　　　金额单位：元

项　目	2007 年	2008 年	2009 年	2010 年
投资活动现金流出小计	789 456 652.49	1 015 735 786.04	1 366 601 530.09	1 838 436 681.23
投资活动现金流入小计	—	23 173 100.00	27 080 397.26	75 047 126.51
投资活动现金流量比	—	4 383.25%	5 046.46%	2 449.71%

　　贵州茅台近年来加大了对内投资的力度，其投资活动现金流出主要用在购建固定资产、无形资产和其他长期资产上，同时贵州茅台收回了以往的对外投资，集中资金用于茅台酒生产线的扩建。

　　贵州茅台筹资活动现金流量比分析表见表 4-6。

表 4-6　　　　　　　　贵州茅台筹资活动现金流量比分析表　　　　　　金额单位：元

项　目	2007 年	2008 年	2009 年	2010 年
筹资活动现金流出小计	706 866 028.20	884 671 434.63	1 235 143 869.10	1 292 951 032.41
筹资活动现金流入小计	1 504 621.00	761 176.07	158 121.82	105 801.61
筹资活动现金流量比	46 979.67%	116 224.28%	781 134.36%	1 222 052.32%

　　通过表 4-6 贵州茅台筹资活动现金流量比分析表，可以得出以下结论：

　　贵州茅台筹资活动现金流量比远远超过 100%，说明贵州茅台近年来筹资活动现金流出远远大于筹资活动现金流入，贵州茅台筹资活动的现金流出主要是用于分配股利、利润或偿付利息支付项目，由于贵州茅台近年来没有对外投资，该项目产生的现金流出主要是分配现金股利。

　　贵州茅台现金流出流入比分析表见表 4-7。

表 4-7　　　　　　　　贵州茅台现金流出流入比分析表　　　　　　金额单位：元

项　目	2007 年	2008 年	2009 年	2010 年
现金流出小计	7 286 458 432.76	8 170 505 145.90	10 319 940 084.04	12 006 870 795.09
现金流入小计	7 534 943 584	11 541 520 737	11 969 370 348	15 152 112 529
现金流出流入比	96.70%	70.79%	86.22%	79.24%

　　通过表 4-7 贵州茅台现金流入流出比分析表，可以得出以下结论：

　　贵州茅台在 2007 年的现金流出流入比为 96.70%，其他年份的比例依次为 70.79%，86.22%，79.24%。通过前面的分析可知，贵州茅台的现金流入量主要来自于经营活动，经营活动产生的现金净流量完全可以满足公司追加投资及支付现金股利的需求，还有剩余的现金留待以后年份使用。

第四节 现金流量表趋势分析

现金流量表趋势分析就是将不同时期的现金流量表指标一同列示，进行对比，确定其增减差异和变动趋势的分析。分析的方法有定基比趋势分析法和环比趋势分析法。其计算公式分别为：

定基比趋势分析＝分析期某指标数值÷固定基期某指标数值×100%

环比趋势分析＝（分析期某指标数值－上一期某指标数值）÷上一期某指标数值×100%

贵州茅台现金流量表定基比、环比趋势分析表见表4-8、表4-9。

表4-8 **贵州茅台现金流量表定基比趋势分析表**

（以2007年为基期年度）

项 目	2007年	2008年	2009年	2010年
一、经营活动产生的现金流量				
销售商品、提供劳务收到的现金	100.00%	151.59%	158.06%	200.85%
收到的税费返还				
收到其他与经营活动有关的现金	100.00%	253.29%	194.27%	144.43%
经营活动现金流入小计	100.00%	152.89%	158.52%	200.13%
购买商品、接受劳务支付的现金	100.00%	110.60%	141.77%	152.03%
支付给职工以及为职工支付的现金	100.00%	129.85%	197.21%	239.49%
支付的各项税费	100.00%	101.79%	115.48%	135.62%
支付其他与经营活动有关的现金	100.00%	124.29%	165.56%	177.51%
经营活动现金流出小计	100.00%	108.29%	133.30%	153.29%
经营活动产生的现金流量净额	100.00%	301.01%	242.30%	355.73%
二、投资活动产生的现金流量				
收回投资收到的现金				
取得投资收益收到的现金				
处置固定资产、无形资产和其他长期资产收回的现金净额				
处置子公司及其他营业单位收到的现金净额				
收到其他与投资活动有关的现金				

续表

项　　目	2007 年	2008 年	2009 年	2010 年
投资活动现金流入小计				
购建固定资产、无形资产和其他长期资产支付的现金	100.00%	130.85%	175.62%	224.21%
投资支付的现金	100.00%	29.41%	58.82%	294.12%
取得子公司及其他营业单位支付的现金净额				
支付其他与投资活动有关的现金				
投资活动现金流出小计	100.00%	128.66%	173.11%	232.87%
投资活动产生的现金流量净额	100.00%	125.73%	169.68%	223.37%
三、筹资活动产生的现金流量				
吸收投资收到的现金				
取得借款收到的现金				
收到其他与筹资活动有关的现金	100.00%	50.59%	10.51%	7.03%
筹资活动现金流入小计	100.00%	50.59%	10.51%	7.03%
偿还债务支付的现金				
分配股利、利润或偿付利息支付的现金	100.00%	125.15%	174.74%	182.91%
支付其他与筹资活动有关的现金				
筹资活动现金流出小计	100.00%	125.15%	174.74%	182.91%
筹资活动产生的现金流量净额	100.00%	125.31%	175.09%	183.29%
四、汇率变动对现金及现金等价物的影响				
五、现金及现金等价物净增加额	100.00%	1356.63%	663.79%	1265.77%
加：期初现金及现金等价物余额	100.00%	105.55%	180.90%	217.76%
六、期末现金及现金等价物余额	100.00%	171.38%	206.30%	272.90%

表 4-9　　　　　　　　　**贵州茅台现金流量表环比趋势分析表**

项　　目	2007 年	2008 年	2009 年	2010 年
一、经营活动产生的现金流量				
销售商品、提供劳务收到的现金	—	51.59%	4.27%	27.07%
收到的税费返还				
收到其他与经营活动有关的现金	—	153.29%	−23.30%	−25.66%

续表

项　目	2007 年	2008 年	2009 年	2010 年
经营活动现金流入小计	—	52.89%	3.69%	26.25%
购买商品、接受劳务支付的现金	—	10.60%	28.18%	7.24%
支付给职工以及为职工支付的现金	—	29.85%	51.88%	21.44%
支付的各项税费	—	1.79%	13.46%	17.44%
支付其他与经营活动有关的现金	—	24.29%	33.21%	7.22%
经营活动现金流出小计	—	8.29%	23.10%	14.99%
经营活动产生的现金流量净额	—	201.01%	−19.51%	46.82%
二、投资活动产生的现金流量				
收回投资收到的现金			19.05%	−32.00%
取得投资收益收到的现金			−2.01%	−16.78%
处置固定资产、无形资产和其他长期资产收回的现金净额				
处置子公司及其他营业单位收到的现金净额				
收到其他与投资活动有关的现金				
投资活动现金流入小计			16.86%	177.13%
购建固定资产、无形资产和其他长期资产支付的现金	—	30.85%	34.22%	27.67%
投资支付的现金	—	−70.59%	100.00%	400.00%
取得子公司及其他营业单位支付的现金净额				
支付其他与投资活动有关的现金				
投资活动现金流出小计	—	28.66%	34.54%	34.53%
投资活动产生的现金流量净额	—	25.73%	34.96%	31.64%
三、筹资活动产生的现金流量				
吸收投资收到的现金				
取得借款收到的现金				
收到其他与筹资活动有关的现金	—	−49.41%	−79.23%	−33.09%
筹资活动现金流入小计	—	−49.41%	−79.23%	−33.09%
偿还债务支付的现金				

项　目	2007 年	2008 年	2009 年	2010 年
分配股利、利润或偿付利息支付的现金	—	25.15%	39.62%	4.68%
支付其他与筹资活动有关的现金				
筹资活动现金流出小计	—	25.15%	39.62%	4.68%
筹资活动产生的现金流量净额	—	25.31%	39.72%	4.69%
四、汇率变动对现金及现金等价物的影响				
五、现金及现金等价物净增加额	—	1 256.63%	−51.07%	90.69%
加：期初现金及现金等价物余额	—	5.55%	71.38%	20.38%
六、期末现金及现金等价物余额	—	71.38%	20.38%	32.28%

通过表 4-8 现金流量表定基比趋势分析及表 4-9 现金流量表环比趋势分析，可得到如下信息：

（1）2010 年经营活动产生的现金流量净额与新准则开始实施的基期年度 2007 年相比增长了 355.73%，这主要得益于销售商品、提供劳务收到的现金增幅较大，2010 年销售商品、提供劳务收到的现金与 2007 年相比增长了 200.85%，也充分说明了贵州茅台强势的销售劲头，货币资金回笼情况良好。由于贵州茅台 2010 年经营活动现金流出小计的增长幅度与 2007 年相比仅增长 153.29%，这就为贵州茅台带来了较充裕的经营活动现金净流量。

（2）近年来，贵州茅台加大了对内投资的力度，2010 年购建固定资产、无形资产和其他长期资产支付的现金与 2007 年相比增长了 242.21%，2010 年贵州茅台经营活动产生的现金流量净额为 62 亿元（6 201 476 519.57），证明贵州茅台拥有较强的"造血功能"，2010 年贵州茅台出资 17 亿元（1 731 913 788.52）用于购建固定资产、无形资产和其他长期资产。

（3）在筹资活动产生的现金流量中，由于近年来贵州茅台有较充裕的货币资金，故近四年没有向银行等金融机构融资，筹资活动产生的现金流量流入量中，主要是收到的其他与筹资活动有关的现金 10 万元（105 801），为贵州茅台银行存款所产生的利息收入。筹资活动产生的现金流量流出量中，分配股利、利润或偿付利息支付的现金呈逐年上升的趋势，2008 年至 2010 年与 2007 年相比增幅分别为 125.15%、174.74%、182.91%。由于近年来贵州茅台没有融资，故该项主要为支付的现金股利。

第五节　现金流量表综合分析

一、现金流量综合分析

阅读现金流量表，关键是看企业来自经营活动的现金净流量，最理想的现金流量是经营活动现金净流量为正数。经营活动现金净流量为正数说明企业销售商品、提供劳务收到的现金足以抵补经营活动的日常开销，并有剩余的现金流量用于偿还债务或进行投资。分析现金流量表除了看经营活动产生的现金流量，还要看投资活动和筹资活动产生的现金流量，并结合企业不同的发展阶段进行综合分析。一般来说，企业处于不同的发展时期，其经营活动现金净流量、投资活动现金净流量、筹资活动现金净流量三者的正负所反映的情况是多层面的。企业在创建期，需要投入大量的现金购置厂房、机器设备、原材料等，产品处于市场开发期，尚未打开销路，这一时期为开发产品需要大量的投资和筹资，所以经营活动和投资活动的现金净流量一般均为负数，筹资活动则为正数；在企业成长发展期，产品生产和销售快速增长，经营现金净流量为正数，为扩大市场份额，企业会不断追加投资，投资现金净流量依然为负数，在经营现金流量不足以满足投资所需现金时，还会进行筹资活动，因此筹资活动现金净流量可能是正负相间的；企业在成熟繁荣期，产品销量稳定，拥有一定的市场份额，货币资金回笼能力强，经营活动现金净流量和投资活动现金净流量为正数，由于用经营活动产生的现金来偿还债务，筹资活动现金净流量通常为负数；企业进入衰退期后，市场萎缩，销售下降，经营活动现金流量为负数，企业大规模收回投资并偿还债务，投资活动现金流量为正数，筹资活动现金流量为负数。下面，通过表4-10对企业的现金流量进行综合分析。

贵州茅台现金流量净额见表4-11，下面根据表4-10对贵州茅台进行现金流量的相关分析。

表4-11显示，贵州茅台连续4年的经营活动现金流量净额为正数，投资活动现金流量净额为负数、筹资活动现金流量净额为负数，说明贵州茅台经营活动产生的净现金流量较多，产品适销对路，产品销售能力强，货币资金回笼能力较强，不仅能用经营现金继续投资，还可用于偿还债务。

二、现金流量表相关比率分析

1. 盈余现金保障倍数

净利润的变现能力是指企业实现的利润转换为现金的能力。通常一个经营收益水平较高的企业，其利润也是相当可观的，而利润的取得又会增加企业的资金，使企业有持续和稳定的现金流入，从而从根本上保障了债权人的权益。

表 4-10　　　　　　　　　　　　　　现金流量综合分析

经营活动现金流量	投资活动现金流量	筹资活动现金流量	现金流量综合分析
正	正	正	经营活动产生的现金流量处于良好的运转状态，对外投资收益好，筹资以用于较好的投资机会
正	正	负	企业已步入成熟繁荣期，经营活动和投资活动处于良性循环阶段，并有能力偿还债务或向投资者支付股利
正	负	正	企业经营状况良好，大量追加投资用于扩大再生产，进入高速发展扩张期，并通过筹集外部资金作补充
正	负	负	经营活动产生的净现金流量较多，说明企业的产品适销对路，产品销售能力强，货币资金回笼能力较强，不仅能用经营现金继续投资还可用于偿还债务
负	正	正	企业目前正常经营活动已出现问题，企业经营效果不佳，靠借款来维持经营，并收回投资以弥补现金不足，企业的产品结构需要调整以渡过难关
负	正	负	企业经营效果不佳，大量收回投资或依靠处置固定资产、无形资产和其他长期资产收回的现金来弥补经营活动的现金短缺及偿还债务的资金需求
负	负	正	企业生产的产品尚未打开销路，资金回笼能力较差，需要靠筹集资金来满足企业产业结构调整或扩张的需求，以弥补经营活动现金的不足。若投资效果良好，能使企业渡过难关
负	负	负	企业现有的经营活动不能为企业带来现金流量，只能依靠前期积累来维持日常经营活动，偿还债务。需要通过筹集外部资金进行新的投资项目，寻找新的利润增长点

表 4-11　　　　　　　　　　　　贵州茅台现金流量净额　　　　　　　　　　　　单位：元

项　　目	2007 年	2008 年	2009 年	2010 年
经营活动产生的现金流量净额	1 743 303 211.38	5 247 488 535.74	4 223 937 144.19	6 201 476 519.57
投资活动产生的现金流量净额	−789 456 652.49	−992 562 686.04	−1 339 521 132.83	−1 763 389 554.72
筹资活动产生的现金流量净额	−705 361 407.20	−883 910 258.56	−1 234 985 747.28	−1 292 845 230.80
现金及现金等价物净增加额	248 485 151.69	3 371 015 591.14	1 649 430 264.08	3 145 241 734.05

　　盈余现金保障倍数是企业一定时期经营现金净流量同净利润的比值，其公式列示如下：

　　盈余现金保障倍数＝经营现金净流量÷净利润×100%

　　盈余现金保障倍数指标反映了企业当期净利润中现金收益的保障程度，真实地反映了企业盈余的质量。盈余现金保障倍数指标将利润表中权责发生制基础核算的净利润与现金流量表中收付实现制核算的经营活动现金净流量有机地结合起来。该指标主要提供了如下信息：

（1）盈余现金保障倍数是从现金流入和流出的动态角度，对企业收益的质量进行评价。

（2）盈余现金保障倍数在收付实现制基础上，充分反映出企业当期净收益中有多少是有现金保障的，挤掉了收益中的水分，体现出企业当期收益的质量状况，同时，减少了权责发生制会计对收益的操纵。

（3）一般而言，当企业当期净利润大于 0 时，该指标应当大于 1。该指标越大，表明企业经营活动产生的净利润对现金的贡献越大。但是，由于指标分母变动较大，致使该指标的数值变动也较大，所以，对该指标应根据企业实际效益状况有针对性地进行分析。

通常我们运用盈余现金保障倍数这一指标来评价企业净收益质量，这一比率越高，说明净利润中已经收到现金的程度越高，这是因为利润表中的净利润是以权责发生制为基础核算的，而现金流量表中的现金流量是以收付实现制为基础核算的。企业的净利润是收入减去费用的差额，由于收入费用的确认与计量是以权责发生制为基础核算的，收入与费用是按其归属期确认的，而不管是否实际收到或付出了现金。以权责发生制为基础计算的净利润包含了没有收到现金的赊销收入，以此计算的净利润常常使一个企业的盈利水平与其真实的财务状况不符。这就是为什么有的企业账面利润很大，看似业绩可观，而现金却入不敷出；而有的企业虽然巨额亏损，却现金充足，周转自如。所以，仅以净利润来评价企业的经营业绩和获利能力有失偏颇，应该结合现金流量表所提供的现金流量信息，特别是经营活动现金净流量的信息进行分析，则较为客观、全面。企业只有把净利润这一指标建立在与之相称的现金流量基础上，才能防止由于现金短缺而陷入经营困难的境地。

现金流量表中经营活动现金流量净额与利润表的净利润相差的原因如下：

（1）影响利润的事项不一定同时发生现金流入、流出。

有些收入，增加利润但未发生现金流入。例如，一家公司本期的营业收入有 8 亿多元，而本期新增应收账款却只有 7 亿多元，这种增加收入及利润但未发生现金流入的事项，是造成两者产生差异的原因之一。

有的上市公司对应收账款管理存在薄弱环节，未及时做好应收货款及劳务款项的催收与结算工作，也有的上市公司依靠关联方交易支撑其经营业绩，而关联方资金又迟迟不到位。这些情况造成的后果，都会在现金流量表中有所体现，甚至使公司经营活动几乎没有多少现金流入，但经营总要支付费用、购买物资、缴纳税金，发生大量的现金流出，从而使经营活动现金流量净额出现负数，使公司的资金周转发生困难。应收账款迟迟不能收回，在一定程度上也暴露了所确认收入的风险问题。

有些成本费用，减少利润但并未伴随现金流出。例如，固定资产折旧、无形资产摊销，只是按权责发生制原则、配比原则的要求将这些资产的取得成本，在使用它们的受益期间合理分摊，并不需要付出现金。

（2）由于对现金流量分类的需要。

净利润总括反映公司经营、投资及筹资三大活动的财务成果，而现金流量表上则需要分别反映经营、投资及筹资各项活动的现金流量。

例如，支付经营活动借款利息，既减少利润又发生现金流出，但在现金流量表中将其作为筹资活动中现金流出列示，不作为经营活动现金流出反映。又如，转让短期债券投资取得净收益，既增加利润又发生现金流入，但在现金流量表中将其作为投资活动中现金流入列示，不作为经营活动现金流入反映。

上述两点是使经营活动现金流量净额与净利润产生差异的原因，其实也是现金流量表附注中要求披露的内容。利润表列示了公司一定时期实现的净利润，但未揭示其与现金流量的关系，资产负债表提供了公司货币资金期末与期初的增减变化，但未揭示其变化的原因。现金流量表如同桥梁一样沟通了上述两表的会计信息，使上市公司的对外会计报表体系进一步完善，向投资者与债权人提供更全面、更有用的信息。

贵州茅台盈余现金保障倍数计算见表4-12。

表4-12   **贵州茅台盈余现金保障倍数计算表**   金额单位：元

项　目	2007 年	2008 年	2009 年	2010 年
经营现金净流量	1 743 303 211.38	5 247 488 535.74	4 223 937 144.19	6 201 476 519.57
净利润	2 966 052 508.95	4 000 759 343.11	4 552 888 944	5 339 761 496.97
盈余现金保障倍数	58.78%	131.16%	92.77%	116.14%

通过表4-12可以得出，贵州茅台的利润质量很高，其净利润有充裕的现金作保障。一般来说，盈余现金保障倍数大于50%，表明企业的利润有50%的现金流量做保障，其利润质量较高。在此基础上盈余现金保障倍数越高，其利润质量就越高。贵州茅台的盈余现金保障倍数连续四年在50%以上，2010年盈余现金保障倍数高达116.14%，充分说明了贵州茅台净利润的质量很高。

2. 现金销售比率

现金销售比率是企业一定时期销售商品、提供劳务收到的现金同营业收入的比率，反映了企业的收入质量。其计算公式如下所示：

现金销售比率＝销售商品、提供劳务收到的现金÷营业收入

该指标主要提供了如下信息：

（1）一般来说，该比率越高收入质量越高，当比率小于1.17时，说明本期的收入有一部分没有收到现金。

（2）当比率大于1.17时，说明本期的收入不仅全部收到了现金，还收到了上一会计期间的应收款项或预收了下一会计期间的款项。

（3）该比率如果过低，说明企业挂账收入较高，而实际收到的现金较少，预

示企业存在较严重的虚盈实亏，估计经营管理出现了问题，应引起高度关注。

贵州茅台现金销售比率计算见表4-13。

表4-13 贵州茅台现金销售比率计算表 金额单位：元

项 目	2007 年	2008 年	2009 年	2010 年
销售商品、提供劳务收到的现金	7 437 754 281.34	11 275 230 701.85	11 756 243 820.83	14 938 581 885.61
营业收入	7 237 430 747.12	8 241 685 564.11	9 669 999 065.39	11 633 283 740.18
现金销售比率	102.77%	136.81%	121.57%	128.41%

通过表4-13可以看出：贵州茅台的现金销售比率从2007年至2010年连续四年超过100%，说明其货币资金回笼非常好，2008年起现金销售比率高于117%，说明了贵州茅台基本上都是现金销售。

3. 现金流动负债比率

现金流动负债比率是企业一定时期的经营现金净流量同流动负债的比率。其计算公式为：

现金流动负债比率＝经营现金净流量÷流动负债×100%

现金流动负债比率是从现金流动角度来反映企业当期偿付短期负债的能力。该指标可以看成是流动比率的补充，流动比率是流动资产与流动负债之比，由于流动资产体现的是能在一年内或一个营业周期内变现的资产，包括了许多流动性不强的项目，如呆滞的存货，有可能收不回的应收账款等，它们虽然具有资产的性质，但事实上却不能再转变为现金，不再具有偿付债务的能力。而且，不同企业的流动资产结构差异较大，资产质量各不相同，因此，仅用流动比率等指标来分析企业的偿债能力，往往有失偏颇。因此可运用现金流动负债比率作为流动比率等指标的补充。该指标主要提供了如下信息：

（1）现金流动负债比率是从现金流入和现金流出的动态角度对企业实际偿债能力进行分析。

（2）由于有利润的年份不一定有足够的现金来偿还债务，所以利用以收付实现制为基础的现金流动负债比率指标，能充分体现企业经营活动产生的现金净流入可以在多大程度上保证当期流动负债的偿还，直接地反映出企业偿还流动负债的实际能力。用该指标评价企业偿债能力更为谨慎。

（3）该指标越大，表明企业经营活动产生的现金净流入越多，能够保障企业按时偿还到期债务，说明偿债能力越强。但也不是越大越好，太大则表示企业流动资金利用不充分，收益能力不强。

（4）一般认为该指标大于50%，就表明企业有较强的偿债能力。

贵州茅台现金流动负债比率计算见表4-14。

通过表4-14贵州茅台现金流动负债比率计算表，可以看出贵州茅台的现金流动负债比率均高于50%，说明贵州茅台具有较强的短期偿债能力。

表 4-14   **贵州茅台现金流动负债比率计算表**   金额单位：元

项　目	2007 年	2008 年	2009 年	2010 年
经营现金净流量	1 743 303 211.38	5 247 488 535.74	4 223 937 144.19	6 201 476 519.57
流动负债	2 112 616 070.01	4 250 769 540.40	5 108 057 753.51	7 028 190 246.07
现金流动负债比率	82.52%	123.45%	82.69%	88.24%

4. 现金债务总额比率

它是评价企业中长期偿债能力的重要指标，同时也是预测公司持续经营能力的重要指标。其计算公式如下所示：

现金债务总额比率＝经营现金净流量÷债务总额×100%

一般认为经营活动产生的现金流量是企业长期资金最主要的来源，而投资活动和筹资活动所获得的现金流量虽然在必要时也可用于偿还债务，但不能将其视为经常性的现金流量。因此，用现金债务总额比率这一指标，可以衡量企业通过经营活动所获得的现金偿还债务的能力，该指标越高，表明企业的偿债能力越强；反之，企业的偿债能力越弱。

对债权人来讲，偿债能力的强弱是他们做出贷款决策的基本依据和决定性条件。运用现金流量表中的经营现金净流量和债务总额相比，可以较好地反映企业的偿债能力。

贵州茅台现金债务总额比率计算见表 4-15。

表 4-15   **贵州茅台现金债务总额比率计算表**   金额单位：元

项　目	2007 年	2008 年	2009 年	2010 年
经营现金净流量	1 743 303 211.38	5 247 488 535.74	4 223 937 144.19	6 201 476 519.57
债务总额	2 112 616 070.01	4 250 769 540.40	5 118 057 753.51	7 038 190 246.07
现金债务总额比率	82.52%	123.45%	82.53%	88.11%

通过表 4-15 贵州茅台现金债务总额比率计算表，可以看出贵州茅台具有较强的债务偿还能力。

第五章

盈利能力分析

　　盈利能力是指企业获取利润的能力。盈利是企业的重要经营目标，是企业生存和发展的物质基础，它不仅关系到企业所有者的投资收益，也是企业偿还债务的一个重要保障。因此，企业的债权人、所有者及管理者都十分关心企业的盈利能力。盈利能力分析是企业财务分析的重要组成部分，也是评价企业经营管理水平的重要依据。企业的各项经营活动都会影响到利润，如营业活动、对外投资活动、营业外收支活动等都会引起企业利润的变化。通过对盈利能力的深入分析，可以发现经营管理中存在的问题，进而采取措施加以解决，提高企业收益水平。

第一节　与投资有关的盈利能力分析

一、总资产报酬率

（一）基本概念

　　总资产报酬率是指企业一定时期内获得的报酬总额与平均资产总额的比率。总资产报酬率表示企业包括净资产和负债在内的全部资产的总体获利能力，是评价企业资产运营效益的重要指标。计算公式如下：

　　总资产报酬率 = 息税前利润总额 ÷ 平均资产总额 × 100%

（二）内容解释

　　（1）息税前利润总额是指企业当年实现的利润总额与利息支出的合计数，息税前利润 = 利润总额 + 实际利息支出。利润总额是指企业实现的全部利润，包括企业当年营业利润、投资收益、补贴收入、营业外收支净额等项内容，如为亏损，以"–"号表示。利息支出是指企业在生产经营过程中实际支出的借款利息、债券利息等。数据取值于"利润表"和"基本情况表"。由于目前的对外会计报表没有公开披露实际利息支出，因此对于会计信息外部使用者在计算总资产报酬率时，常常用财务费用代替实际利息支出。

（2）平均资产总额是指企业资产总额年初数与年末数的平均值，平均资产总额＝（资产总额年初数＋资产总额年末数）÷2。数据取值于企业的资产负债表。

（三）指标说明

（1）总资产报酬率表示企业全部资产获取收益的水平，全面反映了企业的获利能力和投入产出状况。通过对该指标的深入分析，可以增强各方面对企业资产经营状况的关注，促使企业提高单位资产的收益水平。

（2）一般情况下，企业可据此指标与市场资本利率进行比较，如果该指标大于市场利率，则表明企业可以充分利用财务杠杆，进行负债经营，获取尽可能多的收益。

（3）该指标越高，表明企业投入产出的水平越好，企业的全部资产的总体运营效益越高。

贵州茅台总资产报酬率计算表见表5-1。

表5-1　　　　　　　　　　贵州茅台总资产报酬率计算表　　　　　　　　　金额单位：元

项　目	2007 年	2008 年	2009 年	2010 年
利润总额	4 522 025 015.93	5 385 300 638.16	6 080 539 884.64	7 162 416 731.37
平均资产总额	9 935 193 422	13 117 829 838	17 761 905 492	22 678 601 544
总资产报酬率	45.52%	41.05%	34.23%	31.58%

表5-1显示，贵州茅台近几年来总资产报酬率逐年下降，且下降幅度较大，说明全部资产的总体运营效果不高，企业的资产没能得到充分合理的利用。

二、净资产收益率

（一）基本概念

净资产收益率是指企业一定时期内的净利润同平均净资产的比率。净资产收益率充分体现了投资者投入企业的自有资本获取净收益的能力，突出反映了投资与报酬的关系，是评价企业资本经营效益的核心指标。计算公式如下：

净资产收益率＝净利润÷平均净资产×100%

（二）内容解释

（1）净利润是指企业未作任何分配前的税后利润，受各种政策等其他人为因素影响较少，能够比较客观、综合地反映企业的经济效益，准确体现投资者投入资本的获利能力。数据取值于企业年度会计报表（下同）中的利润表。

（2）平均净资产是企业年初所有者权益同年末所有者权益的平均数，平均净资产＝（所有者权益年初数＋所有者权益年末数）÷2。净资产包括实收资本、资本公积、盈余公积和未分配利润。数据取值于企业的资产负债表。

（三）指标说明

（1）净资产收益率是评价企业自有资本及其积累获取报酬水平的最具综合性与代表性的指标，充分反映了企业资本运营的综合效益。该指标通用性强，适应范围广，不受行业局限，是国际上企业综合评价中使用率非常高的一个指标。

（2）通过对该指标的综合对比分析，可以看出企业获利能力在同行业中所处的地位，以及与同类企业的差异水平。

（3）一般认为，企业净资产收益率越高，企业自有资本获取收益的能力越强，运营效益越好，对企业投资人、债权人的利益保证程度越高。影响该指标的因素，除了企业的盈利水平以外，还有企业所有者权益的大小。对所有者来说，该比率越大，投资者投入资本盈利能力越强。在我国，该指标既是上市公司对外必须披露的信息内容之一，也是决定上市公司能否配股进行再融资的重要依据。

贵州茅台净资产收益率计算表见表5-2。

表5-2　　　　　　　　　　**贵州茅台净资产收益率计算表**　　　　　　金额单位：元

项　　目	2007 年	2008 年	2009 年	2010 年
净利润	2 966 052 508.95	4 000 759 343.11	4 552 888 944	5 339 761 496.97
平均净资产	7 181 942 210	9 936 137 033	13 077 491 845	16 600 477 544
净资产收益率	41.30%	40.26%	34.81%	32.17%

表5-2显示，近几年来贵州茅台净资产收益率呈逐年下降趋势，说明自有资本获利能力不强，企业的自有资本的获利能力下降。

第二节　与销售有关的盈利能力分析

一、销售毛利率

（一）基本概念

销售毛利率是指企业一定时期销售毛利占销售收入的百分比。它表明企业每单位销售收入能带来多少毛利，反映了企业销售收入扣除成本后的获利能力，是评价企业经营效益的主要指标。计算公式如下：

销售毛利率＝（营业收入－营业成本）÷营业收入×100%

（二）内容解释

销售毛利是指企业营业收入扣除营业成本后的利润，通常称为毛利。该指标表示每一元销售收入扣除销售成本后，有多少钱可以用于各项期间费用和形成盈利。是企业全部利润中最为重要的部分，是影响企业整体经营成果的主要因素。销售毛利率是公司销售净利率的基础，没有足够大的毛利率便不能盈利。数据取值于公司的利润表。

（三）指标说明

（1）销售毛利率是从企业主营业务的盈利能力和获利水平方面对资本金收益

率指标的进一步补充，体现了企业主营业务利润对利润总额的贡献，以及对企业全部收益的影响程度。

（2）该指标体现了企业经营活动最基本的获利能力，它可以在一定程度上反映出企业生产环节效率的高低，没有足够大的毛利率就无法形成企业的最终利润，该指标被广泛用来匡算企业获利能力的大小。较高的毛利率预示着企业获取较多利润的把握性比较大；反之，如果毛利率偏低，则企业最终获取的利润就少，甚至可能在扣除税费后无利可得。为此，结合企业的主营业务收入和主营业务成本分析，能够充分反映出企业成本控制、费用管理、产品营销、经营策略等方面的不足与成绩。

（3）该指标越高，说明企业产品或商品定价科学，产品附加值高，营销策略得当，产品市场竞争力强，发展潜力大，获利水平高。

贵州茅台销售毛利率计算表见表5-3。

表5-3 贵州茅台销售毛利率计算表 金额单位：元

项　目	2007 年	2008 年	2009 年	2010 年
营业收入	7 237 430 747.12	8 241 685 564.11	9 669 999 065.39	11 633 283 740.18
减：营业成本	871 643 568.33	799 713 319.24	950 672 855.27	1 052 931 591.61
毛利	6 365 787 178.79	7 441 972 244.87	8 719 326 210.12	10 580 352 148.57
营业收入	7 237 430 747.12	8 241 685 564.11	9 669 999 065.39	11 633 283 740.18
销售毛利率	87.96%	90.30%	90.17%	90.95%

表5-3显示，贵州茅台的销售毛利率近几年来一直处于较高水平，从2008年起销售毛利率均高达90%以上。贵州茅台销售毛利率的提高，与近年来茅台酒接连提价密切相关。

二、营业利润率

（一）基本概念

营业利润率是指企业一定时期营业利润占营业收入的百分比。它表明企业每单位营业收入能带来多少营业利润，反映了企业销售收入扣除成本、税金、期间费用、资产减值损失、投资收益后的获利能力，可用来衡量包括管理和销售活动在内的整个经营活动所形成的获利能力有多大。计算公式如下：

营业利润率＝营业利润÷营业收入×100%

（二）内容解释

营业利润是指企业营业收入扣除营业成本、营业税金及附加、期间费用、资产减值损失、投资收益后的金额。营业利润是企业全部利润中最为重要的部分，是影响企业整体经营成果的主要因素。数据取值于企业的利润表。

（三）指标说明

（1）营业利润率是从企业经营活动业务的盈利能力和获利水平方面对资本金

收益率指标的进一步补充，体现了企业经营活动业务利润对利润总额的贡献，以及对企业全部收益的影响程度。

（2）该指标体现了企业经营活动最基本的获利能力，没有足够大的营业利润率就无法形成企业的最终利润，为此，结合企业的营业收入和营业成本分析，能够充分反映出企业成本控制、费用管理、产品营销、经营策略等方面的不足与成绩。

（3）该指标越高，说明企业产品或商品定价科学，产品附加值高，营销策略得当，主营业务市场竞争力强，发展潜力大，获利水平高。

贵州茅台营业利润率计算表见表5-4。

表 5-4　　　　　　　　　　贵州茅台营业利润率计算表　　　　　　金额单位：元

项　　目	2007 年	2008 年	2009 年	2010 年
营业利润	4 525 341 001.8	5 390 384 855.03	6 075 520 510.72	7 160 906 229.50
营业收入	7 237 430 747.12	8 241 685 564.11	9 669 999 065.39	11 633 283 740.18
营业利润率	62.53%	65.40%	62.83%	61.56%

表5-4显示，2010年营业利润率较前几年略有下降，但下降趋势不明显。

三、销售净利率

（一）基本概念

销售净利率是指企业一定时期净利润占营业收入的百分比。它表明企业每单位营业收入能带来多少净利润，反映了企业销售收入扣除全部成本和费用后的获利能力，被广泛地用来衡量企业经营管理水平，是评价企业经营效益的主要指标。计算公式如下：

销售净利率＝净利润÷营业收入×100%

（二）内容解释

净利润是指企业未作任何分配前的税后利润，受各种政策等其他人为因素影响较少，能够比较客观、综合地反映企业的经济效益，准确体现投资者投入资本的获利能力。数据取值于企业年度会计报表（下同）中的利润表。

（三）指标说明

从销售净利率的指标关系看，净利润与销售净利率成正比关系，而销售收入额与销售净利率成反比关系。公司在增加销售收入额的同时，必须相应获得更多的净利润，才能使销售净利率保持不变或有所提高。通过分析销售净利率的升降变动，可以促使公司在扩大销售业务的同时，注意改进经营管理，提高盈利水平。销售净利率越高，说明企业通过扩大销售获取收益的能力越强。通过分析销售净利率的变化，不仅可以促使企业扩大销售，还可以使企业注意改善经营管理，控制期间费用，提高盈利水平。

贵州茅台销售净利率计算表见表 5-5。

表 5-5   **贵州茅台销售净利率计算表**   金额单位：元

项　目	2007 年	2008 年	2009 年	2010 年
净利润	2 966 052 508.95	4 000 759 343.11	4 552 888 944	5 339 761 496.97
营业收入	7 237 430 747.12	8 241 685 564.11	9 669 999 065.39	11 633 283 740.18
销售净利率	40.98%	48.54%	47.08%	45.90%

表 5-5 显示，2010 年销售净利率与 2008 年、2009 年相比略有下降。近年来，贵州茅台销售毛利率一直处于较高水平，2010 年销售毛利率为 90.95%，比 2009 年上升 0.78%，但 2010 年的销售净利率却有所下降，说明贵州茅台营业成本控制较好，但期间费用控制不理想。

第三节　与股本有关的盈利能力分析

一、每股收益

每股收益是指普通股股东每持有一股所能享有的企业利润或需承担的企业亏损。每股收益通常被用来反映企业的经营成果，衡量普通股的获利水平及投资风险，是投资者、债权人等信息使用者据以评价企业盈利能力、预测企业成长潜力、进而做出相关经济决策的一项重要的财务指标之一。每股收益包括基本每股收益和稀释每股收益两类。

（一）基本每股收益的计算

基本每股收益只考虑当期实际发行在外的普通股股份，按照归属于普通股股东的当期净利润除以当期实际发行在外普通股的加权平均数计算确定。计算公式如下：

基本每股收益 = 净利润 ÷ 当期实际发行在外普通股的加权平均数

1. 分子的确定

计算基本每股收益时，分子为归属于普通股股东的当期净利润，即企业当期实现的可供普通股股东分配的净利润或应由普通股股东分担的净亏损金额。发生亏损的企业，每股收益以负数列示。以合并财务报表为基础计算的每股收益，分子应当是归属于母公司普通股股东的当期合并净利润，即扣减少数股东损益后的余额。与合并财务报表一同提供的母公司财务报表中企业自行选择列报每股收益的，以母公司个别财务报表为基础计算的每股收益，分子应当是归属于母公司全部普通股股东的当期净利润。

2. 分母的确定

计算基本每股收益时，分母为当期发行在外普通股的算数加权平均数，即期初发行在外普通股股数根据当期新发行或回购的普通股股数与相应时间权数的乘积进行调整后的股数。其中，作为权数的已发行时间、报告期时间和已回购时间通常按天数计算，在不影响计算结果合理性的前提下，也可以采用简化的计算方法，如按月数计算。公司库存股不属于发行在外的普通股，且无权参与利润分配，应当在计算分母时扣除。

【例5-1】某公司按月数计算每股收益的时间权数。2013年期初发行在外的普通股为20 000万股；2月28日新发行普通股10 800万股；12月1日回购普通股4 800万股，以供将来奖励职工之用。该公司当年度实现净利润6 500万元。2013年度基本每股收益计算如下：

发行在外普通股加权平均数 = 20 000×12÷12+10 800×10÷12-4 800×1÷12

= 28 600（万股）

或者　20 000×2÷12+30 800×9÷12+26 000×1÷12 = 28 600（万股）

基本每股收益 = 6 500÷28 000 = 0.23（元）

（二）稀释每股收益的计算

稀释每股收益是以基本每股收益为基础，假设企业所有发行在外的稀释性潜在普通股均已转换为普通股，从而分别调整归属于普通股股东的当期净利润以及发行在外普通股的加权平均数计算而得的每股收益。企业在计算稀释每股收益时应当考虑稀释潜在普通股以及对分子和分母调整因素的影响。

1. 稀释性潜在普通股

潜在普通股是指赋予其持有者在报告期或以后期间享有取得普通股权利的一种金融工具或其他合同。目前，我国企业发行的潜在普通股主要有可转换公司债券、认股权证、股份期权等。潜在普通股通常对每股收益具有稀释的可能性。比如可转换公司债券是一种潜在普通股，具有稀释每股收益的可能性，不是在实际转换时，而是在其存在期间具有稀释的可能性。等到实际转换时，就变成对基本每股收益的影响，而不是对稀释每股收益的影响。

稀释性潜在普通股，是指假设当期转换为普通股会减少每股收益的潜在普通股。

2. 分子的调整

计算稀释每股收益时，应当根据下列事项对归属于普通股股东的当期净利润进行调整：

（1）当期已确认为费用的稀释性潜在普通股的利息。潜在普通股一旦假定转换成普通股，与之相关的利息费用将不再发生，原本已从企业利润中扣除的费用应当加回来，从而增加归属于普通股股东的当期净利润。因此，在计算稀释每股收益时，这一因素一般作为一项调增因素对归属于普通股股东的当期净利润进行调整，最常见的例子为可转换公司债券的利息。

（2）稀释性潜在普通股转换时将产生的收益或费用。潜在普通股假定转换成发行在外的普通股，除了直接导致当期净利润发生变化的调整因素外，还应当考虑一些随之而来的间接影响因素。例如，实行利润分享和奖金计划的企业，假定潜在普通股转换成发行在外的普通股，相关利息费用的减少将导致企业利润的增加，进而导致职工利润分享计划相关费用的增加，对此，也应当作为一项调减因素对归属于普通股股东的当期净利润进行调整。上述调整应当考虑相关的所得税影响，即按照税后影响金额进行调整。对于包含负债和权益成分的金融工具，仅需调整属于金融负债部分的相关利息、利得或损失。

【例 5-2】某上市公司于 2013 年 1 月 1 日按面值发行 25 000 万元的 3 年期可转换公司债券，票面固定利率为 2%，利息自发行之日起每年支付一次，即每年 12 月 31 日为付息日。该批可转换公司债券自发行结束后 18 个月以后可转换为公司股票。债券利息不符合资本化条件，直接计入当期损益。所得税税率为 25%。假设不考虑可转换公司债券在负债和权益成分的分拆，且债券票面利率等于实际利率。按照公司利润分享计划约定，该公司高级管理人员按照当年税前利润的 1% 领取奖金报酬。该公司 2013 年度税前利润为 18 000 万元，税后净利润为 13 500 万元。

为计算稀释每股收益，分子归属于普通股股东的当期净利润应调整的项目主要包括以下两方面：一是假定可转换公司债券期初转换为普通股而减少的利息费用；二是由此增加利润所导致的支付高管人员奖金的增加。

税后净利润	13 500
加：减少的利息费用（25 000×2%）	500
减：相关所得税影响（500×25%）	（125）
减：增加的高管人员奖金（500×1%）	（5）
加：相关所得税影响（5×25%）	1.25
稀释每股收益计算中归属于普通股股东的当期净利润	13 871.25

3. 分母的调整

计算稀释每股收益时，当期发行在外普通股的加权平均数应当为计算基本每股收益时普通股的加权平均数与假定稀释性潜在普通股转换为已发行普通股而增加的普通股股数的加权平均数之和。

假定稀释性潜在普通股转换为已发行普通股而增加的普通股股数，应当根据潜在普通股的条件确定。当存在不止一种转换基础时，应当假定会采取从潜在普通股持有者角度看最有利的转换率或执行价格。

假定稀释性潜在普通股转换为已发行普通股而增加的普通股股数应当按照其发行在外时间进行加权平均。以前期间发行的稀释性潜在普通股，应当假设在当期期初转换为普通股；当期发行的稀释性潜在普通股，应当假设在发行日转换为普通股；当期被注销或终止的稀释性潜在普通股，应当按照当期发行在外的时间加权平均计入稀释每股收益；当期被转换或行权的稀释性潜在普通股，应当从当期期初至转换日（或行权日）计入稀释每股收益中，从转换日（或行权日）起所转换的普通股则计入基本每股收益中。

贵州茅台每股收益率计算表见表 5-6。

表 5-6	贵州茅台每股收益计算表			金额单位：元
项　目	2007 年	2008 年	2009 年	2010 年
净利润	2 830 831 594.36	3 799 480 558.51	4 312 446 124.73	5 051 194 218.26
总股本	943 800 000.00	943 800 000.00	943 800 000.00	943 800 000.00
每股收益	3	4.03	4.57	5.35

从表 5-6 可以看出，贵州茅台每股收益逐年上升，说明股东的投资效益好，股东获取较高股利的可能性较大。

二、市盈率

市盈率是普通股每股市价与每股收益的比值，反映了投资者对每元净利润所愿支付的价格，可以用来估计股票的投资报酬和风险。其计算公式如下：

市盈率 = 普通股每股市场价格 ÷ 普通股每股收益

市盈率越高，表明投资者对公司未来充满信心，愿意为每一元盈余多付买价。目前美国道指平均市盈率为 21 倍，标准普尔 500 平均市盈率为 24 倍，深交所平均市盈率（PE）为 43.82 倍，上交所平均市盈率为 41.28 倍。不同行业股票的市盈率是不同的，而且经常发生变化。当人们预期将发生通货膨胀或提高利率时，股票市盈率会普遍下降，当人们预期公司的利润将增长时，市盈率通常会上升。此外，债务比重大的公司，股票市盈率通常较低。

贵州茅台市盈率计算表见表 5-7。

表 5-7	贵州茅台市盈率计算表			金额单位：元
项　目	2007 年	2008 年	2009 年	2010 年
每股市价	230	108.70	169.82	183.92
每股收益	3	4.03	4.57	5.35
市盈率	76.67	26.97	37.16	34.38

从表 5-7 可以看出，贵州茅台 2010 年市盈率 34.38，低于 2009 年市盈率 37.16。据 Wind 资讯公司统计，我国白酒行业的平均市盈率为 43.22 倍，这说明贵州茅台的股票市价仍有上涨的空间。

第六章

企业营运能力分析

营运能力是指企业对各项资产的管理效率。资产管理效率可以从资产的周转率和资产结构状况反映出来。资产周转率反映了企业管理者对资产的运用能力，资产结构则反映了管理者对受托资产合理配置的能力。二者相互影响，综合地反映了资产的营运效率。企业营运能力分析就是要通过对反映企业资产营运效率与效益的指标进行计算与分析，评价企业的营运能力，为企业提高经济效益指明方向。企业生产经营资金周转的速度越快，表明企业资金利用的效果越好、效率越高，企业管理人员的经营能力越强。营运能力分析包括流动资产周转情况分析、固定资产周转情况分析和总资产周转情况分析。通过营运能力分析可以评价企业资产营运的效率，可发现企业在资产营运中存在的问题，同时，营运能力分析还是盈利能力分析和偿债能力分析的基础与补充。

第一节　流动资产营运能力分析

一、应收账款周转率分析

1. 基本概念

应收账款周转率是企业一定时期内营业收入净额同应收账款平均余额的比率。

应收账款周转率（次）= 营业收入净额÷平均应收账款

应收账款周转天数 = 360÷应收账款周转率

2. 内容解释

营业收入净额是指企业当期销售产品、商品，提供劳务等主要经营活动所取得的收入减去折扣与折让后的数额。数据取值于企业年度会计报表的利润表。

应收账款是指企业因赊销产品、材料、物资和提供劳务而应向购买方收取的各种款项。数据取值于资产负债表。

应收账款平均余额 = （应收账款年初数+应收账款年末数）÷2。

3. 指标说明

（1）应收账款周转率反映了企业应收账款的流动速度，即企业本年度内应收账款转为现金的平均次数。

（2）应收账款在流动资产中占较大份额，及时收回应收账款，能够减少营运资金在应收账款上的呆滞占用，从而提高企业的资金利用效率。

（3）采用本指标的目的在于促进企业通过合理制定赊销策略、严格销货合同管理、及时结算等途径加强应收账款的前后期管理，加快应收账款回收速度，活化企业营运资金。

（4）由于季节性经营、大量采用分期收款或现金方式结算等都可能使本指标结果失实，所以，应结合企业前后期间、行业平均水平进行综合评价。

4. 分析要点

（1）计算应收账款周转率必须解决的一个问题就是赊销和现销的比例问题。销售净额包括赊销和现销两部分。为了实际反映应收账款的流动性，计算时应该只包括赊销的部分，如果也包括现金销售，流动性将被高估。企业内部分析应确定赊销数额，外部分析必须知道这个问题，以免对流动性得出错误的结论。

（2）应收账款周转率反映了企业应收账款变现速度的快慢及管理效率的高低。周转率高表明：①收账迅速，账龄较短；②资产流动性强，短期偿债能力强；③可以减少收账费用和坏账损失，从而相对增加企业流动资产的投资收益。

（3）同时借助应收账款周转期与企业信用期限的比较，还可以评价购买单位的信用程度，以及企业原定的信用条件是否适当。应收账款周转期每增加一天，就需要相应的资金来负担额外的应收账款。因此，应收账款周转期的延长与企业借款规模扩大往往并存。如果应收账款周转期增加，其原因很多，可能是企业失去信用控制，也可能是扩大信用决策的结果。

表 6-1 列示了贵州茅台应收账款周转率的计算。

表 6-1　　　　　　　　　　贵州茅台应收账款周转率计算表　　　　　　　　金额单位：元

项　目	2007 年	2008 年	2009 年	2010 年
营业收入净额	7 237 430 747.12	8 241 685 564.11	9 669 999 065.39	11 633 283 740.18
平均应收账款	56 923 008.52	40 616 124.09	28 105 704.56	11 320 457.1
应收账款周转率	127.14	202.92	344.06	1 027.63
应收账款周转天数	2.83	1.77	1.05	0.35

表 6-1 中，贵州茅台的应收账款周转率呈逐年递增趋势，应收账款周转天数越来越短。2010 年，贵州茅台的应收账款周转天数不到一天，充分说明了贵州茅台酒的畅销程度，也说明了其茅台酒的销售都是现销。结合第三章的资产负债表，2010 年贵州茅台的预收款项高达 47 亿元（4 738 570 750.16 元），充分说明了贵州

茅台酒供不应求。

二、存货周转率分析

1. 基本概念

存货周转率是企业一定时期营业成本与平均存货的比率。

存货周转率（次）= 营业成本÷平均存货

存货周转天数 = 360÷存货周转率

2. 内容解释

营业成本是指企业当期销售产品、商品，提供劳务等经营业务的实际成本。数据取值于企业年度会计报表（下同）的利润表。

平均存货 =（存货年初数+存货年末数）÷2

数据取值于资产负债表。

3. 指标说明

（1）存货周转率是评价企业从取得存货、投入生产到销售收回（包括现金销售和赊销）等各环节管理状况的综合性指标，用于反映存货的周转速度，即存货的流动性及存货资金占用量的合理与否。

（2）工商企业，尤其是商业企业中，存货在流动资产中所占比重较大，因此，必须重视存货周转率的分析研究。采用本指标的目的在于针对存货管理中存在的问题，促使企业在保证生产经营连续性的同时，提高资金的使用效率，增强企业的短期偿债能力。

（3）存货周转率在反映存货周转速度、存货占用水平的同时，也从一定程度上反映了企业销售实现的快慢。所以，一般情况下，该指标高，表示企业资产由于销售顺畅而具有较高的流动性，存货转换为现金或应收账款的速度快，存货占用水平低。

（4）运用该指标时，还应综合考虑进货批量、生产销售的季节性，以及存货结构等因素。

4. 分析要点

（1）存货周转速度的快慢，不仅反映企业采购、储存、生产、销售各环节管理工作状况的好坏，而且会对企业的偿债能力产生决定性的影响。一般来讲，存货周转率越高越好。存货周转率越高，表明其变现的速度越快，周转额越大，资金占用水平越低。因此，通过存货周转分析，有利于找出存货管理存在的问题，尽可能降低资金占用水平。存货既不能储存过少，否则可能造成生产中断或销售紧张，又不能储存过多，否则可能形成呆滞、积压。一定要保证结构合理、质量可靠。另外，存货是流动资产的重要组成部分，其质量和流动性对企业流动比率具有举足轻重的影响，并进而影响企业的短期偿债能力。故一定要加强存货管理，以提高其变现能力。

（2）在其他条件不变的情况下，存货周转越快，一定时期的企业盈利能力必然越高，反之亦然。所以，该比率也可以用来衡量企业的盈利能力。

（3）不同行业的存货周转率不一样，不能用一个统一标准衡量不同行业存货该比率的合理性。我国不同行业存货周转天数的参考值为（单位为天）：汽车131、制药356、建材100、化工101、家电151、电子95、日用品62、商业30。

（4）为了进一步判明存货的内部结构，还可以就原材料、半成品、产成品、库存商品计算周转率，以此来分析各种存货的周转速度及其变动对总的存货周转速度的影响。

（5）如果企业的存货周转率恶化，则可能由下列因素引起：低效率的生产导致存货有较慢的生产量、低效率的存货控制导致存货的过度购买、存货项目滞销或过时导致存货总量增加。还可能由于销售需求减少、企业可能存在着不适当的营销策略，如对信用策略控制过严而导致销路不畅。

表6-2列示了贵州茅台存货周转率的计算。

表6-2　　　　　　　　　　　贵州茅台存货周转率计算表　　　　　　　　金额单位：元

项　目	2007 年	2008 年	2009 年	2010 年
营业成本	871 643 568.33	799 713 319.24	950 672 855.27	1 052 931 591.61
平均存货	2 139 764 616	2 709 693 381	3 653 407 127	4 883 186 262
存货周转率	0.41	0.30	0.26	0.22
存货周转天数	878.05	1 200.00	1 384.62	1 636.36

表6-2中，贵州茅台的存货周转率呈逐年下降趋势，存货周转天数2010年为1 636.36天，存货周转一次需要4年多的时间，这是由于酿酒行业的特殊性造成的。酿制时间在5年左右的茅台酒口感较好。

三、流动资产周转率分析

1. 基本概念

流动资产周转率是指企业一定时期营业收入净额同平均流动资产总额的比值。流动资产周转率是评价企业资产利用效果的一个主要指标。

流动资产周转率 = 营业收入净额 ÷ 平均流动资产总额

流动资产周转天数 = 360 ÷ 流动资产周转率

2. 内容解释

营业收入净额是指企业当期销售商品、提供劳务等主要经营活动所取得的收入减去折扣与折让后的数额。数据取值于利润表。

平均流动资产总额 = （流动资产年初数 + 流动资产年末数）÷ 2

3. 指标说明

（1）流动资产周转率反映了企业流动资产的周转速度，是从企业全部资产中流动性最强的流动资产角度对企业资产的利用效率进行分析，以进一步揭示影响企业资产质量的主要因素。

（2）该指标将营业收入净额与企业资产中最具活力的流动资产相比较，既能反映企业一定时期流动资产的周转速度，又能进一步体现每单位流动资产实现价值补偿的高与低，以及补偿速度的快与慢。

（3）要实现该指标的良性变动，应以营业收入增幅高于流动资产增幅作保证。在企业内部，通过对该指标的分析对比，一方面可以促进企业加强内部管理，充分有效地运用其流动资产，如降低成本、调动暂时闲置的货币资金用于短期投资创造收益，另一方面也可以促进企业采取措施扩大销售，提高流动资产的综合使用效率。

（4）一般情况下，该指标越高，表明企业流动资产周转速度越快，利用越好。在较快的周转速度下，流动资产会相对节约，其意义相当于流动资产投入的扩大，在某种程度上增强了企业的盈利能力；而周转速度慢，则需补充流动资金参加周转，形成资金浪费，降低企业盈利能力。

4. 分析要点

（1）在一定时期内，流动资产周转次数越多，表明以相同的流动资产完成的周转额越多，流动资产利用效果越好，会相对节约资金占用，相当于扩大了企业资产收入，增强企业盈利能力。流动资产周转率用周转天数表示时，周转一次所需要的天数越少，表明流动资产在经历生产和销售各阶段时所占用的时间越短。生产经营任何一个环节上的工作改善，都会反映到周转天数的缩短上来。

（2）标准流动资产周转率要视行业特征、企业特征、企业发展阶段而定。在物价变动时期，尤其是在通货膨胀时会高估该比率，因此，实务中必须考虑这些因素的影响。

表 6-3 列示了贵州茅台流动资产周转率的计算。

表 6-3　　　　　　　　贵州茅台流动资产周转率计算表　　　　　　　　金额单位：元

项　　目	2007 年	2008 年	2009 年	2010 年
营业收入净额	7 237 430 747.12	8 241 685 564.11	9 669 999 065.39	11 633 283 740.18
平均流动资产	7 011 038 572	9 756 126 893	13 948 168 123	17 977 935 096
流动资产周转率	1.03	0.84	0.69	0.65

表 6-3 中，贵州茅台的流动资产周转率呈逐年下降趋势。贵州茅台的流动资产中，货币资金和存货所占的比重较高，闲置的货币资金和较长的酿酒时间是流动资产周转率下降的主要原因。

第二节　非流动资产营运能力分析

1. 基本概念

固定资产周转率是一定时期所实现的营业收入净额与固定资产的比值。

固定资产周转率＝营业收入净额÷平均固定资产

固定资产周转天数＝360÷固定资产周转率

2. 内容解释

营业收入净额是指企业当期销售商品、提供劳务等主要经营活动所取得的收入减去折扣与折让后的数额。数据取值于利润表。

平均固定资产＝（固定资产年初数＋固定资产年末数）÷2

3. 指标说明

固定资产周转率指标的数值越高，就表示一定时期内固定资产提供的收入越多，说明固定资产利用效果越好。这是因为收入指标比总产值和销售收入更能准确地反映经济效益，因此，固定资产周转率能更好地反映固定资产的利用效果。

4. 分析要点

（1）固定资产周转率高，表明企业固定资产利用充分，同时也能表明企业固定资产投资得当，固定资产结构合理，能够充分发挥效率。反之，如果固定资产周转率不高，则表明固定资产使用率不高，提供的生产成果不多，企业的营运能力不强。

（2）运用固定资产周转率时，需要考虑固定资产因计提折旧的影响，其净值在不断地减少以及因更新重置，其净值突然增加的影响。同时，由于折旧方法的不同，可能影响其可比性。故在分析时，一定要剔除掉这些不可比因素。

（3）即使主营业务收入不变，由于固定资产净值逐年减少，周转次数会呈现自然上升趋势，但这并不是企业经营努力的结果。

表6-4 列示了贵州茅台固定资产周转率的计算。

表6-4　　　　　　　　　　　**贵州茅台固定资产周转率计算表**　　　　　　　金额单位：元

项　　目	2007 年	2008 年	2009 年	2010 年
营业收入净额	7 237 430 747.12	8 241 685 564.11	9 669 999 065.39	11 633 283 740.18
平均固定资产	1 524 592 994	2 008 577 638	2 679 448 534	3 680 288 134
固定资产周转率	4.75	4.10	3.61	3.16

表6-4 中，贵州茅台的固定资产周转率呈逐年下降趋势，说明其固定资产没有得到充分合理的利用，固定资产的使用效率在下降。

第三节　总资产营运能力分析

一、资产的配置分析

所谓资产的配置是指在资产结构体系中，固定资产和流动资产之间的结构比例，通常称之为固流结构，其计算公式为：

固流结构 = 固定资产总额 ÷ 流动资产总额

在企业经营规模一定的条件下，如果固定资产存量过大，则正常的生产能力不能充分发挥出来，造成固定资产的部分闲置或生产能力利用不足。如果流动资产存量过大，则又会造成流动资产闲置，影响企业的盈利能力。无论以上哪种情况出现，最终都会影响企业资产的利用效率。对企业而言，通常有以下三种固流结构策略：

（1）保守型固流结构策略。采取这种策略，流动资产比例较高。由于流动资产增加，提高了企业资产的流动性，因此，降低了企业的风险，但同时也会降低了企业的盈利水平。

（2）适中型固流结构策略。采取这种策略，通常使得固定资产存量与流动资产存量的比例保持平均水平。在该种情况下，企业的盈利水平一般，风险程度一般。

（3）风险型固流结构策略。采取这种策略，流动资产比例较低，资产的流动性较低，虽然因为固定资产占用量增加而相应提高了企业的盈利水平，但同时也给企业带来了较大的风险。

通常可以根据以下标准判断企业固定资产与流动资产的结构比例是否合理：

（1）盈利水平与风险。企业将大部分资金投资于流动资产，虽然能够减少企业的经营风险，但是会造成资金大量闲置或固定资产不足，降低企业生产能力，降低企业的资金利用效率，从而影响企业的经济效益；反之，固定资产比重增加，虽然有利于提高资产利润率，但同时也会导致经营风险的增加。企业选择何种资产结构，主要取决于企业对风险的态度。如果企业敢于冒险，就可能采取冒险的固流结构策略；如果企业倾向于保守，则应选择保守的固流策略而不会为追求较高的资产利润率而冒险。

（2）行业特点。不同的行业，因经济活动内容不同，技术装备水平也有差异，其固流结构也会有较大差异。一般说来，创造附加值低的企业，如商业企业，需要保持较高的资产流动性；而创造附加值高的企业，如制造业企业，需要保持较高的固定资产比重。同一行业内部，因其生产特点、生产模式的差异较小，所以其固流结构就比较接近。行业的平均固流结构比例应是本企业固流结构的主要参照标准。

（3）企业经营规模。企业经营规模对固流结构有重要影响。一般而言，规模较大的企业，固定资产比例相对高些，因其筹资能力强，流动资产比例相对低些。

企业在分析和评价目前固流结构合理性的基础上，必须对固流结构进行进一步优化。固流结构优化必须以企业采取的固流结构策略所确定的标准为根据。固流结构优化的步骤一般是：首先，分析企业的盈利水平和风险程度，判断和评价企业目前的固流结构；其次，根据盈利水平与风险、行业特点、企业规模等评价标准，按照企业选择的固流结构策略确定符合本企业实际情况的固流结构比例目标标准；最后，对现有的固流结构比例进行优化调整。调整时，既可以调整流动资产存量，也可以调整固定资产存量，还可以同时调整固定资产存量和流动资产存量以达到确定的目标标准。

二、总资产周转率

1. 基本概念

总资产周转率是指企业一定时期营业收入净额同平均资产总额的比值。总资产周转率是综合评价企业全部资产经营质量和利用效率的重要指标。

总资产周转率（次）＝营业收入净额÷平均资产总额

总资产周转天数＝360÷总资产周转率

2. 内容解释

营业收入净额是指企业当期销售商品，提供劳务等主要经营活动所取得的收入减去折扣与折让后的数额。数据取值于企业年度会计报表（下同）的利润表。

平均资产总额＝（资产总额年初数＋资产总额年末数）÷2

3. 指标说明

（1）总资产周转率是考察企业资产运营效率的一项重要指标，体现了企业经营期间全部资产从投入到产出周而复始的流转速度，反映了企业全部资产的管理质量和利用效率。由于该指标是一个包容性较强的综合指标，因此，从因素分析的角度来看，它要受到流动资产周转率、应收账款周转率和存货周转率等指标的影响。

（2）该指标通过当年已实现的营业价值与全部资产进行比较，反映出企业一定时期的实际产出质量以及对每单位资产实现的价值补偿。

（3）通过该指标的对比分析，不但能够反映出企业本年度以及以前年度总资产的运营效率，而且能发现企业与同类企业在资产利用上存在的差距，促进企业挖掘潜力、积极创收、提高产品市场占有率、提高资产利用效率。

（4）一般情况下，该指标数值越高，周转速度越快，资产利用效率越高。

表6-5列示了贵州茅台总资产周转率的计算。

表6-5　　　　　　　　　　　**贵州茅台总资产周转率计算表**　　　　　　金额单位：元

项　目	2007 年	2008 年	2009 年	2010 年
营业收入净额	7 237 430 747.12	8 241 685 564.11	9 669 999 065.39	11 633 283 740.18
平均资产总额	9 935 193 422	13 117 829 838	17 761 905 492	22 678 601 544
总资产周转率	0.73	0.63	0.54	0.51

从表6-5可以看出，贵州茅台2010年总资产周转率与前几年相比呈下降趋势，说明总资产的利用效率不理想。结合本章第一节的流动资产营运能力分析，可以看出导致贵州茅台总资产周转率下降的主要因素是大量货币资金闲置。

第七章

偿债能力分析

偿债能力是指企业偿还各种到期债务的能力。偿债能力分析是企业财务分析的一个重要方面，通过偿债能力分析可以揭示企业的财务风险。偿债能力是现代企业综合财务能力的重要组成部分，是企业经济效益持续增长的稳健性保证。因此，重视并有效提高偿债能力，不仅是出于维护债权人正当权益的法律约束，而且也是企业保持良好市场形象和资信地位，避免风险损失，实现企业价值最大化目标的客观需求；不仅是企业走向市场并在瞬息万变的市场竞争中求得生存与发展的先决条件，而且也是增强企业的风险意识，树立现代市场观念的重要表现。

偿债能力的高低，是任何与企业有关联的人所关心的重要问题之一。对债权人而言，企业偿债能力的高低关系到其债权是否能及时收回，利息是否能按期取得。对投资者而言，如果企业的偿债能力欠佳，就会使企业的资金因主要用于偿还债务，而影响企业正常的生产经营活动，使企业盈利水平受到影响，从而最终影响投资者的利益。对企业而言，一旦偿债能力大幅度下降，甚至达到资不抵债的地步，就有可能导致企业破产。因此，债权人、股东及企业管理者都十分重视企业的偿债能力分析。偿债能力分析包括短期偿债能力分析和长期偿债能力分析两个方面。

第一节   短期偿债能力分析

短期偿债能力，就是企业以流动资产偿还流动负债的能力。它反映企业偿付日常到期债务的实力。企业能否及时偿付到期的流动负债，是反映企业财务状况好坏的重要标志。财务人员必须十分重视短期债务的偿还能力，维护企业的良好信誉。

短期偿债能力是企业的债权人、投资人、材料供应单位等所关心的重要问题。对债权人来说，企业要具有充分的偿还能力，才能保证其债权的安全，按期取得利息，到期收回本金。对投资者来说，如果企业的短期偿债能力发生问题，就会牵制企业经营管理人员的大量精力去筹措资金，应付还债。企业将难以专注于经营管理，还会增加企业筹资的难度，或加大临时性紧急筹资的成本，影响企业的盈利能力。企业短期偿债能力发生问题对供应单位来说，则可能影响应收账款的取得。因此，企业短期偿债能力是企业本身及有关方面都很关心的重要问题。

短期偿债能力是企业流动资产对流动负债及时足额偿还的保证程度，是衡量企业当前财务能力，特别是流动资产变现能力的重要标志。短期变现风险对一个企业来说是非常重要的。因为，一个企业一旦缺乏偿债能力，不仅无法获得有利的进货折扣机会，而且还会因无力支付其短期债务，而被迫出售长期投资或拍卖固定资产，甚至导致破产的厄运。所以，企业的债权人、投资者、供应商、客户及一般社会大众，都非常重视企业的短期偿债能力。

反映企业短期偿债能力的财务指标主要有流动比率、速动比率和现金流动负债比率。

一、流动比率

1. 基本概念

流动比率是企业一定时期的流动资产同流动负债的比率。流动比率是衡量企业的短期偿债能力，评价企业流动资产变现能力的强弱的指标。

流动比率＝流动资产÷流动负债×100%

2. 内容解释

（1）流动资产是指企业将在一年或一个营业周期内变现或消耗的资产。数据取值于资产负债表。

（2）流动负债是指企业所有偿还期在一年或一个经营周期以内的债务。数据取值于资产负债表。

3. 指标说明

（1）流动比率是衡量企业资金流动性大小的指标，它充分考虑流动资产规模与流动负债规模之间的关系，判断企业短期债务到期前，可转化为现金用于偿还流动负债的能力。

（2）从债权人角度来看，该指标越高，说明债权越有保障，企业的短期偿债能力越强。因为该指标越高，表明企业流动资产流转得越快，偿还流动负债的能力越强。但是，对于企业经营者来说，流动比率并不是越高越好。因为过高的流动比率使流动资产在全部资产中的比重上升，而流动资产，特别是变现能力最强的资产，如现金、银行存款、有价证券等，是盈利能力最低的资产，这部分资产的上升意味着企业获利能力的下降。国际上公认的标准流动比率为200%。

（3）一般而言，如果行业生产周期较长，其材料、产成品等存货量必然加大，应收账款的周转速度较慢，则企业的流动比率就会相应提高；如果行业生产周期较短，其材料、产成品等存货量必然减少，应收账款的周转速度加快，则企业的流动比率可以相对降低。在实际操作中，应将该指标与行业的平均水平进行比较。

4. 分析要点

（1）一般情况下，流动比率越高，反映企业短期偿债能力越强，债权人的权益越有保证。流动比率高，不仅反映企业拥有的营运资金多，可用以抵偿债务，而且表明企业可以变现的资产数额大，债权人遭受损失的风险小。按照西方企业的长期经验，一般认为200%的比例比较适宜。它表明企业财务状况稳定可靠，除了满足日常生产经营的流动资金需要外，还有足够的财力偿付到期短期债务。如果比率过低，则表示企业可能捉襟见肘，难以如期偿还债务。但是，流动比率也不能过高，过高则表明企业流动资产占用较多，会影响资金的使用效率和企业的获利能力。流动比率过高还可能是由于应收账款占用过多，在产品、产成品呆滞、积压的结果。因此，在分析流动比率时还需注意流动资产的结构、流动资产的周转情况、流动负债的数量与结构等情况。

（2）从债权人的角度看，自然希望流动比率越高越好。但从企业经营的角度看，过高的流动比率通常意味着企业低收益性资产的持有量过多，必然造成企业机会成本的增加和获利能力的降低。因此，企业应尽可能将流动比率维持在合理的水平。

（3）过高的流动比率还说明有相当数量的流动资产由长期资金来源形成，会造成资金成本过大，从而也会影响到企业的盈利水平。虽然流动比率越高，企业偿还短期债务的流动资产保证程度越强，但这并不等于说企业已有足够的现金或存款用来偿债，且资产转换成现金的时间有可能与负债到期日不匹配。流动比率高也可能是存货积压、应收账款增多且收款期延长，以及待摊费用增加所致，而真正可用来偿债的现金和存款却严重短缺。所以，企业应在分析流动比率的基础上，进一步对现金流量加以考察。

（4）流动比率是否合理，不同的企业以及同一企业在不同时期的评价标准是不同的，因此，不应用统一的标准来评价各企业流动比率合理与否。一般而言，营业周期越短的企业，其应收账款周转率越高，且无需持有存货，故其流动比率越低。例如，电力行业、娱乐行业、旅游行业等，由于存货、应收账款不多，所以流动比率较低。

（5）在流动比率构成要素中，应收账款和存货这两项具有关键意义。对应收账款的分析如果不考虑销售条件、信用政策等因素就会发生偏差。而各行业存货的流动性和变现性有较大差别，流动比率不能反映由于流动资产中存货不等所造成的偿债能力差别，因此，需用应收账款周转期、存货周转期指标补充说明。

（6）流动比率的下限一般为100%，此时的流动资产等于流动负债，只有所有流动资产都能及时、足额地变现，不受任何损失地实现其周转价值，债务清偿才有物质保障，否则，企业就会遇到不能及时偿债的风险。而当该比率小于100%时，企业肯定有部分债务不能及时清偿，从而导致企业财务状况陷入危机。

表7-1列示了贵州茅台流动比率的计算。

表 7-1   **贵州茅台流动比率计算表**   金额单位：元

项　目	2007 年	2008 年	2009 年	2010 年
流动资产	7 271 502 903.42	12 240 750 882.84	15 655 585 363.39	20 300 284 828.31
流动负债	2 112 616 070.01	4 250 769 540.40	5 108 057 753.51	7 028 190 246.07
流动比率	344.19%	287.97%	306.49%	288.84%

从表 7-1 可以看出，贵州茅台的流动比率连续 4 年均高于国际公认标准 200%，说明其短期偿债能力很强，债务风险很低。

二、速动比率

1. 基本概念

速动比率是企业一定时期的速动资产同流动负债的比率。速动比率用来衡量企业的短期偿债能力，评价企业流动资产变现能力的强弱。

速动比率 = 速动资产 ÷ 流动负债 × 100%

2. 内容解释

（1）速动资产是指扣除存货后流动资产的数额。

速动资产 = 流动资产 – 存货

数据取值于资产负债表。

（2）流动负债是指企业所有偿还期在一年或一个经营周期以内的债务。数据取值于资产负债表。

3. 指标说明

（1）速动比率是对流动比率的补充，是在分子剔除了流动资产中变现力最差的存货后，计算企业实际的短期债务偿还能力，这样较为准确。

（2）该指标越高，表明企业偿还流动负债的能力越强。该指标一般保持在 100% 的水平比较好，表明企业既有好的债务偿还能力，又有合理的流动资产结构。国际上公认的标准比率为 100%，我国目前较好的比率在 90% 左右。

（3）由于行业间的关系，速动比率合理水平值的差异较大，在实际运用中，应结合行业特点分析判断。

4. 分析要点

（1）尽管速动比率较之流动比率更能反映出流动负债偿还的安全性和稳定性，但并不能认为速动比率较低的企业的流动负债到期绝对不能偿还。实际上，如果企业存货流转顺畅，变现能力较强，即使速动比率较低，只要流动比率高，企业仍然有望偿还到期的债务本息。

（2）如果速动比率大于 100%，虽然从债权人的角度来看，越大越好。但是过高的速动比率同流动比率一样将使企业不能把足够的流动资金投入存货、固定资产等经营领域，从而可能使企业丧失良好的获利机会。所以，从企业经营管理的角度来看，又当侧重另一个方面。

（3）如果速动比率小于100%，企业必然面临很大的流动压力，其风险性自然很高。但这也不是绝对的，因为速动比率是假定企业一旦面临财务危机或办理清算时，在存货及待摊费用难以或无法立即变现的情况下，企业以速动资产支付流动负债的能力，所以这一比率在反映企业应付财务危机方面较为有用。实际上，在企业理财中，应根据市场状况和债务人的信用情况等因素，在基本保持速动比率为100%的前提下，做出一定灵活调整。

表7-2列示了贵州茅台速动比率的计算。

表7-2　　　　　　　　　　**贵州茅台速动比率计算表**　　　　　　　　金额单位：元

项　　目	2007 年	2008 年	2009 年	2010 年
流动资产	7 271 502 903.42	12 240 750 882.84	15 655 585 363.39	20 300 284 828.31
减：存货	2 304 818 947.92	3 114 567 813.33	4 192 246 440.36	5 574 126 083.42
速动资产	4 966 683 955.5	9 126 183 069.5	11 463 338 923.0	14 726 158 744.9
流动负债	2 112 616 070.01	4 250 769 540.40	5 108 057 753.51	7 028 190 246.07
速动比率	235.10%	214.69%	224.42%	209.53%

从表7-2可以看出，贵州茅台的速动比率连续4年远远超过国际公认标准100%，说明其短期偿债能力很强，债务风险很低。

三、现金流动负债比率

1. 基本概念

现金流动负债比率是企业一定时期内的经营现金净流量同流动负债的比率。现金流动负债比率是从现金流动角度来反映企业当期偿付短期负债的能力。

现金流动负债比率＝年经营现金净流量÷年末流动负债×100%

2. 内容解释

（1）年经营现金净流量同上。

（2）流动负债指企业所有偿还期在一年或一个经营周期以内的债务。数据取值于资产负债表。

3. 指标说明

（1）现金流动负债比率是从现金流入和流出的动态角度对企业实际偿债能力进行再次修正。

（2）由于有利润的年份不一定有足够的现金来偿还债务，所以利用以收付实现制为基础的现金流动负债比率指标，能充分体现企业经营活动所产生的现金净流入可以在多大程度上保证当期流动负债的偿还，直观地反映出企业偿还流动负债的实际能力。用该指标评价企业偿债能力更为谨慎。

（3）该指标较大，表明企业经营活动产生的现金净流入较多，能够保障企业按时偿还到期债务。但也不是越大越好，太大则表示企业流动资金利用不充分，收益能力不强。

4. 分析要点

使用现金流动负债比率，需要注意的是：经营活动产生的现金净流量是过去一个会计年度的经营成果，而流动负债则是未来一个会计年度需要偿还的债务，二者的会计期间不同。因此，现金流动负债比率指标是建立在以过去一年的现金流量来估计未来一年现金流量假设基础之上的。使用这一财务比率时，需要考虑未来一个会计年度影响经营活动的现金流量变动的因素。现金流动负债比率尚无国际公认标准，根据经验数据，一般认为现金流动负债比率大于 50%，即表示企业有较强的短期偿债能力。

表 7-3 列示了贵州茅台现金流动负债比率的计算。

表 7-3　　　　　　　　　　贵州茅台现金流动负债比率计算表　　　　　　　　　　金额单位：元

项　　目	2007 年	2008 年	2009 年	2010 年
年经营现金净流量	1 743 303 211. 38	5 247 488 535. 74	4 223 937 144. 19	6 201 476 519. 57
流动负债	2 112 616 070. 01	4 250 769 540. 40	5 108 057 753. 51	7 028 190 246. 07
现金流动负债比率	82. 52%	123. 45%	82. 69%	88. 24%

从表 7-3 可以看出，贵州茅台的现金流动负债比率连续 4 年超过经验标准 50%，说明其短期偿债能力很强，债务风险很低。

第二节　长期偿债能力分析

长期偿债能力，是指企业偿还长期负债的能力。企业的长期负债，包括长期借款、应付长期债券等。评价企业长期偿债能力，从偿债的义务看，包括按期支付利息和到期偿还本金两个方面；从偿债的资金来源看，则应是企业经营所得的利润。在企业正常生产经营的情况下，企业不可能依靠变卖资产还债，而只能依靠实现利润来偿还长期债务。因此，企业的长期偿债能力是和企业的获利能力密切相关的。在这里，我们仅从债权人角度考察借出款项的安全程度以及从企业考察负债经营的合理程度出发，来分析企业对长期负债还本与付息的能力。

一、资产负债率

1. 基本概念

资产负债率是指企业一定时期负债总额同资产总额的比率。资产负债率表示企业总资产中有多少是通过负债筹集的，该指标是评价企业负债水平和偿债能力的综合指标。

资产负债率＝负债总额÷资产总额×100%

2. 内容解释

（1）负债总额是指企业流动负债、长期负债和递延税款贷项的总和。少数股东权益不在负债总额中体现。数值取值于资产负债表。

（2）资产总额是指企业拥有各项资产价值的总和。数值取值于资产负债表。

3. 指标说明

（1）资产负债率是衡量企业负债水平及风险程度的重要判断标准。该指标不论对企业投资人还是企业债权人都十分重要，适度的资产负债率既能表明企业投资人、债权人的投资风险较小，又能表明企业经营安全、稳健、有效，具有较强的筹资能力。

（2）资产负债率是国际公认的衡量企业债务偿还能力和财务风险的重要指标，比较保守的经验判断一般为不高于50%，国际上一般认为60%比较好。如果单纯从偿债能力角度分析，该指标越低越好。一般来说，资产负债率超过70%，财务上就具有较大的风险，低于30%，则明显举债不足。

（3）在企业管理实践中，难以简单用资产负债率的高或低来判断负债状况的优劣，因为过高的负债率表明企业财务风险太大，过低的负债率则表明企业对财务杠杆利用不够。所以，实际分析时，应结合国家总体经济状况、行业发展趋势、企业所处竞争环境等具体条件进行客观判定。

4. 分析要点

（1）从债权人的立场看，他们最关心的是贷给企业的款项的安全程度，也就是能否按期收回本金和利息。如果股东提供的资本与企业资本总额相比，只占很小的比例，则企业的风险将主要由债权人负担，这对债权人来讲是不利的。因此，他们希望该比率越低越好，企业的偿债保证程度高，贷款不会有太大的危险。

（2）从股东的角度看，由于企业通过举债筹措的资金与股东提供的资金，在经营中发挥同样的作用，所以，股东所关心的是全部资本利润率是否超过借入款项的利率，即借入资本的代价。从股东的立场看，当全部资本利润率高于借款利息率时，该比率越大越好，这样可以获取到超额剩余收益。

（3）从经营者的立场看，如果举债很多，超出债权人心理承受程度，则认为不保险，企业就借不到钱。如果企业不举债，或该比率很小，说明企业畏缩不前，对经营前景信心不足，利用债权人资本进行经营活动的能力很差。因此，经营者在制定借入资本决策时，必须估计预期的利润和增加的风险，在两者之间权衡利弊。

（4）企业资产负债率高说明：企业独立性下降、债务压力增加、总资产和经营规模扩大。但其意义在于：第一，缓解企业资金的紧张；第二，扩大企业的经营规模；第三，发挥财务杠杆作用，使投资人获取剩余收益；第四，增强企业在资金使用上的责任感；第五，由于利息支出在税前列支，因此，可降低资金成本；第六，由于利率是固定的，在通货膨胀时期，举债经营可以把由于通货膨胀而引起的货币购买力损失更多地转嫁于债权人。

表7-4列示了贵州茅台资产负债率的计算。

表 7-4 　　　　　　　　　　贵州茅台资产负债率计算表 　　　　　　　　　金额单位：元

项 目	2007 年	2008 年	2009 年	2010 年
负债总额	2 122 616 070.01	4 250 769 540.40	5 118 057 753.51	7 038 190 246.07
资产总额	10 481 471 840.45	15 754 187 836.35	19 769 623 147.72	25 587 579 940.69
资产负债率	20.25%	26.98%	25.89%	27.51%

从表 7-4 可以看出，贵州茅台连续 4 年的资产负债率均低于 30%，其资本结构较保守。一般来说，资产负债率比较保守的经验判断一般为不高于 50%，国际上一般认为 60% 比较好。单纯从偿债能力来讲，其长期偿债能力很强，但同时也反映出贵州茅台财务杠杆运用不够。从贵州茅台近 4 年的报表看，货币资金持有量较高，2010 年贵州茅台资产总额约为 256 亿元，货币资金就约有 128 亿元，占资产总额的 50%。没有找到合适的投资项目、新的利润增长点之前，贵州茅台估计暂时还会采用保守型资本结构。

二、已获利息倍数

1. 基本概念

已获利息倍数是企业一定时期息税前利润总额与利息支出的比值。已获利息倍数充分反映了企业收益对偿付债务利息的保障程度和企业的债务偿还能力。

已获利息倍数 = 息税前利润 ÷ 实际利息支出

2. 内容解释

息税前利润是指企业当年实现的利润与利息支出的合计数。

息税前利润 = 利润总额 + 实际利息支出

利润总额是指企业实现的全部利润，包括企业当年营业利润、投资收益、补贴收入、营业外收支净额等项内容，如为亏损，以"-"表示。利息支出是指企业在生产经营过程中实际支出的借款利息、债券利息等。数据取值于利润表和基本情况表。由于目前的对外会计报表没有公开披露实际利息支出，因此，对于会计信息外部使用者在计算总资产报酬率时，常常用财务费用代替实际利息支出。

3. 指标说明

（1）已获利息倍数指标反映了当期企业收益是所需支付的债务利息的多少倍，是从偿债资金来源角度考察企业债务利息的偿还能力。如果已获利息倍数适当，则表明企业偿付债务利息的风险较小。国外一般选择计算企业 5 年的已获利息倍数，以充分说明企业稳定偿付利息的能力。

（2）因企业所处的行业不同，已获利息倍数有不同的标准界限，国际上公认的已获利息倍数为 3。一般情况下，该指标如大于 1，则表明企业负债经营能够赚取比资金成本更高的利润，但这仅表明企业能维持经营，还远远不够；如小于 1，则表明企业无力赚取大于资金成本的利润，企业债务风险很大。

（3）该指标越高，表明企业的债务偿还越有保证；相反，则表明企业没有足够资金来源偿还债务利息，企业偿债能力低下。

4. 分析要点

（1）它不仅反映了企业获利能力的大小，而且反映了获利能力对偿还到期债务的保证程度，它既是企业举债经营的前提依据，也是衡量企业长期偿债能力大小的重要标志。由此可以得出这样的启示：若要维持正常的偿债能力，从长期看，已获利息倍数至少应当大于1，且比值越高，企业长期偿债能力一般也就越强。如果已获利息倍数过小，企业将面临亏损、偿债的安全性与稳定性下降的风险。究竟企业已获利息倍数是多少，才算偿付能力强，这要根据往年经验并结合行业特点来判断。

（2）企业偿还借款的本金和利息，不是用利润本身支付，而是用流动资产支付，故使用这一比率进行分析，还不能了解企业是否有足够多的流动资金偿还本金和利息费用。

（3）还要注意非付现费用问题。从长期来看，企业必须拥有支付其所有费用的资金，但从短期来看，企业的固定资产折旧费、待摊费用、递延资产摊销、无形资产摊销等非付现费用，并不需要资金支付，而它们却已从企业的当期利润中扣除了，因而，有些企业即使在已获利息倍数低于1的情况下，也能够偿还其债务利息。

（4）由于我国利润表中实际利息支出没有单列，而是包含在财务费用中，财务信息外部分析者只好用财务费用代替实际利息支出。

表7-5列示了贵州茅台已获利息倍数的计算。

表7-5　　　　　　　　　贵州茅台已获利息倍数计算表　　　　　　　金额单位：元

项　　目	2007年	2008年	2009年	2010年
息税前利润	4 477 281 190.98	5 282 799 872.83	5 946 903 768.86	6 985 839 706.46
实际利息支出	-44 743 824.95	-102 500 765.33	-133 636 115.78	-176 577 024.91
已获利息倍数	-100.06	-51.54	-44.50	-39.56

从表7-5所列示的已获利息倍数可以看出，贵州茅台的财务费用是负数，即利息收入，这充分说明贵州茅台的财务风险是很低的。

结合资产负债表可知，在贵州茅台的负债构成中有一个较为特殊的现象，由于贵州茅台酒供不应求，购买方为保证能获得公司的产品提前预付了大量的货款。2010年贵州茅台预收的货款再创新高，仅预收款项就高达47亿元，这充分说明了茅台酒的畅销程度。表7-6提供了扣除预收款项后的主要偿债能力指标。

表7-6　　　　　　贵州茅台扣除预收款项后的主要偿债能力指标

财务指标	2007年	2008年	2009年	2010年
扣除预收款项后的资产负债率	9.42%	8.34%	8.10%	8.99%
扣除预收款项后的流动比率	736.48%	931.21%	983.62%	886.62%
扣除预收款项后的速动比率	503.04%	694.27%	720.22%	643.17%

从表7-6可以看出，扣除预收款项后贵州茅台的资产负债率连续4年都不到10%，远远低于50%的国际公认标准，其资本结构极为保守。扣除预收款项后的流动比率和速动比率则远远高于200%、100%的国际公认标准，在说明偿债能力超强的同时，也反映了贵州茅台资产闲置的现象比较严重。这里的闲置资产对贵州茅台来说，主要是指闲置的货币资金。2010年贵州茅台资产总额约256亿元，其中货币资金就高达128亿元，仅货币资金就占资产总额的一半。

第八章

企业发展能力分析

　　企业的发展能力，也称企业的成长性，它是企业通过自身的生产经营活动，不断扩大积累而形成的发展潜能。企业能否健康发展取决于多种因素，包括外部经营环境、企业内在素质、资源条件等。从很多企业因成长过快而破产的事实中可知：增长率达到最大化不一定代表企业价值最大化，增长并不是一件非要达到最大化不可的事情。对很多企业来说，保持适度的增长率，在财务上积蓄能量是非常必要的。总之，从财务角度看，企业的发展必须具有可持续性的特征，即在不耗尽财务资源的情况下，企业财务具有增长的最大可能。

　　考核企业的发展能力，可以抑制企业的短期行为，有利于完善现代企业制度。企业的短期行为集中表现为追求眼前的利润，忽视企业资产的保值和增值。一些企业为了实现短期利润，不惜采取非正常损耗设备、少计费用和成本等手段。增加了对企业发展能力的考核后，不仅要考核企业目前实现的利润，还要考核企业资产的保值与增值情况，这就可以在一定程度上抑制企业的短期行为，真正增加企业的经济实力，完善现代企业制度。

　　企业财务分析是一个动态与静态相结合的分析过程。首先，企业价值在很大程度上取决于未来的盈利能力，取决于营业收入、收益、及股利的未来增长，而不是企业过去或者目前所取得的收益情况。其次，无论是增强企业的盈利能力、偿债能力还是提高资产营运效率，都是为了企业未来的获利需要，都是为了提高企业的发展能力，也就是说发展能力是企业盈利能力、营运能力和偿债能力的综合体现。所以，要全面衡量一个企业的价值，就不应该仅仅从静态的角度分析其经营能力，而更应该着眼于从动态的角度出发分析和预测企业的经营发展性水平，即发展能力。

第一节　以价值衡量企业发展能力的分析思路

一、以价值衡量企业发展能力的分析思路

（一）企业发展能力衡量的核心是企业价值增长率

通常用净收益增长率来近似地描述企业价值的增长，并将其作为企业发展能力分析的重要指标。净收益增长率是指当年留存收益增长额与年初净资产的比率。

（二）净收益增长率的因素分析

净收益增长率＝留存收益增加额÷年初净资产

　　　　　　＝当年净利润×（1−股利支付比率）÷年初净资产

　　　　　　＝年初净资产收益率×（1−股利支付比率）

　　　　　　＝年初净资产收益率×留存比率

这一公式是企业在不发行新的权益资本并维持一个目标资本结构和固定股利政策条件下，企业未来净收益增长率与年初净资产收益率和股利支付率的函数关系表达式。企业未来净收益增长率不可能大于期初净资产收益率。

从公式中可以看出，企业净资产收益率和留存比率是影响企业净收益增长的两个主要因素。净资产收益率越高，净收益增长率也越高。企业留存比率越高，净收益增长率也越高。

由于净资产收益率的重要作用，在实际运用中经常把净收益增长率扩展成包括多个变量的表达式，其扩展式为：

净收益增长率（g）＝年初净资产收益率×留存比率

　　　　　　　　　＝年初总资产净利率×（总资产÷净资产）×留存比率

　　　　　　　　　＝年初总资产周转率×销售净利率×年初权益乘数×留存比率

综上所述，企业在各方面保持不变的情况下，只能以 g 的速度每年增长（该增长率是可持续增长率），当企业增长速度超过 g 时，上述四个比率必须改变，也就是企业要超速发展，就必须要么提高企业的经营效率（总资产周转率），要么增强企业的获利能力（销售净利率），或者改变企业的财务政策（股利政策和财务杠杆），也就是说企业可以调整经营效率、获利能力及财务政策来改变或适应自己的增长水平。

例如，企业的留存比率为 0.75，销售净利率为 10%，资产周转率为 1，权益乘数为 2，此时的净收益增长率为 1×10%×2×0.75＝15%。

如果企业希望将增长率达到 20%，可以改变股利政策，调整留存比率为 1，或者调整财务杠杆（权益乘数）为 2.67，或者提高总资产利用效果，使得总资产周

转率达到 1.33，或者提高销售净利率到 13.33%。

当然，也可以针对上述几方面同时进行调整和改变。不过上述调整和改变在现实中并不是很容易做到的。

在实际情况下，实际的净收益增长率与测算的净收益增长率常常不一致，这是因为上述四项比率的实际值与测算值不同所导致的。当实际增长率大于测算增长率时，企业将面临资金短缺的问题；当实际增长率小于测算增长率时，企业存在闲置资金。

（三）评价

以净收益增长率为核心来分析企业的发展能力，其优点在于各分析因素与净收益存在直接联系，有较强的理论依据；缺点在于以净收益增长率来代替企业的发展能力存在一定的局限性，企业的发展必然会体现到净收益的增长上来，但并不一定是同步增长的关系，企业净收益的增长可能会滞后于企业的发展。因此，我们分析的净收益无法反映企业真正的发展能力，而只能是近似代替。

二、影响企业价值增长的因素分析

企业要以发展求生存，销售增长是任何企业都无法回避的问题。企业增长的财务意义是资金增长。在销售增长时企业往往需要补充资金，这主要是因为销售增加通常会引起存货和应收账款等资产的增加。销售增长得越多，需要的资金越多。

（一）企业增长的实现方式

从资金来源上看，企业增长的实现方式有三种：

1. 完全依靠内部资金增长

有些小企业无法取得借款，有些大企业不愿意借款，它们主要是靠内部积累实现增长的。完全依靠内部来源支持的增长率称为"内含增长率"。但内部的财务资源通常是有限的，往往会限制企业的发展，无法充分利用扩大企业财富的机会。

2. 主要依靠外部资金增长

从外部筹资，包括增加债务和股东投资，也可以提高增长率。主要依靠外部资金实现增长是不能持久的。增加负债会使企业的财务风险增加，筹资能力下降，最终会使借款能力完全丧失；增加股东投入资本，不仅会分散控制权，而且会稀释每股盈余，除非追加投资有更高的回报率，否则不能增加股东财富。

3. 平衡增长

平衡增长，就是保持目前的财务结构和与此有关的财务风险，按照股东权益的增长比例增加借款，以此支持销售增长。这种增长率，一般不会消耗企业的财务资源，是一种可持续的增长速度。

（二）影响企业价值增长的因素

1. 营业收入

营业收入是企业积累和发展的基础，是企业收入来源之本，一个企业的市场份额越大、销售收入情况越好，企业生存和发展的空间也就越大，表明企业积累的基础越牢，可持续发展能力越强，发展的潜力越大。企业的营业收入增长越快，说明企业生存和发展的能力提高越快。不断增长的营业收入，说明企业的产品有市场、有销路，通过销售产品能为企业提供充足的资金来源，使企业的价值不断增长。

2. 资产规模

资产规模是指企业现有的资产总额，随着企业的发展，企业的资产规模会有所增加。资产规模的大小意味着企业的实力，通常情况下企业资产规模越大，抗风险的能力越强。企业资产规模的增长受负债和所有者权益两个因素的影响。在其他条件不变的情况下，无论是增加负债规模还是增加所有者权都会使资产总额增加。

3. 净资产规模

资本的扩张体现在所有者权益的增长上，而所有者权益的增长主要包括两方面：一方面外来资金的投入导致资本的扩张，在报表上体现为实收资本或股本的增加；另一方面留存收益的增加导致了资本的扩张，在报表上体现为盈余公积和未分配利润。后一种扩张是建立在企业盈利水平的基础上。

4. 资产使用效率

一个企业资产使用效率越高，其利用有限资源获得收益的能力也就越强。反之，如果资产使用效率低的企业，即使资产或资本规模以较快速度增长，也不会带来企业价值的快速增长。资产使用效率可以从资产的周转率和资产结构状况反映出来。资产周转率反映了企业管理者对资产的运用能力，资产结构则反映了管理者对受托资产合理配置的能力。二者相互影响，综合地反映了资产使用效率。资产周转速度直接影响到企业的盈利能力，如果企业资产周转较慢，就会占用大量资金，增加资金成本，减少企业的利润。

5. 净收益

净收益也称净利润，代表一个企业的最终经营成果。净利润多，企业的经营效益就好；净利润少，企业的经营效益就差，它是衡量一个企业经营效益的主要指标。企业要增加企业的净收益，一是要扩大销售收入，二是要降低成本费用。

6. 股利分配

股利分配是指企业向股东分派股利，是企业利润分配的一部分，包括股利支付程序中各日期的确定、股利支付比率的确定、支付现金股利所需资金的筹集方式的确定等。

股利分配政策是企业对盈利进行分配或留存用于再投资的决策问题，在公司经营中起着至关重要的作用，关系到公司未来的长远发展、股东对投资回报的要求和资本结构的合理性。合理的股利分配政策一方面可以为企业规模扩张提供资金来源，另一方面可以为企业树立良好形象，吸引潜在的投资者和债权人，实现公司价值即股东财富最大化。因此，上市公司非常重视股利分配政策的制定，通常会在综合考虑各种相关因素后，对各种不同的股利分配政策进行比较，最终选择一种符合本公司特点与需要的股利分配政策予以实施。

第二节　企业发展能力分析指标

一、资产增长率

（一）基本概念

资产增长率是指本年资产增长额同年初资产总额的比率，该指标是从企业资产总量扩张方面来衡量企业的发展能力，表明企业规模增长的水平对企业发展后劲的影响。计算公式如下：

资产增长率＝本年资产增长额÷资产总额年初数×100％

（二）内容解释

本年资产增长额是指企业本年资产总额与上年资产总额的差额，其数值取值于资产负债表，计算公式如下：

本年资产增长额＝资产总额年末数－资产总额年初数

（三）指标说明

1. 资产增长率是企业当年资产总额的增长率，反映了企业资产在当年的变动水平。

2. 资产增长率体现了企业资产的增长情况，是企业经营规模的标志，展示了企业的发展实力。

3. 该指标越大，表明企业一定经营周期内的资产经营规模的扩张速度越快。

（四）要点分析

（1）从投资者角度来看，通常希望资产增长率越高越好，因为资产规模扩大通常是成长中的企业所为。但是，要评价企业的资产规模增长是否适当，必须与营业收入增长、利润增长等情况结合起来分析。只有在企业的营业收入增长、利润增长超过资产规模增长的情况下，这种资产规模增长才属于效益型增长，才是适当的、正常的；相反，如果企业的营业收入增长、利润增长远远低于资产规模增长，并且持续存在，则投资者对此应该提高警惕。因此，企业资产增长率高并不意味着企业的资产规模增长就一定适当。

（2）企业资产一般来源于负债和所有者权益，因此，企业资产规模变动受负债和所有者权益规模两个因素的影响。在其他条件不变的情况下，无论是增加负债规模还是增加所有者权益规模，都会提高总资产增长率。负债规模增加，说明企业对外举债了；所有者权益规模增加可能存在多种原因，如企业吸收了新的投资，或者企业实现了盈利。

如果一个企业资产的增长完全依赖于负债的增长，而所有者权益在年度里没有发生变动或者变动不大，则说明企业不具备良好的发展潜力。企业资产的增加应该主要取决于企业盈利的增加，而不是负债的增加。因为一个企业只有通过增加股东权益，才有能力继续对外举债，才能进一步扩大资产规模，进而顺利地实现增长，从而使企业偿还债务也具有保障。

因此，需要正确分析企业资产增长的来源。分析方法有以下两种：

①计算股东权益的增加占资产增加额的比重，并进行比较。如果股东权益增加额所占比重较大，就说明资产的增加主要来源于股东权益的增加，反映企业资产的增长状况良好；反之则相反。

②利用股东权益增长率分析。股东权益增长率越高，表明企业本年度股东权益增加得越多，反映企业资产增长状况良好；反之则相反。

表 8-1 是贵州茅台资产增长率计算表。

表 8-1 　　　　　　　　贵州茅台资产增长率计算表　　　　　　　金额单位：元

项　　目	2007 年	2008 年	2009 年	2010 年
资产总额	10 481 471 840.45	15 754 187 836.35	19 769 623 147.72	25 587 579 940.69
资产增长率	11.64%	50.31%	25.49%	29.43%

从表 8-1 可以看出，贵州茅台近几年来资产增长率呈逐年上升的趋势，贵州茅台资产的增长主要来自于股东权益的增长，股东权益的增长来自于留存收益的增长，表明了贵州茅台良好的发展势头。

二、资本积累率

（一）基本概念

资本积累率也称所有者权益（股东权益）增长率，是指企业本年所有者权益增长额与年初所有者权益的比率。资本积累率表示企业当年资本的积累能力，是评价企业发展潜力的重要指标。

资本积累率=本年所有者权益增长额÷年初所有者权益×100%

（二）内容解释

本年所有者权益增长额是指企业本年所有者权益与上年所有者权益的差额，数值取值于企业的资产负债表。计算公式如下：

本年所有者权益增长额=所有者权益年末数-所有者权益年初数

（三）指标说明

1. 资本积累率是企业当年所有者权益总的增长率，反映了企业所有者权益在当年的变动水平。

2. 资本积累率体现了企业资本的积累情况，是企业发展强盛的标志，也是企业扩大再生产的源泉，展示了企业的发展潜力。

3. 资本积累率反映了投资者投入企业资本的保全性和增长性，该指标越高，表明企业的资本积累越多，企业资本保全性越强，应付风险、持续发展的能力越强。

4.该指标如为负值，表明企业资本受到侵蚀，所有者利益受到损害，应予充分重视。

（四）分析要点

下面以股东权益增长率为例加以说明。

股东权益主要来源于企业经营活动产生的净利润留存和筹资活动产生的股东净投资。股东权益增长率还可以表示为（推算过程省略）：

股东权益增长率＝净资产收益率＋股东净投资率

从这一公式中可以看出，股东权益增长率受净资产收益率和股东净投资率两个因素驱动。其中，净资产收益率反映了企业运用股东投入的资本创造收益的能力，而股东净投资率反映了企业利用股东新投资的程度。这两个比率的高低都反映了对股东权益增长的贡献程度，但前者更能体现资本积累的本质，表现出良好的企业发展能力。

表8-2是贵州茅台股东权益增长率计算表。

表8-2　　　　　　　　　　贵州茅台资本积累率计算表　　　　　　　　金额单位：元

项　　目	2007 年	2008 年	2009 年	2010 年
股东权益总额	8 368 855 770.44	11 503 418 295.95	14 651 565 394.21	18 549 389 694.62
股东权益增长率	39.60%	37.46%	27.37%	26.60%

从表8-2可以看出，近几年来贵州茅台的股东权益增长率呈逐年上升趋势，增幅较大。

表8-3是贵州茅台股东权益各项目增长率计算表。

表8-3　　　　　　　　贵州茅台股东权益各项目增长率计算表　　　　　　金额单位：元

项　　目	2007 年	2008 年	2009 年	2010 年
股本	943 800 000.00	943 800 000.00	943 800 000.00	943 800 000.00
股本增长率	0	0	0	0
资本公积	1 374 964 415.72	1 374 964 415.72	1 374 964 415.72	1 374 964 415.72
资本公积增长率	0.04%	0	0	0
盈余公积	838 320 965.63	1 001 133 829.72	1 585 666 147.40	2 176 754 189.47
盈余公积增长率	-33.11%	19.42%	58.39%	37.28%
未分配利润	5 077 020 374.58	7 924 671 271.03	10 561 552 279.69	13 903 255 455.61
未分配利润	118.32%	56.09%	33.27%	31.64%
股东权益总额	8 368 855 770.44	11 503 418 295.95	14 651 565 394.21	18 549 389 694.62
资本积累率	39.60%	37.46%	27.37%	26.60%

从表8-3可知，2007—2010年，贵州茅台在没有追加资本，资本公积没有增

加的前提下实现了资本积累率的增长。也就是说，贵州茅台股东权益的增长主要是靠内源融资，即企业靠自身的盈利实现了自有资本的增加，说明贵州茅台的发展潜力和发展后劲较足。

三、销售增长率

（一）基本概念

销售增长率也称营业收入增长率，是指企业本年营业收入增长额同上年营业收入总额的比率。销售增长率表示与上年相比，企业营业收入的增减变动情况，是评价企业成长状况和发展能力的重要指标。

销售增长率＝本年营业收入增长额÷上年营业收入总额×100%

（二）内容解释

本年营业收入增长额＝本年营业收入总额－上年营业收入总额。如本年营业收入总额低于上年，本年营业收入增长额用"－"表示。上年营业收入总额指企业上年全年的营业收入总额。数据取值于企业的利润表。

（三）指标说明

（1）销售增长率是衡量企业经营状况和市场占有能力、预测企业经营业务拓展趋势的重要标志。不断增加的营业收入，是企业生存的基础和发展的条件。

（2）该指标若大于0，表示企业本年的营业收入有所增长，指标值越高，表明增长速度越快，企业市场前景越好；若该指标若小于0，则说明产品或服务不适销对路、质次价高，或是在售后服务等方面存在问题，市场份额萎缩。

（3）该指标在实际操作时，应结合企业历年的营业收入水平、企业市场占有情况、行业未来发展及其他影响企业发展的潜在因素进行前瞻性预测，或者结合企业前三年销售增长率做出趋势性分析判断。

（四）分析要点

（1）该指标反映的是企业某期的整体营业收入增长情况。营业收入增长率越高，说明企业产品收入在本期增长得越快，市场开拓和客户发展情况越好；反之则较差。

（2）如果营业收入的增加主要依赖于资产的相应增加，即营业收入增长率低于总资产增长率，说明这种营业收入增长不具有效益性，同时也反映未来企业在营业收入方面的成长性并不好，可持续发展能力不强。正常情况下，企业的营业收入增长率应高于总资产增长率，只有这样才说明企业在营业收入方面具有较好的发展性。可见，要判断企业在营业收入方面是否具有良好的发展性，必须分析营业收入增长是否具有效益性。

（3）在对该指标进行实际分析时，应结合企业较长期的历年营业收入水平、企业市场占有情况、行业未来发展及其他影响企业发展的潜在因素进行前瞻性预测，或结合企业前3年的营业收入增长率来做出趋势性分析判断。同时，在分析过程中要确定比较标准，因为单独的一个发展能力指标并不能说明说有的问题，只有对企业之间或本企业各年度之间进行比较才有意义。

（4）根据某产品的销售收入增长率指标分析企业的成长性。产品的生命周期一般可划分为四个阶段，即投放期、成长期、成熟期和衰退期。投放期，销售收入增长率较小；成长期，销售收入增长率较大；成熟期，销售收入增长率较上期变动不大；衰退期，销售收入增长率表现为负数。根据这个原理，大致可以分析企业产品所处的生命周期阶段，据以也可以判断企业发展前景。对于一个具有良好发展前景的企业来说，较为理想的产品结构是"成熟一代，生产一代，储备一代，开发一代"。对一个所有产品都处于成熟期或者衰退期的企业来说，其发展前景值得怀疑。

表8-4是贵州茅台营业收入增长率计算表。

表8-4 　　　　　　　　　　贵州茅台营业收入增长率计算表　　　　　　　　金额单位：元

项　目	2007 年	2008 年	2009 年	2010 年
营业收入	7 237 430 747.12	8 241 685 564.11	9 669 999 065.39	11 633 283 740.18
营业收入增长率（%）	47.82	13.88	17.33	20.30

从表8-4可知，贵州茅台近几年来营业收入增长率呈逐年上升趋势，增幅较快，充分说明贵州茅台酒的市场地位及良好的销路。

四、收益增长率指标

（一）基本概念

企业的价值主要取决于其盈利能力及发展能力，因而企业的收益增长是反映企业发展能力的重要方面。收益在会计上表现在营业利润、利润总额、净利润等多种指标，因此，相应的收益增长率也具有不同的表现形式。实际中，通常使用的是营业利润增长率、利润总额增长率和净利润增长率指标。

（1）营业利润增长率=本期营业利润增长额÷上期营业利润×100%，反映企业营业利润的变动水平，是企业发展能力的基本表现。

（2）利润总额增长率：息税前利润增长率=本期息税前利润增长额÷上期息税前利润×100%。息税前利润是总资产创造的收益，可以较好地观察企业的发展性。

（3）净利润增长率=本期净利润增长额÷上期净利润×100%，净利润是企业经营业绩的结果，因此，净利润增长率是企业发展能力的基本表现。

（二）内容解释

（1）本年营业利润增长额=本年营业利润总额-上年营业利润总额。如本年营业利润总额低于上年，本年营业利润增长额用"-"表示。上年营业利润总额指企业上年全年的营业利润总额。数据取值于利润表。

（2）本年利润总额增长额=本年利润总额-上年利润总额。如本年利润总额低于上年，本年利润增长额用"-"表示。上年利润总额指企业上年全年的利润总额。数据取值于利润表。

（3）本年净利润增长额＝本年净利润－上年净利润。如本年净利润总额低于上年，本年净利润增长额用"－"表示。上年净利润指企业上年全年的净利润。数据取值于利润表。

（三）指标说明

（1）企业的价值主要取决于其盈利能力及发展能力，因而企业的收益增长是反映企业发展能力的重要方面。收益在会计上表现在营业利润、利润总额、净利润等多种指标，因此，相应的收益增长率也具有不同的表现形式。实际中，通常使用的是净利润增长率、营业利润增长率、税息前利润增长率指标。

（2）在分析营业利润增长率（或息税前利润增长率）时，应结合企业的营业收入增长情况一起分析。如果企业的营业利润增长率（或息税前利润增长率）高于企业的营业收入增长率，则说明企业的产品正处于成长期，业务不断拓展，企业的盈利能力不断提高；反之，如果低于营业收入增长率，则反映企业营业成本及期间费用等上升超过了营业收入的增长，说明企业业务盈利能力不强，发展潜力值得怀疑。

在分析企业净利润增长率时，应结合营业收入增长率或营业利润增长率共同分析。如果企业的净利润增长率高于营业收入增长率或营业利润增长率，则表明企业产品盈利能力在不断提高，企业正处于高速成长阶段，具有良好的发展能力；相反，如果企业净利润增长率低于营业收入增长率特别是营业利润增长率，表明企业成本费用的上升超过了营业收入的增长，反映出企业的增长能力较差。

值得注意的是，应将企业连续多年的净利润增长率、营业利润增长率和税息前利润增长率指标进行对比分析，这样可以排除个别时期一些偶然性和特殊性因素的影响，从而全面真实地揭示企业是否具有持续稳定的增长能力。

表8-5是贵州茅台收益增长率计算表。

表8-5　　　　　　　　　　贵州茅台收益增长率计算表　　　　　　　　金额单位：元

项　　目	2007 年	2008 年	2009 年	2010 年
营业利润	4 525 341 001.8	5 390 384 855.03	6 075 520 510.72	7 160 906 229.50
营业利润增长率（%）	81.97	19.12	12.71	17.86
利润总额	4 522 025 015.93	5 385 300 638.16	6 080 539 884.64	7 162 416 731.37
利润总额增长率	81.74%	19.09%	12.91%	17.79%
净利润	2 966 052 508.95	4 000 759 343.11	4 552 888 944	5 339 761 496.97
净利润增长率（%）	88.40	34.88	13.80	17.28

从表8-5可知，贵州茅台收益增长率指标呈逐年上升趋势，说明贵州茅台近年来具有较强的获利能力。

上述资产增长率、资本积累率、销售增长率、收益增长率指标，分别从资产规模、所有者权益、营业收入规模和收益等不同方面考察了企业的发展能力。

企业资产是取得营业收入的保障，要实现营业收入的增长，在资产效率一定的条件下就要扩大资产规模。要扩大资产规模，一方面可以通过负债融资实现；另一方面可以依赖股东权益的增长，即净利润和净投资的增长。

股东权益的增长，一方面来源于净利润，净利润又主要来自于营业利润，营业利润又主要取决于营业收入，并且营业收入的增长在资产使用效率既定的前提下，又依赖于资产投入的增加；另一方面来源于股东的净投资，而净投资取决于本期股东投资资本的增加和本期对股东股利的发放。

营业收入增长是企业收益增长的主要来源，也是企业价值增长的源泉。一个企业只有不断开拓市场，保持稳定的市场份额，才能不断扩大收益，增加股东权益。同时，为企业进一步扩大市场、开发新产品和进行技术改造提供资金来源，最终促进企业的进一步发展。

收益的增长主要表现为净利润的增长，而对于一个持续发展的企业，净利润的增长应该主要来源于营业利润，而营业利润的增长在营业收入净利润率保持不变的情况下，主要取决于营业收入的增加。

可见，这四类增长率之间是相互联系、相互作用的。只有企业的总资产增长率、营业收入增长率、收益增长率和股东权益增长率保持同步增长，且不低于行业平均水平，才可以判断这个企业具有良好的发展能力。

五、技术投入比率

（一）基本概念

技术投入比率是指企业当年技术转让费支出与研究开发的实际投入与当年主营业务收入的比率。技术投入比率从企业的技术创新方面反映了企业发展能力和可持续发展能力。

技术投入比率＝当年技术转让费支出与研发投入÷当年营业收入×100%

（二）内容解释

当年技术转让费支出与研发投入是指企业当年研究开发新技术、新工艺等具有创新性质项目的实际支出，以及购买新技术实际支出列入当年管理费用的部分。营业收入是指企业当期销售产品、商品、提供劳务等经营活动所取得的收入。数据取值于企业的利润表。

（三）指标说明

（1）技术创新是企业在市场竞争中保持竞争优势、不断发展壮大的前提。技术投入比率集中体现了企业对技术创新的重视程度和投入情况，是评价企业持续发展能力的重要指标。

（2）该指标越高，表明企业对新技术的投入越多，企业对市场的适应能力越强，未来竞争优势越明显，生存发展的空间越大，发展前景越好。

（四）分析要点

（1）《企业会计准则第 6 号——无形资产》规定，对于企业自行进行的研究开发项目，要求区分研究阶段与开发阶段两个部分分别进行核算。其中，研究是指为获取新的技术和知识等进行的有计划的调查，具体例子包括：意欲获取知识而进行的活动；研究成果或其他知识的应用研究、评价和最终选择；材料、设备、产品、工序、系统或服务替代品的研究；新的或经改进的材料、设备、产品、工序、系统或服务的可能替代品的配制、设计、评价和最终选择。开发是指在进行商业性生产或使用前，将研究成果或其他知识应用于某项计划或设计，以生产出新的或具有实质性改进的材料、装置、产品等。开发活动的例子包括：生产前或使用前的原型和模型的设计、建造和测试（含新技术的工具、夹具、模具和冲模的设计）；不具有商业性生产经济规模的试生产设施的设计、建造和运营；新的或改造的材料、设备、产品、工序、系统或服务所选定的替代品的设计、建造和测试等。

（2）无形资产准则规定，企业研究阶段的支出全部费用化，计入当期损益（管理费用）；开发阶段的支出符合条件的才能资本化，不符合资本化条件的计入当期损益（管理费用）。只有同时满足无形资产准则第九条规定的各项条件的，才能确认为无形资产，否则计入当期损益。如果确实无法区分研究阶段的支出和开发阶段的支出，应将其所发生的研发支出全部费用化，计入当期损益。

（3）目前的会计报表披露体系，没有要求企业披露当年技术转让费支出与研发投入，这就使得会计报表信息外部使用者不能准确地计算该比率，只能通过资产负债表上披露的无形资产来估计企业已经开发成功的无形资产所支付的研发费用。由于资产负债表上的无形资产既包括企业自行开发予以资本化的无形资产，也包括企业直接从外部购进的无形资产，这就使该比率不能全面反映企业在当年的营业收入中拿出多少资金用于当年的新产品新技术的开发。

（4）无形资产，是指企业拥有或者控制的没有实物形态的可辨认非货币性资产。科学技术进步是当今世界发展的主流，我国企业贯彻"走出去"战略，加强自主创新，强化无形资产管理显得尤为重要。因此，计算技术投入比用无形资产代替技术转让费支出与研发投入，可以从一定程度上看出企业对新产品新技术开发的重视程度。

（5）通常认为技术投入比率在 10% 左右比较理想，表明企业能在当年的营业收入中拿出 10% 的资金研究开发新产品新技术，国际上的一些知名企业其技术投入比率高达 30%。

表 8-6 是贵州茅台技术投入比率计算表。

表 8-6 　　　　　　　　　贵州茅台技术投入比率计算表　　　　　　　金额单位：元

项　目	2007 年	2008 年	2009 年	2010 年
技术转让费支出与研发投入 *	249 274 093. 40	445 207 595. 72	465 550 825. 17	452 317 235. 72
营业收入	7 237 430 747. 12	8 241 685 564. 11	9 669 999 065. 39	11 633 283 740. 18
技术投入比率	3.44%	5.40%	4.81%	3.89%

* 技术转让费支出与研发投入用资产负债表中的无形资产代替。

从表 8-6 中可以看出，贵州茅台连续 4 年的技术投入比率偏低，2010 年与前两年相比技术投入比率呈下降趋势，说明贵州茅台对新产品新技术开发不够重视。为了使企业立于不败之地，增强未来的竞争能力，贵州茅台应加大新产品新技术的开发力度。

第九章

杜邦分析体系

第一节　杜邦分析体系的原理

杜邦分析法（the Du Pont analysis method）就是利用各个主要财务比率指标之间的内在联系，来综合分析企业财务状况的方法。这种方法是在 20 世纪 20 年代由美国杜邦公司最先采用的，故称杜邦分析法。

杜邦分析法是以股东权益报酬率为龙头，以总资产收益率为核心，将偿债能力、资产营运能力、盈利能力有机结合起来，层层分解，逐步深入，构成了一个完整的分析系统，全面、系统、直观地反映了企业的财务状况。杜邦分析图中，包含了以下几种主要的指标关系：

股东权益报酬率＝净利润/股东权益＝净利润/资产总额×资产总额/股东权益

　　　　　　　＝总资产收益率×权益乘数

总资产收益率＝净利润/销售收入×销售收入/资产总额

　　　　　　＝销售利润率×总资产周转率

权益乘数＝资产总额/股东权益＝1/股东权益比率＝1/（1−资产负债率）

股东权益报酬率＝销售利润率×总资产周转率×权益乘数

从杜邦分析图中可以看出，股东权益报酬率与企业的销售规模、成本水平、资产营运、资本结构有着密切的联系，这些因素构成一个相互依存的系统。只有把这个系统内各个因素的关系安排好、协调好，才能使股东权益报酬率达到最大，才能实现股东财富最大化的理财目标。

杜邦分析是对企业财务状况的综合分析。它通过几种主要的财务指标之间的关系，直观、明了、全面、系统地反映出企业的财务状况。从杜邦分析图可以了解到以下财务信息：

1. 股东权益报酬率

股东权益报酬率是一个综合性极强、最有代表性的财务比率，是杜邦分析系统的核心。财务管理的目标是实现股东财富的最大化，股东权益报酬率反映股东投入资金的获利能力，反映企业筹资、投资、资产运营等活动的效率，提高权益利润率是所有者财富最大化的基本保证。所以，所有者、经营者都十分关心这一财务指标，股东权益报酬率的高低，取决于资产净利率和权益乘数。资产净利率主要反映运用资产进行生产经营活动的效率如何，而权益乘数则主要反映企业的财务杠杆情况，即企业的资本结构。

2. 资产净利率

资产净利率是反映企业盈利能力的一个重要财务比率，它揭示了企业生产经营活动的效率，综合性也极强。企业的销售收入、成本费用、资本结构、资产周转速度以及资金占用量等各种因素，都直接影响到资产净利率的高低。资产净利率是销售净利率和资产周转率的乘积，因此，分析资产净利率要进一步从销售成果和资产运营两方面来分析。

3. 销售净利率

销售净利率反映企业净利润与销售收入的关系。一般来说，销售收入增加，企业的净利润也会随之增加。从这个意义上看，提高销售净利率是提高企业营利能力的关键所在。扩大销售收入具有重要的意义，它首先有利于提高销售利润率，同时它也是提高总资产周转率的必要前提。要想提高销售利润率，一是要扩大销售收入，二是要降低成本费用。这样才能使净利润的增长高于销售收入的增长，从而使销售净利率得到提高。由此可见，提高销售净利率必须在以下两个方面下工夫：

（1）开拓市场，增加销售收入。在市场经济中，企业必须深入调查研究市场情况，了解市场的供需关系，在战略上，从长远的利益出发，努力开发新产品；在策略上，保证产品的质量，加强营销手段，努力提高市场占有率。

（2）加强成本费用控制，降低耗费，增加利润。利用杜邦分析系统，可以分析企业的成本费用结构是否合理，以便发现企业在成本费用管理方面存在的问题，为加强成本费用管理提供依据。企业要想在激烈的市场竞争中立于不败之地，不仅要在营销与产品质量方面下工夫，还要尽可能降低产品的成本，这样才能增强产品在市场上的竞争力。同时，要严格控制企业的管理费用、财务费用等各种期间费用，降低耗费，增加利润。尤其要注意企业的利息费用与利润总额之间的关系，如果企业所承担的利息费用太多，就应当进一步分析企业的资本是否合理，负债比率是否过高，以防止资本结构不合理影响企业股东的收益。

4. 资产周转率

资产周转率反映企业销售收入与资产总额的关系。应着重从以下两方面分析资产的运营效率：

（1）分析企业资产的结构是否合理，即流动资产和非流动资产的比例安排是否恰当。企业资产的营运能力和流动性，既关系到企业的获利能力，又关系到企业的偿债能力，还会影响到企业的营利能力。一般来说，如果企业流动资产中货币资金的比重过大，就应当分析企业现金的持有量是否合理，有无闲置现金的现象，因为现金持有量过多会影响企业的获利能力；如果企业有过多的存货和应收账款，会占用企业大量的资金，则既会影响获利能力，又会影响偿债能力。为此，就要进一步分析各项资产的占用数额和周转速度。

（2）结合销售收入，分析企业的资产周转情况。资产周转速度直接影响到企业的盈利能力，如果企业资产周转较慢，就会占用大量资金，增加资金成本，减少企业的利润。资产周转情况分析，不仅要分析企业总资产周转率，还要进一步分析固定资产周转率和流动资产周转率及存货周转率与应收账款周转率，并将其周转情况与资金占用情况结合分析。

5. 权益乘数

权益乘数反映股东权益同企业总资产的关系。在总资产需要量既定的前提下，企业适当开展负债经营，相对减少股东权益所占的份额，就可使此项财务比率提高、因此，企业既要合理使用全部资产，又要妥善安排资本结构，这样才能有效地提高权益利润率。

第二节　杜邦分析体系的实例分析

贵州茅台权益乘数计算表和杜邦分析计算表见表9-1、表9-2。

表 9-1　　　　　　　　　　　　贵州茅台权益乘数计算表　　　　　　　　　金额单位：元

项　　目	2007 年	2008 年	2009 年	2010 年
股东权益	8 368 855 770.44	11 503 418 295.95	14 651 565 394.21	18 549 389 694.62
资产总额	10 481 471 840.45	15 754 187 836.35	19 769 623 147.72	25 587 579 940.69
权益乘数	1.25	1.37	1.35	1.38

表 9-2　　　　　　　　　　　　　贵州茅台杜邦分析计算表

项　　目	2007 年	2008 年	2009 年	2010 年
销售净利率	40.98%	48.54%	47.08%	45.90%
总资产周转率	0.72	0.63	0.54	0.51
权益乘数	1.25	1.37	1.35	1.38
股东权益报酬率	36.88%	41.89%	34.32%	32.30%

这里运用因素分析法对影响股东权益报酬率的原因做进一步的分析：

2009 年股东权益报酬率 = 47.08% × 0.54 × 1.35 = 34.32%

2010 年股东权益报酬率 = 45.90% × 0.51 × 1.38 = 32.30%

2010 年股东权益报酬率与 2009 年相比，下降了 2.02%（32.30% - 34.32%）。其中：

销售净利率对股东权益报酬率的影响：

（45.90% −47.08%）×0.54×1.35 = −1.18% ×0.54×1.35 = −0.86%

2010 年与 2009 年相比，销售净利率下降 1.18%（45.90% −47.08%），使股东权益报酬率下降 0.86%。总资产周转率对股东权益报酬率的影响：

45.90% ×（0.51−0.54）×1.35 = 45.90% ×（−0.03）×1.35 = −1.86%

2010 年与 2009 年相比，总资产周转率下降 0.03（0.51−0.54），使股东权益报酬率下降 1.86%。权益乘数股东权益报酬率的影响：

45.90% ×0.51×（1.38−1.35）= 45.90% ×0.51×0.03 = 0.70%

2010 年与 2009 年相比，权益乘数上升 0.03（1.38−1.35），使股东权益报酬率上升 0.70% 汇总影响：

−0.86% +（−1.86%）+0.70% = −2.02%

通过以上计算分析说明，2010 年贵州茅台股东权益报酬率与以前年度相比呈下降趋势，2010 年贵州茅台净资产收益率下降主要是由于销售净利率与总资产周转率下降引起的，2010 年权益乘数的上升会引起股东权益报酬率的上升。贵州茅台应提高销售净利率及加强资产的利用效率，以提高净资产收益率。

第十章

贵州茅台酒股份有限公司
财务分析报告

贵州茅台酒股份有限公司 2010 年度财务分析报告

一、贵州茅台酒股份有限公司概况

（一）公司概况

贵州茅台酒股份有限公司是由中国贵州茅台酒厂有限责任公司、贵州茅台酒厂技术开发公司、贵州省轻纺集体工业联社、深圳清华大学研究院、中国食品发酵工业研究所、北京糖业烟酒公司、江苏省糖烟酒总公司、上海捷强烟草糖酒（集团）有限公司等 8 家公司共同发起，并由贵州省人民政府发布黔府函字（1999）291 号文件批准设立的股份有限公司，注册资本为一亿八千五百万元。2001 年 8 月，贵州茅台股票在上交所挂牌上市。集团公司是全国唯一的一家集国家一级企业、国家特大型企业、国家优秀企业（金马奖）、全国质量效益型先进企业于一身的白酒生产企业。

公司主营贵州茅台酒系列产品的生产和销售，同时进行饮料、食品、包装材料的生产和销售，防伪技术开发，信息产业相关产品的研制开发。

公司的主导产品贵州茅台酒是中国民族工商业率先走向世界的代表，1915 年荣获美国巴拿马万国博览会金奖，与法国科涅克白兰地、英国苏格兰威士忌并称世界三大（蒸馏）名酒，是我国大曲酱香型白酒的鼻祖和典型代表，近 1 个世纪以来，已先后 14 次荣获各种国际金奖，并蝉联历次国内名酒评比之冠，被公认为中国国酒。新中国成立后，茅台酒得到了国家领导的特别青睐，曾在新中国的外交史上发挥了举足轻重的作用，被尊为国酒，茅台酒伴随着新中国一起成长。

目前，贵州茅台酒股份有限公司茅台酒年生产量已突破 3 万吨；43°、38°、33°茅台酒拓展了茅台酒家族低度酒的发展空间；茅台王子酒、茅台迎宾酒满足了中低档消费者的需求；15 年、30 年、50 年、80 年陈年茅台酒填补了我国极品酒、年份酒、陈年老窖的空白；在国内独创年代梯级式的产品开发模式。形成了低度、高中低档、极品三大系列 70 多个规格品种，全方位跻身市场，从而占据了白酒市场制高点，称雄于中国极品酒市场。截至 2010 年年底，贵州茅台占地面积 5 000 余亩，建筑面积 230 万平方米，员工 10 000 余人，年生产量 3.2 万吨，总资产 255.88 亿元。

（二）茅台酒的核心竞争力分析

根据薛贵（2009）的研究，选取 19 家酿酒类上市公司作为研究样本。借助于 SPSS 统计软件，计算出 19 家酒类为主营业务的上市公司核心竞争力横向指标体系，根据构造的因子分析模型，贵州茅台的因子得分达到 0.57，在酿酒行业排名第一。

1. 核心性分析

在核心技术方面，由于酒类属于微生物发酵产物，在酿制过程中发生的生物、化学反应无以计数，因此要酿造色香味俱佳的茅台酒，技术传承是必要的。茅台酒的生产严格遵循自然法则：一年一个生产周期，"端午踩曲，重阳投料"。同一批原料，要历经 8 次摊凉、9 次蒸煮（烤酒）、加曲、堆积发酵、入池发酵、7 次取酒。

在核心人力方面，"以人为本，提高人力资源质量"是贵州茅台一贯的方针。在国内白酒生产企业中，贵州茅台已具有技术人才领先的优势。截至 2007 年底，贵州茅台的高级技工占生产一线员工总数的 10.69%；拥有本科生 493 名，硕士生、博士生共 10 名；有省级以上评酒委员 9 名，国家级评酒委员 8 名，专家级国际评酒委员 1 名，是拥有国家级评酒委员最多的白酒企业。

在核心设备方面，贵州茅台创建了白酒行业唯一的国家级技术中心和首家国家级白酒检测重点实验室；创建了白酒行业第一个微生物资源菌种库；出资 1 000 万元成立了"贵州茅台联合基金"，针对茅台酒的科技创新予以专项支持，围绕贵州茅台发展的关键共性技术进行攻关；在国际上首次采用全二维气相色谱与飞行时间质谱联用，建立了包括样品前处理在内的一整套先进的白酒检测分析技术；与联合国工业发展组织中国投资与技术促进处签署"贵州茅台循环经济特色科技示范园"合作协议，对酿酒的下脚料酒糟进行治理和再利用，通过翻沙和碎沙工艺，成功开发了中低档白酒，改善和调整了产品结构。同时，进一步采用生物技术，对酒糟进行生物转化和有机肥开发。

在核心产品上，公司主产品茅台酒是世界三大名酒之一，是大曲酱香型白酒的典型代表，是天然有机食品，在生产工艺、自然环境等方面具有突出的不可复制性。同时，蕴含于产品中的酒文化，对贵州茅台核心竞争力的核心性也产生了巨大的能动作用。

2. 领先性分析

从市场层面看。白酒行业分为高端和中低端白酒两个细分行业。目前，高档白酒销量占整体白酒行业总数的 0.5% 左右，但却贡献了白酒整体行业约 2/3 的利润，白酒行业的整体利润向高档酒集中已成为一种趋势。随着经济的快速发展，"少喝酒、喝好酒"的观念深入人心，消费者在购买白酒时指名消费的趋势越来越明显。

从企业层面来看，贵州茅台也一直处于行业领先地位：在产品领先度上，国酒茅台在全国白酒行业拥有独一无二的工艺技术、企业标准和特殊功能；在科技研发力量领先度上，贵州茅台加强科研，依靠科技进步，加强战略基础性研究，用现代技术为茅台酒生产服务，稳定提高了茅台酒的质量。

3. 整合性分析

在组织结构方面，贵州茅台拥有较为完善的生产系统、销售系统、供应系统，建立了较为完善的内部管理和控制制度，涵盖公司治理结构、会计信息披露、生产、销售、采购、质量管理、投资、人力资源等方面，并在公司实际运用中得到了较好的贯彻和执行，确保了公司发展战略和各项经营目标的实现。源、物流管理体系，规范和完善了财务、生产、营销等管理环节，进行了业务流程再造；提炼形成了符合企业现状及未来发展的理念系统；引入 KPI 关键绩效指标考评，建立了相对完善的绩效考核模式，形成了有效的激励机制。

在管理体系上，贵州茅台在市场管理、企业管理、供应链管理、防伪等方面实现了全面发展。在管理制度上，贵州茅台修订完善了三大标准及规章制度、部门职责，推行了厂务公开制度，促进公司民主决策进一步向广度和深度扩展。如在原有先进班组、优秀班组的基础上，进一步设立了特级班组，并制定了严格的申报条件和审核程序，推进了公司班组管理的整体发展水平；实施了企业法律总顾问制度，逐步明确和规范了公司股东会、董事会、监事会的权利和义务，进一步完善了法人治理结构；财务管理推行全面预算制度，加强了成本控制，有效降低了经营成本。

4. 延展性分析

通过分析市场需求趋势和进行市场细分，针对不同地区、不同层次、不同习惯、不同口味、不同消费能力等多样化需求，贵州茅台首先打破历史形成的酒度单一、规格单一、包装单一的格局，先后开发出 43°、38°、33°三种中低度茅台酒和 15 年、30 年、50 年、80 年四种茅台年份制酒，以及"茅台王子酒"、"茅台迎宾酒"，并在多种容量规格和基本包装不变的情况下进行适度包装改革来提升茅台酒的包装水平。此外，茅台啤酒公司、昌黎葡萄酒公司的多品种、多产品开发，使茅台的产品结构形成了高、中、低配套的系列产品体系，实现了从传统"产品链"转向新型"品牌链"的理性延伸。

二、酿酒行业发展前景分析

（一）酿酒行业现状及发展前景展望

2010 年，酿酒行业整体经济运行质量较好，效益稳步上升。2010 年，酿酒行业完成总产值 5 245 亿元，累计同比增长 24.7%；完成工业销售产值 5 111 亿元，累计同比增长 25%；累计产品销售率 97.2%。按子行业划分，白酒制造业完成工业总产值 2 793 亿元，占全行业总产值的 53.3%，累计同比增长 34.1%，累计产品销售率 95.3%；啤酒制造业完成工业总产值 1 321 亿元，占全行业总产值的 25.2%，累计同比增长 10.6%，累计产品销售率 103.9%；二者合计占到全行业 80% 左右。全年规模以上企业完成销售收入 5 093 亿元，同比增长 24%。实现利润 530 亿元，同比增长 33%，其中产品销售成本 3 590 亿元，占全部销售收入比重 70.5%。行业平均毛利率为 30%，净利率为 10.5%，比上年同期水平均有所上升。其中白酒行业全年完成销售收入为 2 713 亿元，同比增长 31%；利润总额为 350 亿元，同比增长 34%，其中产品销售成本 1 845 亿元，占全部销售收入的比重为 68%。行业毛利率为 32%，净利率为 12.9%，比上年同期水平有所上升。

按照国家统计局统计口径，2010 年 1—12 月酿酒行业出口交货值（人民币）33.41 亿元，占工业销售产值的 0.65%，累计同比增长 32.77%。其中，白酒制造出口交货值（人民币）13.56 亿元，累计同比增长 35.30%；啤酒制造业出口交货值（人民币）11.12 亿元，累计同比增长 14.9%。

"十二五"期间，酿酒行业发展规划如下：

1. 消费增长

中国酿酒产业"十二五"发展规划于 2011 年 4 月 26 日发布，预计 2015 年，全行业将实现酿酒总产量 8 120 万吨，比"十一五"末增长 25%；销售收入 8 300 亿元，增长 63%。规划预计，在"十二五"期间，葡萄酒增速较快，年增长约 15%，2015 年产量将达 220 万吨左右，比"十一五"末翻一番，销售收入 600 亿元。目前，世界葡萄酒年人均消费水平为 7 升，美国年人均消费 45 升，而中国年人均消费约为世界平均水平的 6%。"十二五"期间，白酒增长幅度逐年放缓，预计 2015 年产量将达 960 万吨，销售收入 4 300 亿元。高端白酒区域化趋势明显。此外，啤酒产销量由于基数较大，增速最缓，未来 5 年年均增长 4% 左右。

2. 结构调整

结构调整是否合理事关酿酒行业的长远发展。

"十二五"规划中，明确提出了酿酒行业结构调整的总体目标：优化酿酒产业布局，严格市场准入，建设先进制造业基地和现代产业集群；压缩和疏导过剩产能，加快淘汰落后产能，引导酿酒产业健康发展；提高产业集中度和企业竞争能力，加强关键领域和重要环节的技术改造，提升优化产业结构；深化改革，研究建立促进调整结构和转变发展方式的体制、机制。

按酒种来看，"十二五"规划提出要鼓励、支持和引导白酒企业的改组改制，形成国有、民营、中外合资、股份制、私营等多种所有制并存的经济格局，促进强强联合；以收购的方式进行啤酒企业的联合，加强集约化发展，鼓励大企业到境外生产啤酒，引导中小企业发展特色产品；继续提高葡萄酒行业技术水平，调整结构，改变干红一统天下的局面，探讨葡萄酒的合理分级；露酒主要从抓好质量和调整产品结构上入手；黄酒行业则要提高集中度，鼓励发展大型企业；根据酒精行业特点和发展要求推进产业转移，向规模化和集约化发展，提高优级食用酒精产品比例。

"十二五"规划的主要任务包括：积极推动企业进行技术改造，组建大型企业集团；扶持具有区域优势的地方骨干企业做大做强。同时，要加快增长方式转变，推进产品结构调整。各酒种坚持走"以市场为导向，以节粮，满足消费为目标，走优质、低度、多品种、低消耗、少污染、高效益"的道路，实现稳定发展。

3．品牌建设

酒类品牌的支撑基础是品质和风格，品牌的表现形式是具有个性化的视觉识别系统，品牌的灵魂是文化。

经济的快速发展、中产阶级大量出现、工作和生活方式的变化、社会交往的目的和范围及方式都成为当前白酒品牌发展的时代背景，赋予了酒产品消费理念、方式和内涵的新变化。酒类品牌建设必须应对现代生活理念、生活方式、产业政策和产业战略、世界经济大循环等新的挑战，因此，酒类品牌的建设应该结合酒类产品的消费新群体、市场的新空间、消费的新方式、文化的新内涵以及品位的新诉求。

"十二五"期间，中国酿酒产业的品牌战略包括：培育酿酒产业各个板块各个系列的龙头企业，培养一批酿酒企业进入世界500强；打造一批具有自主知识产权、具有国际影响力的民族品牌，走向国际市场，使民族的变成世界的；通过完善产业标准，强化食品安全保证体系，加大科技创新提升品牌价值度。

在全面加强民族品牌建设的同时，要积极构建产业制造基地集群。我国各地酿酒特色区域和产业集群蓬勃发展，促进了产业调整和提升，同时还形成了较强的集群创新能力和自主创新能力，形成了具有中国特色的酿酒生产体系，这成为了我国在全球经济一体化时代参与国际竞争与合作的重要力量。"十二五"期间，大力推动酿酒产业制造基地集群建设，鼓励和规范酿酒产业特色区域的科学发展，推动中国白酒之都、中国白酒县、中国啤酒城、中国黄酒之都、中国黄酒县（镇）及中国葡萄酒城的认定工作。

4．产业链

"产业链"是按照"从田间到餐桌"的思路，构建"全产业链酿酒产业"，包括有机原料基地、类生产、包装、物流、销售、旅游等价值环节，以工业带动文化、旅游产业，反哺农业，回馈社会。

"十二五"期间，酿酒行业产业链融合目标是完善酿酒装备行业创新支持体系的建设，增强企业的自主创新能力，加快酿酒装备行业技术进步，通过规划的具体实施，将中国酿酒装备制造业的产品技术水平与国际先进水平差距缩短10年。实现酿酒装备系列化、工程化、高速化和配套化方面有所突破，实现机电一体化、智能化向产品信息化发展。白酒的自动化酿造技术水平有大的推广应用，机械化生产有突破性的提高。葡萄酒的种植农业机械化，葡萄的加工装备国产化、系列化，果露酒、黄酒的包装自动化有更大的进步。

"十二五"期间，特别要注重产业链健康发展，促进上下游产业合作。这涉及白酒、啤酒、葡萄酒、黄酒等各个行业。

以啤酒行业为例，要注重啤酒原料产业健康，促进啤酒与原料的良性合作。建立市场化的运作模式"啤酒大麦—麦芽—啤酒"的一体化产业联合体，按互利互赢的原则，将啤酒大麦农业生产、市场营销、麦芽加工和质量控制与大中型啤酒企业结合为紧密型的共同体，建设啤酒大麦优质高产大样板、信息服务机构、质量控制与检测机构等平台。在国家产业政策的指导下，将以啤酒大麦、麦芽和啤酒花为主的啤酒原料产业纳入良性发展的轨迹。按产业化、市场化机制，将国产啤酒大麦在现有基础上推向恢复性发展，坚决淘汰现有的国有麦芽生产中落后产能。

以上仅针对"十二五"规划中的主要项目进行了说明，"十二五"规划中，分别就酿酒行业的技术创新、食品安全、低碳经济、人才建设、国际化、标准与信息化等方面作了解释和规划。

（二）贵州茅台的挑战与机遇

贵州茅台茅台酒股份有限公司"十二五"时期公司发展的战略目标和规划是：到2015年，茅台酒生产达到4万吨，力争多一点；销售收入突破260亿元（含税），力争多一点；单位生产总值能耗和二氧化硫、汽车尾气排放量控制在国家下达的指标范围内；全公司员工受教育程度明显提高，公司综合实力进一步增强；绿化、美化厂区，使环境保护更加有效，员工生活更加美好，使公司物质文明建设、精神文明建设、政治文明建设、生态文明建设、党的建设、廉政建设上一个大台阶。

1. 贵州茅台面临的挑战

（1）随着酱香型产品销售的快速增长，越来越多的企业和资本进入到酱香型白酒的生产销售，加剧了酱香型产品的市场竞争；

（2）中国酒水市场已经成为国外酒类品牌的主攻市场，进口葡萄酒和烈性洋酒对中国白酒的挑战力度不断加大；

（3）地方保护主义依然存在，各级地方政府主导的白酒产业集群也给我们带来了新的挑战；

（4）影响企业发展的不确定因素增多。

2. 贵州茅台的发展机遇

贵州茅台茅台酒股份有限公司拥有"著名的品牌、卓越的品质、悠久的历史、独有的环境、独特的工艺"所构成的自主知识产权的核心竞争力，凭借多年市场竞争中所树立的良好品牌形象和消费基础，在当前和今后一个时期，公司发展仍处于可以大有作为的重要战略机遇期，机遇和挑战并存，我们有着以下有利条件和发展机遇：

（1）政策方面，国家西部大开发战略进入新的历史阶段，贵州省委、省政府提出了大力实施工业强省和城镇化带动战略，《贵州省政府工作报告》中提出要加快以茅台酒为龙头的优质白酒基地建设，为公司发展创造了稳定的外部环境和广阔空间；

（2）随着"十二五"期间产业政策调整、市场准入、流通管理等方面的政策、法律逐渐完善，白酒市场将更加规范，名优企业将受到进一步保护；国家经济的发展、扩大内需政策的强力推进、消费结构和产业结构不断优化所带来的消费升级将会给公司提供更广阔的市场空间；

（3）茅台自身多年的发展奠定了坚实基础。十二年的跨越式发展使我们积累了许多宝贵经验，公司机制改革、经济结构和产品结构不断得到改善和升级，企业竞争力、资源掌控力和抗风险能力显著增强，发展思路、战略着力点更加清晰，公司全体员工干大事、谋发展的热情不断高涨，为我们实现新跨越注入了强劲动力。

（三）贵州茅台发展前景预测

1. 贵州茅台发展势头良好，行业龙头老大地位稳定

2010 年，贵州茅台酒股份有限公司共生产茅台酒及系列产品 32 611.75 吨，同比增长 11.42%；实现营业收入 1 163 328.37 万元，同比增长 20.30%；营业利润716 090.62 万元，同比增长 17.86%；实现净利润 505 119.42 万元，同比增长17.13%，销售毛利率为 90.95%，销售净利率为 45.90%。2010 年贵州茅台每股收益 5.35 元，利润分配预案为：每 10 股送 1 股、派现 23 元（含税）。公司业绩略高于之前预期，派现力度较大，彰显了贵州茅台良好的发展势头，行业龙头老大地位稳定。

2. 市场对高度茅台酒涨价的反应

2011 年 4 月，国家发改委等相关部门连续一周内两次召开酒行业会议，强调维护价格稳定。值得关注的是，价格司对啤酒企业受成本上升较多，适当提高部分产品价格表示理解，对成本变化不大但价格轮番上涨的白酒行业，提出了严肃批评，并要求白酒行业上半年必须保持价格稳定，不集中搭车涨价。当前通胀形势迫使政府进一步督导酒类市场价格，发改委已明确指出，企业要顾全大局，充分认清当前通胀问题的严重性，稳定物价也是企业应承担的责任。可见，酒产品的涨价潮已引起管理层的高度重视。众所周知，食品饮料行业普遍面临成本压力，各子行业也通过不断提价转移成本，酒行业中，啤酒企业受成本上升影响最大，其次为葡萄酒，此类品种适当提价是属被动消化高涨的成本，而白酒成本主要由粮食和包装构成，两者并未出现明显涨价压力，因此白酒尤其是高档白酒受成本变化影响应是最小的，但其价格上涨幅度及速度却远远超出啤酒和葡萄酒，存在搭车跟风抬价现象。

白酒的涨价势头将可能遭受行政打压，原本以持续提价来提升整体毛利率的盈利模式或出现变化。据统计，白酒企业过去 10 年间销量只增加 20% 左右，但销售额却增长了 10 倍，可见，白酒企业长期以来的利润高增长是依靠产品价格的升级来实现的，能否涨价对企业的发展影响重大。

3. 新税法对公司业绩的影响

据分析，消费税新政下营业税税率提高是公司 2010 年收入增速快于利润增速的主要原因。2010 年公司营业税税率为 13.6%，较 2009 年提高 3.8 个点，使得公司在毛利率提高 0.8 个百分点、费用率下降 1.8 个百分点的情况下，净利润率仍下

降 1.2 个百分点。预收款项、存货变化显示公司仍有释放业绩的余地。2010 年末预收款项 47.4 亿元，相比 2009 年末上升 12.2 亿元，相比 2010 年三季度末上升 14.8 亿元。当然，预收款项的上升也与销售收入的不断上升以及四季度是销售旺季有关。

4. 地方政府与公司联手积极打击假冒茅台

市场上假茅台酒泛滥严重影响了国酒茅台的信誉。据资料显示，1985 年，贵州省查处了第一桩制售假冒贵州茅台酒案，揭开了茅台保护知识产权的序幕。1991 年"贵州茅台"商标被列为全国"十大驰名商标"榜首，为企业知识产权的保护提供了更为有利的条件。1999 年，国家工商行政管理局在贵阳召开"保护中国贵州茅台酒厂有限责任公司合法权益专项整治行动"的全国性会议并开展全国专项行动，揭开了茅台知识产权保护专项行动的开端。

2010 年 8 月，经贵州省政府批准，贵州省工商行政管理局日前成立了国酒茅台分局，专职负责查处各种假冒、仿冒或"傍"茅台的违法和侵权行为。其实茅台是假冒行为的最大受害者，打假是社会系统工程，茅台领军人表示，尽管如此，企业仍愿意倾尽全力，配合政府部门净化市场环境。

2007 年 9 月 1 日，茅台集团对外发布了《茅台酒经销商公开承诺"诚信经营、拒绝假酒"》的公告，并出台了一系列打假的举措。贵州茅台酒股份有限公司每年在防伪打假上投入达 1 亿多元，目前仅贵州茅台酒一个品种就使用了镂空激光防伪等 10 多钟防伪技术，并拥有一支近 100 人的专业打假队伍。然而，这些举措并没有取得预期的效果，各地假茅台依然猖獗，一些经销商甚至开始退出茅台酒销售市场。成都某商贸企业负责人告诉记者："假茅台的猖獗让真酒举步维艰，再高的利润没有销售量的保障也是枉然。"

5. 高端白酒市场竞争格局

高端白酒是近 10 多年来在白酒行业兴起的风潮，由于高端白酒诞生的时间较短，目前高端白酒的消费人群并不多，销售份额在整个白酒行业也不太多。但是，由于白酒行业的发展增速较快，高端白酒的消费增速也逐步加快。

中投顾问产业研究中心的数据显示，目前，中国白酒产量近年来平均每年下降 50 万吨左右，平均降幅约为 7.5%，但高端白酒的年消费总量却每年保持 15% 的增长幅度。中投顾问食品行业研究员陈晨认为，白酒行业的强势表现为高端白酒的发展提供了保障。

目前，我国已确立了以茅台、五粮液、剑南春、水井坊、国窖 1 573 等大品牌盘踞白酒高端市场的版图，由于高端白酒对品牌、口感、销售渠道的要求较高，未来几年，高端白酒的竞争格局不会有太大的变动。

白酒总产量的减少和高端白酒需求量的增加，使更多的白酒企业将目光盯向了利润更厚的高端市场，其中高端白酒中的"年份酒"更成为市场争夺的焦点。目前我国"年份酒"年销售额约为 50 亿~55 亿元。

三、报表分析

（一）利润表分析

利润表是反映企业一定期间生产经营成果的财务报表。通过利润表可以了解企业的经营成果和获利能力，了解企业成本控制水平。

表10-1是贵州茅台利润表结构百分比分析。

表10-1　　　　　　　**贵州茅台利润表结构百分比分析（％）**

项　　目	2007年	2008年	2009年	2010年
营业收入	100	100	100	100
营业利润	62.53	65.40	62.83	61.56
利润总额	62.48	65.34	62.88	61.57
净利润	40.98	48.54	47.08	45.90

从表10-1可以看到，贵州茅台的利润主要是营业利润，结构百分比计算显示，营业利润连续4年在60%以上，预示贵州茅台的利润质量较高，其利润来源主要是营业利润，说明贵州茅台可持续发展能力很强。

表10-2是以2007年为基期年度的贵州茅台利润表趋势分析。

表10-2　　　　**以2007年为基期年度的贵州茅台利润表趋势分析（％）**

项　　目	2007年	2008年	2009年	2010年
营业收入	100	113.88	133.61	160.74
营业利润	100	119.12	134.26	158.24
利润总额	100	119.09	134.47	158.39
净利润	100	134.89	153.50	180.03

从表10-2可以看到，贵州茅台的营业收入与利润均呈连年上升趋势，2010年营业收入与2007年相比增长160.74%，2010年净利润与2007年相比增长180.03%。净利润的增长幅度超过了营业收入的增长幅度，说明近几年来贵州茅台的成本费用控制较好，为贵州茅台提供了较多的利润空间。

（二）资产负债表分析

资产负债表是反映企业一定日期财务状况的会计报表。通过资产负债表可以了解企业资产规模，以及企业的资产结构、资本结构是否合理。

表 10-3 是贵州茅台流动资产占资产总额百分比分析。

表 10-3　　　　　　　贵州茅台流动资产占资产总额百分比分析　　　　　　金额单位：元

项　目	2007-12-31	2008-12-31	2009-12-31	2010-12-31
流动资产合计	7 271 502 903.42	12 240 750 882.84	15 655 585 363.39	20 300 284 828.31
资产合计	10 481 471 840.45	15 754 187 836.35	19 769 623 147.72	25 587 579 940.69
流动资产占资产总额的比重	69.37%	77.70%	79.19%	79.34%

表 10-3 列示了贵州茅台连续 4 年年末流动资产占资产总额的比重，贵州茅台流动资产在资产总额中所占的比重较高，其资产结构属于保守型。尤其是 2010 年，其流动资产占资产总额的比重高达 79.34%。保守型资产结构是指企业在一定销售水平上，尽可能增加无风险或低风险资产的比重，减少高风险资产的比重，从而使企业总资产构成维持较低的风险水平。保守型资产结构的优势是能使企业拥有足够的具有较强流动性和变现能力的资产以应付其到期的债务，拥有足够的存货保证生产和销售的顺利进行，因此企业所面临的风险较小，但其不利之处在于，由于流动资产占用了大量的资金，增大了资金占用的机会成本，不利于加速资金的周转，从而导致企业资金利润率相对较低。

表 10-4 是贵州茅台资本结构百分比分析。

表 10-4　　　　　　　　　贵州茅台资本结构百分比分析　　　　　　　金额单位：元

项　目	2007-12-31	2008-12-31	2009-12-31	2010-12-31
负债合计	2 112 616 070.01	4 250 769 540.40	5 118 057 753.51	7 038 190 246.07
资产合计	10 481 471 840.45	15 754 187 836.35	19 769 623 147.72	25 587 579 940.69
资产负债率	20.16%	26.98%	25.89%	27.51%

从表 10-4 可以看出，贵州茅台主要以自有资本为主，自有资本高达 70% 以上，资本结构比较保守。国际公认标准认为，资产负债率 50% 较合理，即企业的资本一半由债权人提供，一半由股东提供，既利用了财务杠杆，又不会造成过大的财务压力。贵州茅台连续 4 年的资产负债率均远低于 50%，一方面说明了贵州茅台自有资本实力强，抗风险的能力强，但另一方面也说明其资本结构较保守，未能充分利用财务杠杆来获取利润。保守型融资结构，是指在资本结构中主要采取权益资本融资，且在负债融资结构中又以长期负债融资为主。在这种融资结构下，企业对流动负债的依赖性较低，从而减轻了短期偿债压力，财务风险较低；但同时，由于权益资本融资和长期负债融资的成本较高，又会增大企业的资金成本。

（三）现金流量表分析

现金流量表，是反映企业一定会计期间现金和现金等价物流入和流出的报表。可以了解企业的支付能力和偿债能力，了解企业的现金流量并预测企业未来的现金流量。通过相关指标的计算还可以进一步了解现金流量的充裕程度。

分析现金流量表，关键是看企业来自经营活动的现金净流量，最理想的现金流量是经营活动现金净流量为正数。经营活动现金净流量为正数说明企业销售商品、提供劳务收到的现金足以抵补经营活动的日常开销，并有剩余的现金流量用于偿还债务或进行投资。

表 10-5 列示了贵州茅台现金流量净额。

表 10-5　　　　　　　　　　　贵州茅台现金流量净额　　　　　　　　　金额单位：元

项　　目	2007 年	2008 年	2009 年	2010 年
经营活动产生的现金流量净额	1 743 303 211. 38	5 247 488 535. 74	4 223 937 144. 19	6 201 476 519. 57
投资活动产生的现金流量净额	−789 456 652. 49	−992 562 686. 04	−1 339 521 132. 83	−1 763 389 554. 72
筹资活动产生的现金流量净额	−705 361 407. 20	−883 910 258. 56	−1 234 985 747. 28	−1 292 845 230. 80
现金及现金等价物净增加额	248 485 151. 69	3 371 015 591. 14	1 649 430 264. 08	3 145 241 734. 05

从表 10-5 可以看出，贵州茅台连续 4 年的经营活动现金净流量为正数，投资活动现金流量净额为负数、筹资活动现金流量为负数，说明贵州茅台经营活动产生的净现金现金流量较多，可以用经营活动产生的现金流量进行投资和支付股利。说明贵州茅台产品销售能力强，货币回笼能力较强。

表 10-6 是贵州茅台现金流入结构分析。

表 10-6　　　　　　　贵州茅台现金流入结构分析（%）

项　　目	2007−12−31	2008−12−31	2009−12−31	2010−12−31
经营活动现金流入小计	99. 98	99. 7926	99. 7724	99. 504
投资活动现金流入小计		0. 2008	0. 2262	0. 4953
筹资活动现金流入小计	0. 02	0. 0066	0. 0013	0. 0007
现金流入合计	100	100	100	100

从表 10-6 可以看出，贵州茅台在 2007—2010 年的现金流入主要是经营活动产生的现金流入，经营活动产生的现金流入占总现金流入的 99% 以上，说明贵州茅台现金流入量以经营活动为主，造血功能非常强。在经营活动产生的现金流入量中，又以销售商品、提供劳务收到的现金为主，销售商品、提供劳务收到的现金连续四年占经营活动产生的现金流入量 97% 以上，说明贵州茅台的产品畅销，货币资金回笼良好，货币资金充裕。

表 10-7 是贵州茅台现金流出结构分析。

表 10-7   **贵州茅台现金流出结构分析（％）**

项　目	2007-12-31	2008-12-31	2009-12-31	2010-12-31
经营活动现金流出小计	79.4643	76.7406	74.7891	73.92
投资活动现金流出小计	10.8346	12.4317	13.2423	15.3115
筹资活动现金流出小计	9.7011	10.8276	11.9685	10.7684
现金流出合计	100	100	100	100

表 10-7 显示，贵州茅台在 2007—2010 年的现金流出主要是经营活动产生的现金流出量，经营活动产生的现金流出占总现金流出的 70% 以上，投资活动现金流出量呈逐年上升趋势。从 2007 年起，其投资活动现金流出量占总现金流出量的比率依次为 10.83%、12.43%、13.24%、15.31%，说明贵州茅台近年来加大了投资的力度。筹资活动的现金流出连续 4 年来维持在 10% 左右，由于贵州茅台近年来没有向银行申请长、短期借款，因此该项现金流出主要是回报股东所支付的现金股利，可见贵州茅台的派现比例是较高的。

四、财务指标分析

（一）盈利能力状况分析

表 10-8 列示了贵州茅台主要盈利能力状况指标。

表 10-8   **贵州茅台主要盈利能力状况指标（％）**

项　目	2007 年	2008 年	2009 年	2010 年
销售毛利率	87.96	90.30	90.17	90.95
营业利润率	62.53	65.40	62.83	61.56
销售净利率	40.98	48.54	47.08	45.90
净资产收益率	36.88	41.89	34.32	32.17
总资产报酬率	36.23	41.05	34.23	31.58

表 10-8 显示，贵州茅台销售毛利率处于较高水平，2010 年贵州茅台的销售毛利率高达 90.95%，为贵州茅台提供了较大的利润空间。2010 年营业利润率与销售净利率与 2009 年相比略有下降，说明贵州茅台的期间费用控制不够理想。净资产收益率和总资产报酬率也呈下降趋势，这说明了由于贵州茅台资产利用效率不高，导致了 2010 年贵州茅台总资产报酬率和净资产收益率均有所下降。

（二）营运能力状况分析

表 10-9 列示了贵州茅台主要资产质量指标。

表 10-9 　　　　　　　　　　　　　**贵州茅台主要资产质量指标（%）**

项　　目	2007 年	2008 年	2009 年	2010 年
总资产周转率	0.72	0.63	0.54	0.52
流动资产周转率	1.03	0.84	0.69	0.65
固定资产周转率	4.75	4.10	3.61	3.16
应收账款周转率	126.14	202.92	344.06	1 027.63
应收账款周转天数（天）	2.85	1.77	1.05	0.35
存货周转率	0.41	0.30	0.26	0.22
存货周转天数（天）	385.03	1 219.80	1 383.47	1 669.57

　　从表 10-9 可以看出，2010 年贵州茅台的总资产周转率与以前年度相比呈现下降趋势，说明总资产的利用效率不理想；流动资产周转率和固定资产周转率与以前年度相比，也呈现出不同程度的下降趋势，说明流动资产和固定资产的利用效率不高。尽管 2010 年应收账款周转率与以前年度相比上升幅度较大，但应收账款在资产总额中所占比例较低，因此不能改变资产周转率下降的趋势。存货周转率继续呈现下降趋势，这与酿酒行业的特点密切相关，粮食发酵酿酒需要一个较长的酿制时间，茅台酒的酿制时间一般是 5 年左右。2010 年贵州茅台的资产总额为 255 亿元（25 587 579 940.69 元），其中货币资金就占资产总额的 50%，高达 128 亿元（12 888 393 889.29元）。结合资产负债表，可以看出导致贵州茅台总资产周转率下降的因素主要是大量货币资金闲置。

（三）偿债能力状况分析

　　表 10-10 列示了贵州茅台主要偿债能力状况指标。

表 10-10 　　　　　　　　　　　**贵州茅台主要偿债能力状况指标（%）**

财务指标	2007 年	2008 年	2009 年	2010 年
资产负债率	20.16	26.98	25.88	27.51
流动比率	344.19	287.97	306.49	288.84
速动比率	235.10	214.69	224.17	209.53

　　从表 10-10 可以看出，贵州茅台连续 4 年的资产负债率均低于 30%，其资本结构较保守。资产负债率比较保守的经验判断一般为不高于 50%，国际上一般认为 60% 比较好。单纯从偿债能力来讲，其长期偿债能力很强，但同时也反映出贵州茅台财务杠杆运用不够。流动比率国际上公认标准为 200%，速动比率国际上公认的标准为 100%。贵州茅台的流动比率与速动比率均远远超过国际公认标准，说明其短期偿债能力很强，债务风险很低。

　　结合资产负债表可知，在贵州茅台的负债构成中有一个较为特殊的现象，由于贵州茅台酒供不应求，购买方为保证能获得公司的产品提前预付了大量的货款，2010 年贵州茅台预收款项再创新高，达 47 亿元，充分说明了茅台酒的畅销程度。

表 10-11 列示了贵州茅台扣除预收款项后的主要偿债能力状况指标。

表 10-11　　　　贵州茅台扣除预收款项后的主要偿债能力状况指标（%）

财务指标	2007 年	2008 年	2009 年	2010 年
扣除预收款项后的资产负债率	9.42	8.34	8.10	8.99
扣除预收款项后的流动比率	736.48	931.21	983.62	886.62
扣除预收款项后的速动比率	503.04	694.27	720.22	643.17

从表 10-11 可以看出，扣除预收款项后贵州茅台的资产负债率连续四年都不到 10%，远远低于 50% 的国际公认标准，其资本结构极为保守。扣除预收款项后的流动比率和速动比率则远远高于 200%、100% 的国际公认标准，在说明短期偿债能力较强的同时，也反映了贵州茅台流动资产闲置的现象比较严重，这里的流动资产主要是指闲置的货币资金。

（四）发展能力状况分析

表 10-12 列示了贵州茅台主要发展能力状况指标。

表 10-12　　　　　贵州茅台主要发展能力状况指标（%）

项　　目	2007 年	2008 年	2009 年	2010 年
营业收入增长率	47.60	13.88	17.33	20.30
净利润增长率	88.40	34.88	13.80	17.28
资产增长率	69.94	50.31	25.49	29.43
资本积累率	36.12	37.46	27.37	26.60

从表 10-12 可以看到，贵州茅台反映经营增长状况指标连续 4 年均在上年的基础上提高，说明近年来贵州茅台产销两旺，发展势头良好。贵州茅台近几年来总资产增长率呈逐年上升的趋势，贵州茅台资产的增长主要来自于股东权益的增长，股东权益的增长来自于留存收益的增长，表明了贵州茅台良好的发展势头。

五、杜邦分析法

表 10-13 是贵州茅台杜邦分析计算表。

表 10-13　　　　　　贵州茅台杜邦分析计算表

项　　目	2007 年	2008 年	2009 年	2010 年
销售净利率（%）	40.98	48.54	47.08	45.90
总资产周转率（）	0.72	0.63	0.54	0.51
权益乘数	1.25	1.37	1.35	1.38
股东权益报酬率（%）	36.88	41.89	34.32	32.30

从表 10-13 可以看到，2010 年贵州茅台股东权益报酬率与以前年度相比呈下降趋势，2010 年贵州茅台净资产收益率下降主要是销售净利率和总资产周转率的

下降引起的，2010 年权益乘数的上升会引起股东权益报酬率的上升。贵州茅台应加强资产的利用效果，以提高净资产收益率。

六、结论

2010 年是贵州茅台"十一五"规划的最后一年，是贵州茅台实施"三步走，三跨越"战略目标的第一年，也是应对经济形势复杂变化、保持又好又快发展、巩固国酒地位的重要一年。2010 年，贵州茅台取得了可喜的经营业绩，发展势头良好，行业龙头老大地位稳定，圆满完成了年度经营目标，为公司"十一五"战略规划画上了圆满的句号。2010 年，贵州茅台共生产茅台酒及系列产品 32 611.75 吨，同比增 11.42%；实现营业收入 1 163 328.37 万元，同比增长 20.30%；营业利润 716 090.62 万元，同比增长 17.86%；实现净利润 505 119.42 万元，同比增长 17.13%。取得经营业绩的同时，也应看到贵州茅台所面临的挑战和存在的问题。

（一）面临的挑战

2010 年，白酒企业间的竞争更趋激烈，与国内外同行业相比，贵州茅台的具体情况依然是"经济总量小，整体环境弱"，在能源、交通等方面条件较弱，市场竞争环境不容乐观。行业内外资本加速进入酱香型白酒市场以及高端白酒市场，使贵州茅台的产品市场在供小于求的情况下面临越来越多的挑战；白酒消费税负加重、原辅材料价格上涨、地方保护主义依然严重、行业准入门槛较低、假冒伪劣产品屡禁不止等问题，都对贵州茅台的生产经营造成了不利影响。对此，贵州茅台酒股份有限公司采取了以下解决办法：

1. 加强战略管理

切实将公司的战略与国家经济结构调整、拉动内需促增长的宏观经济决策相结合，与西部大开发、贵州省产业升级的大背景相结合，与行业发展潮流、茅台自身发展优势相结合，通过制定和实施好竞争战略和策略，保持公司自身竞争优势，维护好国酒地位。

2. 坚持以市场和顾客为中心

大力实施"八个营销"，搞好独具茅台特色的市场营销工作。进一步加强营销制度建设，加强市场监管和调控，合理配置市场资源，维护好企业和品牌形象。

3. 加强内部管理

通过引进卓越绩效管理模式，引导在人力资源、品牌管理、环境保护、科研开发和财务管理等方面不断追求卓越。

4. 整合资源，为我所用

充分利用好各方资源，协调好各方关系，集中国家行政执法部门、打假队伍、营销团队、经销商团体、消费者等各种力量，实现各项资源的联动，相辅相成，最大限度地打击假冒侵权行为，净化国酒茅台市场，建立良好的市场竞争秩序，切实维护消费者和公司的合法权益。

（二）存在的问题

1. 资产结构过于保守

贵州茅台作为酿酒制造业，其流动资产在资产总额中所占的比重较高，其资产结构较为保守。这使得贵州茅台拥有足够的具有较强流动性和变现能力的资产以应付其到期的债务，并可以保证生产和销售的顺利进行。但同时，由于流动资产占用了大量的资金，增大了资金占用的机会成本，不利于加速资金的周转，因此贵州茅台的资金利润率相对较低。

2. 资本结构过于保守

贵州茅台连续 4 年的资产负债率均低于 30%，扣除预收款项后贵州茅台的资产负债率连续 4 年都不到 10%，远远低于 50% 的国际公认标准，其资本结构极为保守，说明贵州茅台未能充分利用财务杠杆。

3. 贵州茅台产品供不应求，预收款项再创新高

2010 年，贵州茅台仅预收款项就高达 47 亿元，占资本总额 18.52%，充分说明了贵州茅台产品畅销，供不应求，预收了购买方大量的货款。同时，也说明贵州茅台生产能力不足，经济总量小，不能满足市场的需求。

4. 大量货币资金闲置，资产利用效率低下

2010 年贵州茅台资产总额 255 亿元，其中货币资金就高达 128 亿元，显示贵州茅台的现金持有量非常充裕，有很强的支付能力和偿债能力，但也预示其资金闲置现象较为严重，资产利用效率不高，导致资产周转率和投资报酬率均呈现下降趋势。

（三）解决措施

针对上述问题，贵州茅台应采取相应措施提升公司的价值：

1. 让沉睡在银行的上百亿资金发挥作用，提升盈利能力

近年来贵州茅台采取的是保守的经营策略，保守的资产结构对应保守的资本结构。一方面，是生产能力不足，产品供不应求；另一方面，却有上百亿的资金闲置。因此贵州茅台应改变保守的经营策略，将现金资产转化为非现金资产，增加公司的资产盈利能力。比如，扩大生产经营规模，生产更多的产品满足市场的需要。在产品供不应求的市场环境下，将现金资产转换为存货资产。茅台酒是越存价值越高，而现金是越存价值越低。

2. 加快投资步伐，提升生产能力

在产品供不应求的前提下，贵州茅台应加快投资步伐，扩大生产能力，改变"经济总量小，整体环境弱"的劣势。从贵州茅台长远发展看，贵州茅台应加快步伐实施"十二五"时期发展的战略目标和规划，力争茅台酒的生产早日达到 4 万吨，以提高投资报酬率，实现股东财富最大化的理财目标。

第十一章

企业财务预警分析

　　企业在复杂多变的市场环境中，常常会面临各种各样的风险，如果不能成功地规避风险，危机便会在企业内部机体滋生蔓延。市场竞争的残酷和激烈，把一个又一个曾经红极一时的企业推向死亡之海。财务危机是企业最终经营终结的主要原因之一，如果企业不能卓有成效地防范和规避风险，势必将陷入严重的财务危机境地，给企业带来惨重的损失。因此，企业进行财务危机预警分析是极为必要的。

第一节　财务危机与财务预警

一、财务危机

（一）财务危机的概念

　　财务危机（financial crisis）又叫财务困境、财务失败。财务危机一直是公司财务领域中一个重要的研究课题，国内外许多学者都对其进行了深入的探索，并取得了丰富的成果。但迄今为止，学术界对其仍然没有统一的定义。比弗（Beaver，1966）关于财务危机研究的样本包括了破产、拖欠优先股股利和拖欠债务三种情况；奥特曼（Altman，1968）认为，进入法定破产的上市公司才算遭受了财务危机；卡梅驰奥认为，财务危机包括资产的流动性不足、债务拖欠和资金不足；罗斯认为，财务危机应该有四种不同的理解，即上市公司失败、法定破产、技术破产和会计破产，而财务危机是指技术破产，即上市公司的经营性现金流量不足以抵偿现有到期债务，以至于无法按期履行债务契约的情况（国内财务学者如谷祺、刘淑莲等的观点也与此类似）。

　　财务危机的实质是企业现有的资金不足以偿还到期债务，导致企业违约、破产风险大大增加，即将危及企业生存的一种财务状况。可以从三个层面来理解财务危机：一是企业资产总额虽然超过负债总额，但是资产配置的流动性差，无法变现，从而用于偿还企业债务的现金流量低，经营效率差；二是最近两个会计年度净利润为负，并且最近一个会计年度股东权益低于注册资本；三是企业的负债总额超过企业资产的公允价值，经过协商进入重组状态。

（二）财务危机的特点

企业经营管理不善，由盛转衰，直至出现财务危机是有一个逐步演变的过程，反映在财务上便是财务指标的不同方向或程度的规律变化，解读和发现规律是十分重要的。财务危机具有客观积累性、突发性、多样性、灾难性等特点。

1. 客观积累性

企业财务危机的形成不是在一朝一夕之间，而是慢慢积累起来的。它是在企业整个财务活动中，伴随着筹资、投资、经营、分配的各类经济活动，在一定时间内逐步积累起来的行为失误的综合表现。

2. 突发性

财务危机由于受到许多主客观因素的影响，其中有些因素是可以把握和控制的，但更多的因素是爆发性的、意外的，甚至是不可逆转的。

3. 多样性

企业财务危机是多种多样的，呈现出多样性的特征。由于受到企业经营环境、经营过程、财务行为方式多样化的影响，并且财务活动环节繁多，不管其中哪一环节出现问题都可能引发财务危机。

4. 灾难性

财务危机虽然包括多种情况，但不管是资金管理技术性失败，还是企业破产，或是介于两者之间的任何一种情况发生，都会给企业带来灾难性的损失。

（三）财务危机的预兆分析

企业的财务危机通常既有外部预兆又有内部预兆。外部预兆如企业的交易记录恶化、过度依赖借款或关联交易、过度的规模扩张、财务报表及相关信息公告迟缓等。内部预兆主要表现在财务指标及报表方面，主要有：现金流量不足，企业不能及时支付到期债务、销售额非正常性下降；现金大幅度下降而应收账款大幅度上升；一些比率出现异常等。企业财务出现危机趋势，是可以通过一些预兆提前发现的，具体表现如下：

1. 资金筹集方面

企业信用状况下滑，企业信用等级不断下降，信用额度降低，筹资出现困难，企业与关联单位之间的往来结算也出现支付困难等。

2. 资金投放方面

（1）非正常的存货积压。按照以销定产的原则，管理人员应根据企业具体情况，掌握关于存货与销售比率的一般标准。当存货库存量超过正常标准，可能是企业财务出现问题的早期信号，必须通过增加销售或消减采购等方法，及早解决这个问题，以加快流动资产流动，减少资金占用。

（2）生产设备大幅度增加。当生产设备大幅度增加时，企业的生产能力和营销能力未能完全很好地配合，导致资金沉淀，由此引发财务危机。

（3）规模过度扩张。在规模过度扩张的过程中，企业未进行严密的预算与管理，很可能会发生周转资金不足的现象，因此，对于大举收购企业的行为要多加注意，能够透过繁荣的表象发现破产的征兆。

3. 生产经营方面

（1）销售收入的非预期下降。在一般情况下，当企业产品销售量下滑时，管理层可采用调整价格、调整产品品种或加强推销等方法来提高销售业绩。如果管理层不能采取行之有效的策略抑制下滑趋势，必将带来严重的财务问题，尤其是非预期的下降。在赊销业务中，现金流入滞后于销售收入确认的时间，在制订企业后期资金计划时，如果拿不出现金来填补缺口，或减少企业现金流出量，就会使潜在问题变为现实问题。

（2）应收账款大量增加。应收账款的大量增加不但会对企业自身的资金运转产生负面的影响，而且还可能引发企业之间的互相拖欠，从而形成严重的三角债问题。企业的应收账款一旦形成呆账，将会使这部分资金滞死，使企业蒙受严重的财务损失，甚至会危及企业的生存和发展。加强应收账款管理，对保证企业经营活动的正常进行是十分必要和重要的。

4. 利润形成方面

市场竞争力减弱、市场占有率下降将导致公司盈利能力下降。企业经济效益严重滑坡，经营活动现金流量将不足以抵偿到期流动性债务。经营性现金流量是企业的主要现金流量，若企业主营业务出现下滑导致经营性现金流量减少，而完全依靠筹资活动、投资活动产生的现金流量来抵偿到期债务，这种现金流量情况如处于长期持续状态，企业如期履行偿债义务将严重受到影响，最终会丧失筹资能力，而企业的现金又不足以维持企业持续经营，从而导致财务危机。

5. 其他方面

其他方面包括：企业的资本结构、投资结构、生产结构和支出结构不合理，企业的关联方企业趋于倒闭，企业的财务预测在长时间内不准确，并且无法按时编制财务报表并获得审计师意见。此外，资本注销、企业主要领导人出现反常行为（在一段时期内公司高管更替频繁，或者一些公司董事人员、其他高管人员改组或离职）、全新的竞争对手出现等现象均要引起注意。

二、财务预警

（一）财务预警的概念

"预警"最早出现在战争中是关于突然袭击的信息预告。随着社会的发展和时代的变迁，预警已经进入到现代经济、技术、政治、医疗等邻域。预警的实施对象往往具有战略意义，其重要性已逐渐为更多的人所接受。企业的财务危机由初步萌生到恶化，并非瞬间所致，通常都要经历一个渐进积累转化的过程。在这一过程中，各种危机的因素都将直接或间接地在敏感性财务指标的变化上反映出来，因此，通过观察一些敏感性财务指标的变化，就可以对企业的财务危机起到预警的作用。

所谓财务预警，是预警在企业层面的运用，是对财务危机的预警，是指借助对企业提供的财务报表及相关经营资料的分析，利用及时的财务数据和相应的数据化管理方式，预先告知企业所面临的危险情况，同时分析企业发生财务危机的原因，发现企业财务运行体系中隐藏的问题，以尽早提出防范措施及相应的预警对策的财务分析系统。

（二）财务预警的目的

财务预警的目的主要是为企业财务报表的使用者服务，帮助有关各方做出正确的财务决策和经营决策，具体包括如下方面：

（1）为企业预警，使企业及时应对财务危机，避免破产。财务预警可以帮助企业及时发现可能出现的财务危机，及时找出财务危机的成因，并提出恰当的财务危机应对策略，使企业及时走出财务危机，防止企业倒闭。

（2）为投资者和债权人预警，使其做出正确的决策。财务预警可以为企业投资者做出投资、再投资和终止投资的决策；帮助债权人做出是否进行债务重组以及如何进行债务重组等信贷决策，以减少投资者和债权人可能遭受的投资风险。

（3）为政府部门预警。财务预警可以在政府部门做出合理优化资源配置的决策，帮助政府部门进行资源的配置、再配置和优化，同时妥善安排破产企业人员，以降低破坏成本、减少社会不稳定因素。

（4）为企业客户预警，使其做出恰当的购买和销售决策。为公司的供货商和采购商进行财务预警，帮助供货商制定正确的信用政策，帮助采购商制定正确的采购策略，以减少企业客户可能遭受的连带财务危机。

三、财务危机与财务预警的关系

财务危机和财务预警在财务管理中不断重复，相互交织，它们是一对共生的矛盾体。一个正常运行的企业，在其资金运动过程中总是伴随着一系列的危机，而危机预警系统也会随时通过财务指标信息对企业财务运营进行危机评价，从而告知企业此时的危机状态，提醒企业是否需要做出危机应急反应。企业财务预警与财务危机在某种程度上呈现出前后关联的关系，起到互为补充的作用。这是因为，尽管当前企业在危机管理中取得了一定的成果，但是对企业危机的形成原因和发展过程却缺少机理性的分析和实证研究，而财务预警所确立的理念和研究方法等能弥补企业危机管理的不足，并能拓展其研究领域，使危机管理研究更为全面深入。如图11-1所示，若企业财务预警行为成功，则企业可能会转危为安、重回正常经营的轨道；反之，若财务预警行为失败，则企业很可能马上进入危机状态，甚至破产清算。

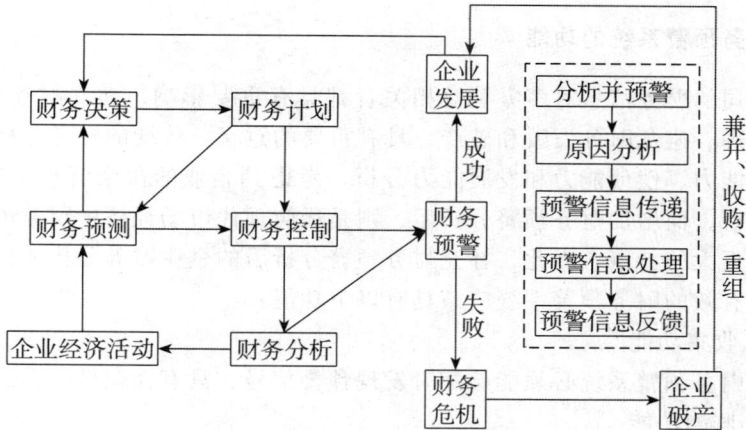

图 11-1　财务危机与财务预警关系示意图

第二节　财务预警系统

一、财务预警系统的概念

财务预警系统是以企业信息化为基础，对企业在经营管理活动中的潜在风险进行实时监控的系统。它贯穿于企业经营管理活动的全过程，通过分析企业内外部理财环境，及早地发现企业财务危机信号，同时通过寻找财务危机的原因，提出防范和解决危机的有效措施。财务预警系统作为一种诊断工具，其灵敏度越高，发现问题就越早，从而可以及早避免风险。

财政部企业司于 2004 年出版了《企业财务风险管理》。该书认为，财务预警系统是以上市公司信息化为基础，以上市公司的财务报表、经营计划以及其他相关的财务资料为分析对象，提供一些敏感性财务指标的变化情况，并随时观察上市公司发生财务危机的早期特征，对上市公司在经营管理活动中的潜在财务风险进行实时监控的管理体制。

从这一概念界定可见，预警系统一般是指上市公司为了规避财务风险、保证自身的生存与发展而建立的监测系统，主要是服务于管理上市公司自身，即上市公司利用此系统进行自我诊断。此外，也可以是上市公司的债权人、审计师、监管机构、中介机构和独立分析师等对上市公司财务风险的分析预警。尽管上市公司财务预警系统的风险监控情况不会对外披露，但是外部分析者可以借用财务预警系统的理论研究成果和分析方法对上市公司财务风险进行评估。

二、财务预警系统的功能

上市公司的财务信息对多方利益相关者都具有重要影响，建立财务预警系统、强化财务管理、避免财务失败和破产，具有重要的意义。传统的财务分析通过盈利能力、营运能力、偿债能力和发展能力分析，考虑到企业的盈余管理和收益质量，强调前景分析，而增加财务预警分析后，则是适应现代市场经济中财务风险无处不在和破坏性更大的特点。因此，补充财务预警分析后的企业财务分析才是完整而全面的。一个有效的财务预警系统应该具有以下功能：

1. 信息收集功能

有效的财务预警系统必须能够随时发现预警信号，具有捕捉敏感信息的功能。

2. 财务监测功能

有效的财务预警系统通过收集与企业经营相关的产业政策、市场竞争状态、企业本身的各类财务和生产经营状况等信息，将其实际情况同企业预定的目标进行对比，及时检测出生产经营中存在的偏差，具有财务监测功能。

3. 预告功能

有效的财务预警系统通过对企业的各类信息进行分析比较，当出现可能导致财务危机的关键因素时，系统能够预先发出警告，提醒信息使用者尽早做好准备，采取对策，防患于未然。有效的财务预警系统能够判断事件的危险程度，进行科学的诊断。

4. 财务防控功能

当财务危机征兆出现时，有效的财务预警系统不仅预知并预告，还能及时寻找导致企业财务状况恶化的原因，帮助经营者制定有效措施，起到辅助决策的作用。有效的财务预警系统能够阻止财务状况的进一步恶化，避免严重的财务危机真正发生。

5. 免疫功能

有效的财务预警系统能够横向借鉴同行业的经验教训，记录本企业财务警报的处理过程和评价结果，不断总结和积累前车之鉴，不断提高企业财务预警能力和效果，从根本上消除隐患，提高企业的抗风险能力。

三、财务预警系统管理的程序

1. 寻找财务预警的警源

警源是指警情产生的根源，财务预警的警源包括外生警源和内生警源。外生警源是指来自外部经营环境变化而产生的警源。例如，国家产业政策的调整，有可能导致企业被迫转产或做出重大经营政策上的调整，也有可能直接或间接地导致巨额亏损，乃至破产。此时，外生警源为"政策调整"。内生警源是指企业内部运行机制不协调而产生的警源。以投资失误为例。若所投入的资金是从银行借入的，因投资失误导致营运资金出现负数，企业难以用流动资产偿还即将到期的流动负债，很可能被迫折价变卖长期资产以解燃眉之急。此时，投资失误则为企业出现财务预警的内生警源。

2. 分析财务预警的预兆

预兆是指发生异常变化时的先兆。在警源的作用下，在财务状况发生变化导致警情爆发之前，总有一些预兆或先兆。分析财务预警的预兆，是财务预警系统的关键一环。从警源到预兆，有一个发展过程：警源孕育警情—警情发展扩大—警情爆发前的预兆出现。财务预警的目的就是在警情爆发前，分析预兆、控制警源、拟定对策。预兆又可细分为景气预兆和动向警兆。景气预兆指预兆反映的是经济景气的程度和状况，反映的是萌芽状态的警情或正在成长壮大的警情。此时，警情与预兆之间并未构成某种因果关系。动向预兆是与警情具有因果关系、逻辑关系或时间先后顺序关系的先行变量指标。动向预兆一般与警源相联系，与警源构成因果关系。在财务预警系统中，反映财务风险状况的一般属于景气预兆，而导致财务风险的经营风险状况则属于动向警兆。财务出现风险的景气预兆有：现金净流量为负数，资不抵债，无法偿还到期债务，过度依赖短期借款筹资等。经营出现风险导致财务出现风险的动向预兆有：主导产品不符合国家产业政策，失去主要市场，或有负债与或有损失数额巨大，关键管理人员离职且无人替代等。

3. 监测并预报警度

警度是指警情的级别程度。财务预警的警度一般设计为五种：无警、轻警、中警、重警、巨警。警度的确定，一般是根据预兆指标的数据大小，找出与警情相对应的警限区域，预兆指标值落在某个警限区域，则确定为相应级别的警度。例如，为了监测企业的债务情况，设置资产负债率作为预兆指标。设置的警限区域为：当资产负债率小于 10% 为无警，10%～30% 为轻警，30%～50% 为中警，50%～70% 为重警，70% 以上为巨警。根据这一警限区域标准，当某企业的资产负债率的实际值为 58% 时，则为重警。

4. 建立预警模型

建立预警模型一般有两种方法，一是定性分析的方法，如风险分析法、四阶段症状法等；二是定量分析的方法，包括单变量和多变量模型分析方法等。

5. 拟定排警对策

预警的目的，就是要在警情扩大或爆发之前，采取排警对策，即通过有效的寻找警源、分析警兆、测定警度，进而采取行之有效的排警对策。监测财务风险和危机的目的是有效地防范财务风险和危机。当实际警情已出现或实际警度已测定时，人们的注意力不再是财务预警系统，而是财务排警对策研究。

第三节 财务预警分析方法

一、定性预警分析方法

定性预警方法是指研究人员根据自己的专业知识、经验，以及对企业的行业特征、基本情况、产品市场占有率、商誉、生命周期、治理结构等情况的总体把握，对企业的各种风险综合评价得出财务预警结论的一种方法。在引起企业财务危机的所有问题中，定性预警可以揭示其中的一些非财务因素。

该方法简单易行，有利于发掘企业陷入财务危机的深层次原因，有利于对企业财务状况的细微之处进行把握。但是，定性预警方法实施成功与否及其研究质量，在很大程度上取决于研究者个人的专业素养和研究经验，而且在分析过程中灵活性和主观性很大，对研究者本身要求较高。下面介绍几种常见的定性预警方法。

1. 风险分析法

风险分析法又称为标准化调查法，是由风险研究机构、专业分析师、咨询公司等对上市公司可能遇到的困难设计标准化的问题，通过企业对这些问题的回答形成对警情的预测，最终形成书面报告文件，供企业管理层参考。调查问题一般包括企业业绩、同行业比较、企业财务经营问题及原因、企业前景等。这一调查可能是上市公司全范围调查的一部分，也可能是专门的财务风险预警分析。该方法在操作上一般设计了一系列标准化的问题，故又称为标准化调查法。

标准化调查法的特点是在调查的过程中所提出的问题对所有企业都适用，较少对特定企业的特定问题进行调查分析。标准化调查法的优点是简单易懂、操作性强、对所有企业普遍使用；缺点是缺少针对特定企业设计的问题，没有针对表内问题的解释，缺少对表外信息的判断。

2. "四阶段症状"分析法

财务危机绝非"一日之寒"，均有一个由量变到质变的过程。因此，分析者根据收集、整理的信息分析财务风险，除需要搞清楚病因外，还需要对企业的财务处境予以定位。通过分析处于不同阶段的企业的症状，可以及早发现危机，采取有效措施，摆脱财务困境，恢复财务正常运作。财务危机一般划分为潜伏期、发作期、恶化期和爆发期四个阶段，其特征见表11-1。

分析者根据财务指标挖掘相关信息，如果确认财务危机处于潜伏期或发作期，则迅速采取措施，争取化解风险；如果确认财务风险已经恶化或爆发，则应采取相应措施以减少损失。

"四阶段症状"分析法的优点是使用简单，易于实施；缺点是各个阶段的界限有时难以区分。

表 11-1 　　　　　　　　　　　　　"四阶段症状"分析法

财务危机阶段	特　　　征
潜伏期	盲目扩张、营销不善、无效制度、缺乏风险预警机制、无视环境重大变化
发作期	负债比例持续上升、过分依赖外部贷款、风险加剧、收账不利、债务拖延偿付
恶化期	现金失控、资金周转明显缓慢、市场退化、筹资困难、无心经营、信誉大跌
爆发期	资不抵债、货币资金严重短缺、完全丧失偿债能力、债务重整、宣布破产

3. "三个月资金周转表"分析法

"三个月资金周转表"分析法是通过对企业三个月资金周转表以及结算额占收入比例的分析，来判断企业财务状况的一种分析方法。该方法认为，公司处于一个时刻变化的经营环境中，应定期和不定期地检查销售额与应收账款、应收票据兑现率的比率。这种方法用资金周转率作为判断企业运营能力的重要标准。从短期来看，若企业制作不出三个月资金周转表，则说明企业财务状况已经恶化，发生了财务危机；若能制定出资金周转表，还要查明转入下个月的结转额是否占总收入的20%以上。如果回答为否，则说明企业发生了财务危机。该方法的实质是企业面对多变的理财环境，应该保持一定的现金流量和资产的流动性，以抵御财务出现困境的危机。

"三个月资金周转表"分析法的优点是简单易懂，实施方便，直观有效；缺点是判断标准不够科学，目前还存在一些争议。

4. 流程图风险分析法

流程图风险分析法是一种通过对企业动态流程图的分析，识别其生产和财务的关键点以防范风险的分析方法。企业财务活动的基本程序是"筹资—投资—经营—分配"，并不断循环。按照这一思路，可以绘制出企业资金流和物资流的运动过程，进而分析可能出现的财务风险。在企业财务活动过程中，必然存在着一些关键点，如果在关键点出现阻塞或发生损失，将导致企业全部经营活动终止或资金运转终止。画出企业流程图，就可以找到关键点，对企业潜在风险进行判断和分析，并采取相应的防范措施。这种方法可以暴露企业潜在的风险，对识别企业财务活动的关键点特别有用。但流程图有其固有的局限性，它建立在过程分析的基础上，是一种防范手段，应与识别损失的其他方法同时使用。

流程图风险分析法的优点是脉络清晰，层次分明，简单易懂，实施方便；缺点是绘图人员必须具备较高的业务能力和水平，且对企业物资运动和财务活动情况有较深的了解。

5. A 记分法

美国人阿吉蒂在调查企业的管理特征及可能导致企业破产的原因之后，按照经营缺点、经营错误和破产征兆进行对比打分，根据其对破产过程产生影响的程度对它们作了加权处理，总分是 100 分，评判标准为：所得分值越低，企业处境越好；反之，所得分值越高，企业处境越差。这种管理评分方式试图将定性分析判断定量化处理。根据对分析对象的调查了解分别打分，即得综合风险分值，记为 A，因此也叫"A 记分法"，又叫管理评分法，见表 11-2。

表 11-2 风险因素及其赋值表

序号	风险因素	记分值	总值	临界值
一、经营缺点				
1	管理活动不深入	1		
2	管理技能不全面	2		
3	被动的经理班子	2		
4	财务经理不够强	2		
5	无过程预算控制	3	43	10
6	无现金开支计划	3		
7	无成本监控体系	3		
8	董事长兼任总经理	4		
9	总经理独断专行	8		
10	应变能力太低	15		
二、经营错误				
1	高杠杆负债经营	15		
2	缺乏资本的过头生意	15	45	15
3	过大风险项目	15		
三、破产征兆				
1	危机财务信号	4		
2	被迫编造假账	4	12	0
3	经营秩序混乱	3		
4	管理停顿	1		
四、分值加总		100	100	25

从表 11-2 可以看出，A 记分法首先对各项因素进行打分，然后将各项分数加总，最后根据总分判断企业是否处于财务危机状态。打分时需要注意的是：对某项因素要么打 0 分，要么打满分，不能打折扣分。例如，董事长兼任总经理要么打 4分，要么打 0 分，不能打其中的 1、2、3 分。A 记分法临界值分布如图 11-2 所示。

A 记分法的优点是简单易懂，行之有效；缺点是这种方法的效果还受制于对被评分项目及管理者的了解程度。

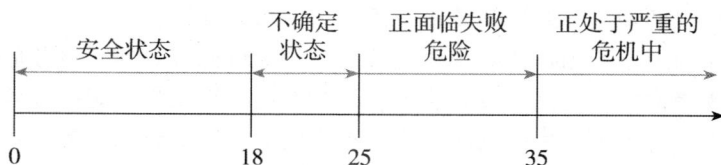

图 11-2　A 记分法临界值图

二、定量预警分析方法

由于定性财务预警模型容易受到评价者主观因素的影响，因此越来越多的学者开始研究财务危机的定量模型。长期以来，人们在财务预警的研究过程中采用了许多不同的预警模型。国外关于财务预警的研究已经有 70 多年的历史，并已取得了比较成熟的研究成果。国外关于财务预警的研究可以划分为两个阶段：第一阶段是20 世纪 60—80 年代，形成了一些以统计方法作为分析工具的传统的财务危机预警模型，包括单变量预警模型、多变量预警模型、多元逻辑回归预警模型等。这些模型的发展已经趋于成熟，但是同时也存在难以克服的缺陷。第二阶段是 20 世纪 90年代以后，学者们开始探索使用非统计方法来创建新的财务危机预警模型，如神经网络预警模型等。下面简要介绍这几种财务危机预警模型。

1. 单变量预警模型

单变量预警模型是指使用单一变量、个别财务比率来对企业财务危机进行预警的模型。当模型中所涉及的几个财务比率趋于恶化时，通常是企业发生财务危机的先兆。单变量预警模型最早可以追溯到菲茨帕特里克（Fitzpatrick）于 1932 进行的单变量破产预测研究，后由芝加哥大学会计系教授威廉·比弗（William Beaver）采用立面分析（profile analysis）和二叉分类试验（dichotomous classification test），于 1966 年提出了单变量预警模型。他通过对 1954—1964 年间的 79 家失败企业和相同数量、相同资产规模的成功企业比较研究，对 14 种财务比率进行取舍，最终得出可以有效预测财务失败的比率依次为：

1. 债务保障率 $= \dfrac{现金流量}{债务总额} \times 100\%$

2. 资产负债率 $= \dfrac{负债总额}{资产总额} \times 100\%$

3. 资产收益率 $= \dfrac{净收益}{资产总额} \times 100\%$

4. 资产安全率 = 资产变现率 – 资产负债率

其中：资产变现率 $= \dfrac{资产变现金额}{资产账面价值}$

比弗认为，债务保障率能够判别 90% 的失败公司，能够最好地判定企业的财务状况（误判率最低）；其次是资产负债率。并且离失败日越近，误判率越低，所以跟踪考察企业时，应对上述比率的变化趋势予以特别注意。一般来说，失败企业有较少的现金而有较多的应收账款，或者表现为极不稳定的财务状况。当这些指标达到经营者设立的警戒线时，预警系统便发出警示，提请经营者注意。在实务操作中，企业还应当根据不同行业或企业的特点，设计最能有效预测财务危机的指标。

单变量预警模型的优点是设计简单、计算方便；缺点是不能综合说明企业的整体财务状况。因为各个比率的判断准确率在不同的情况下会有所差异，所以在实际应用中往往使用一组财务比率，而不是一个比率，这样才能取得良好的预测效果。

2. 多变量预警模型

多变量预警模型是运用多种财务比率进行加权汇总产生的总分数来预测财务危机的模型。多变量预警模型可以更全面地监测大量财务指标，综合分析企业财务状况，提前发现财务危机，并且还可以进行因素分析，对发生的财务危机追根溯源，从源头防止财务危机的恶化和再次发生，能够很好地克服个别指标在评价企业财务状况方面存在的缺陷。

（1）Z 模型

较早使用多变量进行预测的是美国纽约大学商学院教授爱德华·奥特曼（Edward I. Altman）。他是第一个使用鉴别分析（discriminant analysis）研究企业失败预警的人。他选取了 1946—1965 年间的 33 家行业相同、资产规模相近的破产企业和非破产企业作为样本，收集整理了 22 个财务比率来分析企业潜在的财务危机。他利用逐步多元鉴别分析（MDA），逐步萃取 5 种最具共同预测能力的财务比率，分别是流动率、收益率、稳定性、支付能力和活动比例，建立起了一个类似回归方程式的鉴别函数——Z 计分模式。该模型将企业偿债能力指标、获利能力指标和营运能力指标有机联系起来，综合分析预测企业财务危机的可能性。Z 模型具体表达式如下：

$$Z = 1.2X_1 + 1.4X_2 + 3.3X_3 + 0.6X_4 + 1.0X_5$$

其中：Z 为判别函数值

$$X_1 = \frac{营运资金}{资产总额} \times 100\% = \frac{期末流动资产 - 期末流动负债}{期末总资产} \times 100\%$$

$$X_2 = \frac{留存收益}{资产总额} \times 100\% = \frac{期末留存收益}{期末总资产} \times 100\%$$

$$X_3 = \frac{息税前利润}{资产总额} \times 100\% = \frac{息税前利润}{期末总资产} \times 100\% = \frac{EBIT}{平均总资产} \times 100\%$$

$$X_4 = \frac{普通股及优先股市场价值总额}{负债账面价值总额} \times 100\% = \frac{期末股东权益的市场价值}{期末总负债账面价值} \times 100\%$$

$$X_5 = \frac{本期销售收入}{资产总额} \times 100\%$$

以上指标具体分析如下：

X_1 反映了企业资产的折现能力和规模特征。营运资本具有周转速度快、变现能力强、项目繁多、性质复杂、获利能力高、投资风险小等特点。一个企业经营资本持续减少，往往预示着企业资金周转不灵或出现短期偿债危机。

X_2 反映了企业的累积获利能力。期末留存收益是由企业税后利润形成的，对于上市公司来说，留存收益是指净利润减去全部股利后的金额。一般来说，新企业资产与收益较少，因此相对于老企业 X_2 较小，而财务失败的风险较大。

X_3 即为总资产报酬率，可称为总资产息税前利润率，通常总资产取平均资产总额，以避免当期末大量购进资产时使 X_3 降低，不能客观反映一年中资产的获利能力。EBIT 是指扣除债务利息与所得税之前的正常业务利润（包括对外投资收益），不包括非正常项目、中断营业和特别项目及会计原则变更的累积前期影响而产生的收支净额。该指标主要是从企业各种资金来源（包括所有者权益和债权人权益）的角度对企业资产的使用效率进行评价的，通常是反映企业财务危机的最有力的依据之一。

X_4 反映了企业的财务结构，分母为流动负债和长期负债的账面价值之和，分子以股东权益的市场价值取代了账面价值，因而对公认的影响企业财务状况的产权比率进行修正，能够客观地反映公司价值。对于上市公司，分子应该是"股票期末市价×总股份数"。X_4 的分子是一个较难确定的参数，目前及在今后相当长的时间内，非上市公司仍占我国公司总数的大部分，要确定非上市公司所有者权益的市价，可以采用资产评估方法中的预期收益法，具体公式为：

$$企业资产市价 = \frac{企业预期实现的年利润额}{行业平均资金利润率} \times 100\%$$

$$X_4 = \frac{企业资产的市价}{负债总额} - 1$$

X_5 是企业的总资产周转率，分子的"本期销售收入"应该为销售收入净额，指销售收入扣除销售折扣、销售折让、销售退回等后的金额。企业总资产的营运能力集中反映在总资产的管理水平上，因此，总资产周转率可以用来分析企业全部资产的使用效率。如果企业总资产周转率高，说明企业利用全部资产进行经营的成果好、效率高；反之，如果总资产周转率低，则说明企业总资产进行经营活动的成果差、效率低，最终将影响企业的获利能力。如果总资产周转率长期处于较低的水平，企业就应当采取措施提高各项资产的利用程度，对那些确实无法提高利用率的多余、闲置资产应当及时进行处理，加速资产周转速度。

Z 模型从企业的资产流动性、获利能力、财务结构、偿债能力、营运能力等方面综合反映了企业的财务状况，进一步推动了财务预警的发展。奥特曼教授通过此模型的研究分析得出：Z 值越小，企业遭受财务失败的可能性就越大。祝兆辉研究表明，Z 记分法预测上市公司在一年内财务失败的准确率为95%，在两年时间内出现财务失败的准确率为83%，在三年后出现财务失败的准确率降为48%。

Z 模型中的 5 个财务比率以绝对百分率表示，5 个财务比率中，X_1 和 X_4 反映企业的偿债能力，X_2 和 X_3 反映企业的盈利能力，X_5 反映企业的营运能力。分析者只要将企业各年的财务指标代入公式中，即可计算出 Z 值，进而预测企业的财务危机。Z 模型克服了单变量模型对同一公司、不同比率预测出不同结果的缺点。Z 模型的实证检验表明，在破产前一年的预测准确率比单变量模型有大幅度提高，但在破产前五年进行预测，其准确性却不如前者。Z 模型在实际工作中得到了广泛的应用。奥特曼教授结合美国股票市场的实际情况，将 Z 的临界值确定为 2.675 和

1.81，具体判断标准见表 11-3。

表 11-3　　　　　　　　　　　Z 模型具体判断标准表

Z≥3.0	财务危机的可能性很小	安全状态	财务正常
2.675≤Z≤2.9	有财务危机的可能		
1.81≤Z≤2.675	财务危机的可能性很大	破产情况不明，处于灰色区域	
Z≤1.81	财务危机可能性非常大	很高的破产风险	财务失败

Z 模型简单明了、易于理解，有利于不同财务状况的比较，根据实证研究表明具有一定的判定能力，故得到较为广泛的应用。按照这一模型，通过计算企业连续几年的 Z 值就可发现企业发生财务危机的征兆。

依照奥特曼的思路，许多学者通过实证研究建立了自己的模型，其中较具代表性的模型为 1972 年埃德米斯特建立的小企业财务危机预警模型和 1977 年塔夫勒提出的财务风险预警模型。现简要介绍埃德米斯特建立的财务危机预警模型。

埃德米斯特专门针对中小企业建立财务危机预警模型。该模型假定所有变量服从 N（1，0）分布，以标准值为界线进行判断，变量值只能为 1 或 0。该模型如下：

$$Z = 0.951 - 0.423X_1 - 0.293X_2 - 0.482X_3 + 0.277X_4 - 0.452X_5 - 0.352X_6 - 0.924X_7$$

其中：

X_1 =（税前净利+折旧）/流动负债，若 X_1<0.05，取值 1；若 X_1≥0.05，取值为 0。

X_2 = 所有者权益/销售收入，若 X_2<0.07，取值为 1；若 X_2≥0.07，取值为 0。

X_3 =（净营运资金/销售收入）/行业平均值，若 X_3<-0.02，取值为 1；若 X_3≥-0.02，取值为 0。

X_4 = 流动负债/所有者权益，若 X_4<0.48，取值为 1；若 X_3≥0.48，取值为 0。

X_5 =（存货/销售收入）/行业平均值，若 X_5 连续三年有上升趋势，取值为 1；否则取值为 0。

X_6 = 速动比率/行业平均速动比率趋势值，若 X_6 有下降趋势且小于 0.34，取值为 1；否则取值为 0。

X_7 = 速动比率/行业平均速动比率，若 X_7 连续三年有下降趋势，取值为 1；否则取值为 0。

但是埃德米斯特未能公布 Z 值的最佳临界值。

（2）F 模型

Z 模型克服了单变量模型的缺陷，几乎包括了所有预测能力很强的财务指标，但其局限性在于：该模型采用的是按权责发生制编制的报表资料，没有考虑到较为客观的现金流量指标，可能不能真实地反映企业现实的财务质量。为了解决权责发生制原则带来的人为操纵财务比率的缺陷，我国学者周首华等于 1996 年提出了一个 Z 模型的改进财务预警新模型——F 模型，其预测准确率接近 70%。F 模型在指标选择时融入了现金流量的概念，运用我国 1990 年以来 4 160 家企业的数据进行了检查，最终对 33 对同行业、净销售额相近的破产企业和非破产企业进行了财务数据分析，得出如下的判别模型：

$$F = -0.177 + 1.109X_1 + 0.107X_2 + 1.927X_3 + 0.030X_4 + 0.496X_5$$

其中：F 为判别函数值

$$X_1 = \frac{营运资金}{资产总额} \times 100\%$$

$$X_2 = \frac{留存收益}{资产总额} \times 100\%$$

$$X_3 = \frac{税后净收益+折旧}{平均负债总额} \times 100\%$$

$$X_4 = \frac{普通股及优先股市场价值总额}{负债账面价值总额} \times 100\%$$

$$X_5 = \frac{税后净收益+利息+折旧}{平均资产总额} \times 100\%$$

F 模型和 Z 模型的区别就在于 X_3 和 X_5 不同。X_3 是一个现金流量变量，它是衡量企业所产生的全部现金流量可用于偿还企业债务能力的重要指标。一般来说，企业提取的折旧费用，也是企业创造的现金流入，必要时可以将这部分资金用于偿还债务。X_5 测定的是企业总资产在创造现金流量方面的能力。相对于 Z 模型，它可以更准确地预测出企业是否存在财务危机（其中的利息是指企业利息收入减去利息支出后的余额），F 模型的临界值是 0.0274，其具体判断标准见表 11-4。

表 11-4　　　　　　　　　　　　　F 模型具体判断标准表

F≤0.0274	可能出现明显的财务危机的企业
F>0.0274	表明财务状况正常，可以继续生存的企业

F 模型的数值在其临界值上下 0.0775 内为所谓的不确定区域，在此区域内有可能把财务危机企业预测为继续生存企业，或者将继续生存企业预测为财务危机企业，因此，要进一步研究分析。F 模型加入了现金流量作为预测自变量，因而弥补了 Z 模型的不足。

3. 多元逻辑回归模型

马丁（Martin）于 1977 年最先采用逻辑回归（logistic）模型预测银行倒闭的可能性。其研究表明，净利润/资产总额、坏账/营业净利润、费用/营业收入、总放款/总资产、商业放款/总放款、总资产/风险性资产等 6 个指标的财务预测效果显著。1980 年，奥尔森（Ohlson）为了提高财务危机预测的准确性，将逻辑回归方法引入财务危机预警领域。他选择 1970—1976 年间破产的 105 家公司和 2058 家非破产公司组成配对样本，运用条件逻辑模型（conditional logistic model）建立财务危机预警模型。模型如下：

$$P = \frac{1}{1 + e^{-(-1.32 - 0.407X_1 + 6.03X_2 - 1.43X_3 + 0.075X_4 - 2.37X_5 - 1.83X_6 + 2.85X_7 - 1.72X_8 - 0.521X_9)}}$$

其中前 6 个自变量分别是资产总额对数、资产负债率、流动资产占总资产的比率、流动比率、现金净流量占资产的比率、营运资本占总资产的比率；X_7 取 1 或者 0，当最近连续两年现金净流量为负时取 1，否则取 0；X_8 取 1 或者 0，当上市公司总资产小于负债总额时取 1，否则取 0。

$$X_9 = \frac{当年现金净流量-上年现金净流量}{\left|当年现金净流量\right|+\left|上年现金净流量\right|}$$

P 的临界值为 0.038。P>0.038 的企业认为面临财务危机，P≤0.038 的公司判为财务安全。该模型的误判率为 14.9%。研究结果显示，公司规模、资本结构（负债比率）、经营业绩（资产收益率或营运资金比率）以及流动性（流动比率、速动比率）等 4 个因素与企业发生财务危机的概率具有高度的相关性，预测准确率达到 96.12%。

多元逻辑回归模型使财务预警得到了重大改进，克服了传统判别分析中的许多问题，如变量属于正态分布的假设以及破产和非破产企业具有同一协方差矩阵的假设。多元逻辑回归模型的理论前提相对判别分析法要宽松得多，且没有关于分布类型、协方差阵等方面的严格假定。不过，在大量运用多元逻辑回归的研究中，往往忽视了另一个相当重要的问题，即模型自变量之间可能存在的多重共线性干扰。与其他多元回归方法一样，逻辑回归模型也对多元共线性敏感。当变量之间的相关程度提高时，系数估计的标准误差将会急剧增大。同时，系数对样本和模型设置都非常敏感，模型设置的微小变化、在样本总体中加入或删除等变动，都会导致系数估计的较大变化。由于财务比率均由具有相互钩稽关系的财务报表计算得出，同类指标之间的相关程度是非常大的，不加处理地让这些高度相关的变量直接进入模型，必然会导致严重的多重共线性干扰，而由此得出的判别模型，其稳定性和准确性显然不容乐观。

4. 神经网络预警模型

1990 年，奥多姆（M. D. Odom）和夏尔达（R. Sharda）最早将神经网络技术应用于财务危机预警研究中，该判别模型以神经理论为基础，模仿生物的大脑神经网络学习过程。他们用 BP 神经网络预测了企业的财务危机，他们的模型能更好地解决分类问题，要优于当时的判别分析模型。1991 年，泰姆（Tam）采用人工神经网络模型进行财务预警研究。该模型具有较好的模式识别能力和容错能力，能够处理资料遗漏和错误，可随时依据新的数据资料进行自我学习训练，适用于当今复杂多变的企业运作环境。维持某些性能的特征以及对于分布未知的样本，神经网络预警模型的优势是不言而喻的。但其理论基础比较抽象，对人体大脑神经模拟的科学性和准确性有待进一步加强，因而适用性也大打折扣。

第四节　财务预警指标体系

一、选择财务预警指标应遵循的原则

财务预警指标是企业陷入财务危机过程的"晴雨表"，是企业财务预警的核心。企业在选择指标构建适当的财务危机预警指标体系时，必须遵循下列原则：

1. 敏感性原则

敏感性原则要求预警指标能够灵敏地暴露出企业财务活动过程中的财务危机征兆，准确地预测警情。

2. 可比性原则

可比性原则要求预警指标的计算口径和计算方法要同时纵向可比和横向可比。

3. 可操作性原则

可操作性原则要求指标本身所需要的财务数据，可以从企业的财务报告中得到体现，并在财务报表中没有缺省值。同样，该指标所需要的行业的数据，也可以从其他相关资料中得到，没有缺省值。

4. 有效性原则

有效性原则要求财务预警指标之间要避免高度的相关性和重复性，并要具有明显的经济意义。

5. 完整性原则

完整性原则要求预警指标体系应具有整体功能且层次分明，应该能从多个不同的角度全面地反映企业的经营情况和风险。

6. 相关性原则

相关性原则要求指标体系内的各个指标能互相联系，互相补充，从而全面反映企业各个方面的警情。

二、财务预警指标体系的构建

在企业财务预警指标体系中，根据其性质不同可以划分为财务指标预警和非财务指标预警。

1. 财务指标预警

财务指标预警基本上是以现行的财务分析体系为理论框架，所选取的预警指标多为常见的财务评价指标。反映偿债能力的预警指标一般为流动比率、速动比率、资产负债率和利息保障倍数。反映营运能力的预警指标一般有不良资产比率、应收账款周转率、存货周转率、总资产周转率和净资产周转率。盈利能力预警指标是以"会计利润"为核心的财务评价指标，主要包括营业利润率、总资产收益率和净资产收益率、成本利润率。反映未来发展能力的预警指标主要是以增长率指标为主的财务分析指标，一般包括总资产增长率、资本保值增值率和销售增长率。

2. 非财务指标预警

非财务指标预警是指用企业外在非财务信息中分析得出的数据来构建财务预警体系。许多学者认为，非财务因素对企业财务绩效有重要的影响，因此把一些非财务因素量化引入到财务预警指标体系中。在非财务预警指标体系的发展过程中，研究主要集中在企业内部治理结构指标、管理层特征指标、股权结构指标，随着研究的深入，一些特殊指标也被引入到非财务预警指标体系中。有学者认为，在非财务指标的选取和构建过程中要符合相关性、竞争性等原则，同时要考虑到企业生命周期、行业特征等因素的影响。关于非财务指标的研究，大多数学者都认识到非财务指标对企业财务预警有着重要的作用，但相对于财务指标而言存在计量困难的问题，所以如何选择非财务指标有待继续探讨。

企业财务预警指标体系的基本框架，如图 11-3 所示。

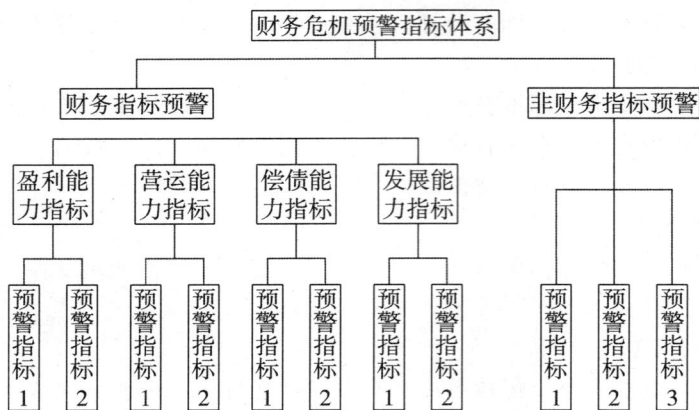

图 11-3　财务预警指标体系基本框架图

第二部分

财务分析实验项目

实验项目一

公司简介及行业发展前景分析

★ **实验要求**

上网查阅、收集上市公司财务报表资料，了解该公司所处行业的背景，并对公司概况及行业发展前景进行分析。

★ **实验内容**

一、五粮液股份有限公司概况

二、酿酒行业发展前景分析

实验项目二

主要报表项目结构及趋势分析

★ 实验要求

根据所收集的上市公司的财务报表资料，分析资产负债表、利润表以及现金流量表的项目结构，并进行趋势分析。

★ 实验内容

一、利润表分析

五粮液股份有限公司共同比利润表见表 1。

表 1　　　　　　　　　　五粮液股份有限公司共同比利润表　　　　　　　　单位：元

项　　　目	2007-12-31	2008-12-31	2009-12-31	2010-12-31
一、营业收入				
减：营业成本				
营业税金及附加				
销售费用				
管理费用				
财务费用				
资产减值损失				
加：公允价值变动收益				
投资收益				
其中：对联营企业和 　　　　　　合营企业的投 　　　　　　资收益				
二、营业利润				
加：营业外收入				
减：营业外支出				
其中：非流动资产处置 　　　　　　损失				

项　　目	2007－12－31	2008－12－31	2009－12－31	2010－12－31
三、利润总额				
减：所得税费用				
四、净利润				
归属于母公司所有者的净利润				
少数股东损益				
五、每股收益				
（一）基本每股收益				
（二）稀释每股收益				

_____

_____

_____

_____

_____

_____

_____

_____

_____

五粮液股份有限公司利润表定比趋势分析表见表 2。

表 2 　　　　　　　**五粮液股份有限公司利润表定比趋势分析表**

（以 2007 年为基期年度）　　　　　　　单位：元

项　　目	2007-12-31	2008-12-31	2009-12-31	2010-12-31
一、营业收入				
减：营业成本				
营业税金及附加				
销售费用				
管理费用				
财务费用				
资产减值损失				
加：公允价值变动收益				
投资收益				
其中：对联营企业和合营企业的投资收益				
二、营业利润				
加：营业外收入				
减：营业外支出				
其中：非流动资产处置损失				
三、利润总额				
减：所得税费用				
四、净利润				
归属于母公司所有者的净利润				
少数股东损益				
五、每股收益				
（一）基本每股收益				
（二）稀释每股收益				

五粮液股份有限公司利润表环比趋势分析表见表3。

表3　　　　　　　　五粮液股份有限公司利润表环比趋势分析表　　　　　　单位：元

项　　目	2007-12-31	2008-12-31	2009-12-31	2010-12-31
一、营业收入				
减：营业成本				
营业税金及附加				
销售费用				
管理费用				
财务费用				
资产减值损失				
加：公允价值变动收益				
投资收益				
其中：对联营企业和合营企业的投资收益				
二、营业利润				
加：营业外收入				
减：营业外支出				
其中：非流动资产处置损失				
三、利润总额				
减：所得税费用				
四、净利润				
归属于母公司所有者的净利润				
少数股东损益				
五、每股收益				
（一）基本每股收益				
（二）稀释每股收益				

二、资产负债表分析

五粮液股份有限公司流动资产占资产总额结构百分比分析表见表4。

表4　　　　五粮液股份有限公司流动资产占资产总额结构百分比分析表　　　金额单位：元

项　　目	2007-12-31	2008-12-31	2009-12-31	2010-12-31
流动资产合计				
资产合计				
流动资产占资产总额的比重				
流动资产占资产总额的比重（贵州茅台）	69.37%	77.70%	79.19%	79.34%

五粮液股份有限公司资本结构分析表见表5。

表5 　　　　　　　　五粮液股份有限公司资本结构分析表 　　　　单位：元

项　目	2007-12-31	2008-12-31	2009-12-31	2010-12-31
负债合计				
资产合计				
资产负债率				
资产负债率（贵州茅台）	20.16%	26.98%	25.89%	27.51%

五粮液股份有限公司资产负债表结构分析表见表6。

表6　　　　　　　　**五粮液股份有限公司资产负债表结构分析表**　　　　　　单位：元

项　　目	2007-12-31	2008-12-31	2009-12-31	2010-12-31
货币资金				
交易性金融资产				
应收票据				
应收账款				
预付款项				
其他应收款				
应收关联公司款				
应收利息				
应收股利				
存货				
其中：消耗性生物资产				
一年内到期的非流动资产				
其他流动资产				
流动资产合计				
可供出售金融资产				
持有至到期投资				
长期应收款				
长期股权投资				
投资性房地产				
固定资产				
在建工程				
工程物资				
固定资产清理				
生产性生物资产				
油气资产				
无形资产				
开发支出				
商誉				
长期待摊费用				

续表

项　目	2007-12-31	2008-12-31	2009-12-31	2010-12-31
递延所得税资产				
其他非流动资产				
非流动资产合计				
资产总计				
短期借款				
交易性金融负债				
应付票据				
应付账款				
预收款项				
应付职工薪酬				
应交税费				
应付利息				
应付股利				
其他应付款				
应付关联公司款				
一年内到期的非流动负债				
其他流动负债				
流动负债合计				
长期借款				
应付债券				
长期应付款				
专项应付款				
预计负债				
递延所得税负债				
其他非流动负债				
非流动负债合计				
负债合计				
实收资本（或股本）				
资本公积				
盈余公积				

续表

项　目	2007-12-31	2008-12-31	2009-12-31	2010-12-31
减：库存股				
未分配利润				
少数股东权益				
外币报表折算价差				
非正常经营项目收益调整				
归属母公司股东权益				
股东权益合计				
负债和股东权益总计				

五粮液股份有限公司定比趋势分析表见表7。

表7 　　　　　　　**五粮液股份有限公司定比趋势分析表**

（以 2007 年为基期年度） 　　　　　　单位：元

项　目	2007-12-31	2008-12-31	2009-12-31	2010-12-31
货币资金				
交易性金融资产				
应收票据				
应收账款				
预付款项				
其他应收款				
应收关联公司款				
应收利息				
应收股利				
存货				
其中：消耗性生物资产				
一年内到期的非流动资产				
其他流动资产				
流动资产合计				
可供出售金融资产				
持有至到期投资				
长期应收款				
长期股权投资				
投资性房地产				
固定资产				
在建工程				
工程物资				
固定资产清理				
生产性生物资产				
油气资产				
无形资产				
开发支出				
商誉				

续表

项　目	2007-12-31	2008-12-31	2009-12-31	2010-12-31
长期待摊费用				
递延所得税资产				
其他非流动资产				
非流动资产合计				
资产总计				
短期借款				
交易性金融负债				
应付票据				
应付账款				
预收款项				
应付职工薪酬				
应交税费				
应付利息				
应付股利				
其他应付款				
应付关联公司款				
一年内到期的非流动负债				
其他流动负债				
流动负债合计				
长期借款				
应付债券				
长期应付款				
专项应付款				
预计负债				
递延所得税负债				
其他非流动负债				
非流动负债合计				
负债合计				
实收资本（或股本）				
资本公积				

项　目	2007－12－31	2008－12－31	2009－12－31	2010－12－31
盈余公积				
减：库存股				
未分配利润				
少数股东权益				
外币报表折算价差				
非正常经营项目收益调整				
归属母公司股东权益				
股东权益合计				
负债和股东权益总计				

五粮液股份有限公司环比趋势分析表见表8。

表8　　　　　**五粮液股份有限公司环比趋势分析表**　　　　单位：元

项　目	2007-12-31	2008-12-31	2009-12-31	2010-12-31
货币资金				
交易性金融资产				
应收票据				
应收账款				
预付款项				
其他应收款				
应收关联公司款				
应收利息				
应收股利				
存货				
其中：消耗性生物资产				
一年内到期的非流动资产				
其他流动资产				
流动资产合计				
可供出售金融资产				
持有至到期投资				
长期应收款				
长期股权投资				
投资性房地产				
固定资产				
在建工程				
工程物资				
固定资产清理				
生产性生物资产				
油气资产				
无形资产				
开发支出				
商誉				
长期待摊费用				

续表

项　目	2007－12－31	2008－12－31	2009－12－31	2010－12－31
递延所得税资产				
其他非流动资产				
非流动资产合计				
资产总计				
短期借款				
交易性金融负债				
应付票据				
应付账款				
预收款项				
应付职工薪酬				
应交税费				
应付利息				
应付股利				
其他应付款				
应付关联公司款				
一年内到期的非流动负债				
其他流动负债				
流动负债合计				
长期借款				
应付债券				
长期应付款				
专项应付款				
预计负债				
递延所得税负债				
其他非流动负债				
非流动负债合计				
负债合计				
实收资本（或股本）				
资本公积				
盈余公积				

续表

项　目	2007-12-31	2008-12-31	2009-12-31	2010-12-31
减：库存股				
未分配利润				
少数股东权益				
外币报表折算价差				
非正常经营项目收益调整				
归属母公司股东权益				
股东权益合计				
负债和股东权益总计				

三、现金流量表分析

五粮液股份有限公司现金流入结构分析表见表9。

表9　　　　　　　　**五粮液股份有限公司现金流入结构分析表**　　　　单位：元

项　　目	2007-12-31	2008-12-31	2009-12-31	2010-12-31
销售商品、提供劳务收到的现金				
收到的税费返还				
收到其他与经营活动有关的现金				
经营活动现金流入小计				
收回投资收到的现金				
取得投资收益收到的现金				
处置固定资产、无形资产和其他长期资产收回的现金净额				
处置子公司及其他营业单位收到的现金净额				
收到其他与投资活动有关的现金				
投资活动现金流入小计				
吸收投资收到的现金				
取得借款收到的现金				
收到其他与筹资活动有关的现金				
筹资活动现金流入小计				
现金流入合计				

五粮液股份有限公司现金流出结构分析表见表10。

表10　　　　　　　　五粮液股份有限公司现金流出结构分析表　　　　　　　　单位：元

项　　目	2007-12-31	2008-12-31	2009-12-31	2010-12-31
购买商品、接受劳务支付的现金				
支付给职工以及为职工支付的现金				
支付的各项税费				
支付其他与经营活动有关的现金				
经营活动现金流出小计				
购建固定资产、无形资产和其他长期资产支付的现金				
投资支付的现金				
取得子公司及其他营业单位支付的现金净额				
支付其他与投资活动有关的现金				
投资活动现金流出小计				
偿还债务支付的现金				
分配股利、利润或偿付利息支付的现金				
支付其他与筹资活动有关的现金				
筹资活动现金流出小计				
现金流出合计				

五粮液股份有限公司经营活动现金流量比分析表见表 11。

表 11　　　　　五粮液股份有限公司经营活动现金流量比分析表　　　金额单位：元

项　目	2007 年	2008 年	2009 年	2010 年
经营活动现金流出小计				
经营活动现金流入小计				
经营活动现金流量比				

五粮液股份有限公司投资活动现金流量比分析表见表12。

表 12	五粮液股份有限公司投资活动现金流量比分析表		金额单位：元	
项　　目	2007 年	2008 年	2009 年	2010 年
投资活动现金流出小计				
投资活动现金流入小计				
投资活动现金流量比				

五粮液股份有限公司筹资活动现金流量比分析表见表13。

表13　　　　　　　　五粮液股份有限公司筹资活动现金流量比分析表　　　　金额单位：元

项　目	2007 年	2008 年	2009 年	2010 年
筹资活动现金流出小计				
筹资活动现金流入小计				
筹资活动现金流量比				

五粮液股份有限公司现金流出流入比分析表见表14。

表 14	五粮液股份有限公司现金流出流入比分析表			金额单位：元
项　目	2007 年	2008 年	2009 年	2010 年
现金流出小计				
现金流入小计				
现金流出流入比				

五粮液股份有限公司现金流量表定比趋势分析表见表15。

表15　　　　　　五粮液股份有限公司现金流量表定比趋势分析表

（以2007年为基期年度）　　　　　　　　单位：元

项　　　目	2007－12－31	2008－12－31	2009－12－31	2010－12－31
一、经营活动产生的现金流量				
销售商品、提供劳务收到的现金				
收到的税费返还				
收到其他与经营活动有关的现金				
经营活动现金流入小计				
购买商品、接受劳务支付的现金				
支付给职工以及为职工支付的现金				
支付的各项税费				
支付其他与经营活动有关的现金				
经营活动现金流出小计				
经营活动产生的现金流量净额				
二、投资活动产生的现金流量				
收回投资收到的现金				
取得投资收益收到的现金				
处置固定资产、无形资产和其他长期资产收回的现金净额				
处置子公司及其他营业单位收到的现金净额				
收到其他与投资活动有关的现金				
投资活动现金流入小计				
购建固定资产、无形资产和其他长期资产支付的现金				
投资支付的现金				
取得子公司及其他营业单位支付的现金净额				
支付其他与投资活动有关的现金				

续表

项　　目	2007－12－31	2008－12－31	2009－12－31	2010－12－31
投资活动现金流出小计				
投资活动产生的现金流量净额				
三、筹资活动产生的现金流量				
吸收投资收到的现金				
取得借款收到的现金				
收到其他与筹资活动有关的现金				
筹资活动现金流入小计				
偿还债务支付的现金				
分配股利、利润或偿付利息支付的现金				
支付其他与筹资活动有关的现金				
筹资活动现金流出小计				
筹资活动产生的现金流量净额				
四、汇率变动对现金的影响				
五、现金及现金等价物净增加额				
加：期初现金及现金等价物余额				
六、期末现金及现金等价物余额				

五粮液股份有限公司现金流量表环比趋势分析表见表16。

表16　　　　　　　五粮液股份有限公司现金流量表环比趋势分析表　　　　单位：元

项　　目	2007-12-31	2008-12-31	2009-12-31	2010-12-31
一、经营活动产生的现金流量				
销售商品、提供劳务收到的现金				
收到的税费返还				
收到其他与经营活动有关的现金				
经营活动现金流入小计				
购买商品、接受劳务支付的现金				
支付给职工以及为职工支付的现金				
支付的各项税费				
支付其他与经营活动有关的现金				
经营活动现金流出小计				
经营活动产生的现金流量净额				
二、投资活动产生的现金流量				
收回投资收到的现金				
取得投资收益收到的现金				
处置固定资产、无形资产和其他长期资产收回的现金净额				
处置子公司及其他营业单位收到的现金净额				
收到其他与投资活动有关的现金				
投资活动现金流入小计				
购建固定资产、无形资产和其他长期资产支付的现金				
投资支付的现金				
取得子公司及其他营业单位支付的现金净额				
支付其他与投资活动有关的现金				

续表

项　目	2007-12-31	2008-12-31	2009-12-31	2010-12-31
投资活动现金流出小计				
投资活动产生的现金流量净额				
三、筹资活动产生的现金流量				
吸收投资收到的现金				
取得借款收到的现金				
收到其他与筹资活动有关的现金				
筹资活动现金流入小计				
偿还债务支付的现金				
分配股利、利润或偿付利息支付的现金				
支付其他与筹资活动有关的现金				
筹资活动现金流出小计				
筹资活动产生的现金流量净额				
四、汇率变动对现金的影响				
五、现金及现金等价物净增加额				
加：期初现金及现金等价物余额				
六、期末现金及现金等价物余额				

五粮液股份有限公司现金流量净额表见表 17。

表 17　　　　　　　　**五粮液股份有限公司现金流量净额表**　　　　　单位：元

项　　目	2007 年	2008 年	2009 年	2010 年
经营活动产生的现金流量净额				
投资活动产生的现金流量净额				
筹资活动产生的现金流量净额				
现金及现金等价物净增加额				

五粮液股份有限公司盈余现金保障倍数计算表见表18。

表 18　　　　　五粮液股份有限公司盈余现金保障倍数计算表　　　金额单位：元

项　目	2007 年	2008 年	2009 年	2010 年
经营现金净流量				
净利润				
盈余现金保障倍数				
盈余现金保障倍数（贵州茅台）	58.78%	131.16%	92.77%	116.14%

五粮液股份有限公司现金销售比率计算表见表19。

表 19   五粮液股份有限公司现金销售比率计算表   金额单位：元

项　　目	2007 年	2008 年	2009 年	2010 年
销售商品、提供劳务收到的现金				
营业收入				
现金销售比率				
现金销售比率（贵州茅台）	102.77%	136.81%	121.57%	128.41%

五粮液股份有限公司现金流动负债比率计算表见表20。

表20　　　　　　　　**五粮液股份有限公司现金流动负债比率计算表**　　　　金额单位：元

项　　目	2007 年	2008 年	2009 年	2010 年
经营现金净流量				
流动负债				
现金流动负债比率				
现金流动负债比率（贵州茅台）	82.52%	123.45%	82.69%	88.24%

五粮液股份有限公司现金债务总额比率计算表见表 21。

表 21	五粮液股份有限公司现金债务总额比率计算表			金额单位：元
项　　目	2007 年	2008 年	2009 年	2010 年
经营现金净流量				
债务总额				
现金债务总额比率				
现金债务总额比率（贵州茅台）	82.52%	123.45%	82.53%	88.11%

实验项目三

财务指标体系分析

★ 实验要求

根据所收集的上市公司报表资料，计算并分析上市公司的盈利能力、营运能力、偿债能力和发展能力。

★ 实验内容

一、盈利能力指标分析

五粮液股份有限公司总资产报酬率计算表见表22。

表22   **五粮液股份有限公司总资产报酬率计算表**   金额单位：元

项 目	2007 年	2008 年	2009 年	2010 年
利润总额				
平均资产总额				
总资产报酬率				
总资产报酬率（贵州茅台）	45.52%	41.05%	34.23%	31.58%

五粮液股份有限公司净资产收益率计算表见表23。

表 23　　　　　　　五粮液股份有限公司净资产收益率计算表　　　　　金额单位：元

项　　目	2007 年	2008 年	2009 年	2010 年
净利润				
平均净资产				
净资产收益率				
净资产收益率（贵州茅台）	41.30%	40.26%	34.81%	32.17%

五粮液股份有限公司销售毛利率计算表见表24。

表 24　　　　　**五粮液股份有限公司销售毛利率计算表**　　　　金额单位：元

项　　目	2007 年	2008 年	2009 年	2010 年
营业收入				
减：营业成本				
毛利				
营业收入				
销售毛利率				
销售毛利率（贵州茅台）	87.96%	90.30%	90.17%	90.95%

五粮液股份有限公司营业利润率计算表见表 25。

表 25　　　　　　五粮液股份有限公司营业利润率计算表　　　　金额单位：元

项　　目	2007 年	2008 年	2009 年	2010 年
营业利润				
营业收入				
营业利润率				
营业利润率（贵州茅台）	62.53%	65.40%	62.83%	61.56%

五粮液股份有限公司销售净利率计算表见表26。

表26　　　　　　　五粮液股份有限公司销售净利率计算表　　　　金额单位：元

项　目	2007 年	2008 年	2009 年	2010 年
净利润				
营业收入				
销售净利率				
销售净利率（贵州茅台）	40.98%	48.54%	47.08%	45.90%

五粮液股份有限公司每股收益计算表见表27。

表 27　　　　　　　　　**五粮液股份有限公司每股收益计算表**　　　　金额单位：元

项　　目	2007 年	2008 年	2009 年	2010 年
净利润				
总股本				
每股收益				
每股收益（贵州茅台）	3	4.03	4.57	5.35

五粮液股份有限公司市盈率计算表见表28。

表 28　　　　　　　　　**五粮液股份有限公司市盈率计算表**　　　　金额单位：元

项　　目	2007 年	2008 年	2009 年	2010 年
每股市价				
每股收益				
市盈率				
市盈率（贵州茅台）	76.67	26.97	37.16	34.38

二、营运能力指标分析

五粮液股份有限公司应收账款周转率计算表见表 29。

表 29　　　　　　　**五粮液股份有限公司应收账款周转率计算表**　　　　　金额单位：元

项　　　目	2007 年	2008 年	2009 年	2010 年
营业收入				
平均应收账款				
应收账款周转率				
应收账款周转天数				
应收账款周转率（贵州茅台）	127.14	202.92	344.06	1 027.63
应收账款周转天数（贵州茅台）	2.83	1.77	1.05	0.35

五粮液股份有限公司存货周转率计算表见表30。

表30   **五粮液股份有限公司存货周转率计算表**   金额单位：元

项　　目	2007 年	2008 年	2009 年	2010 年
营业成本				
平均存货				
存货周转率				
存货周转天数				
存货周转率（贵州茅台）	0.41	0.30	0.26	0.22
存货周转天数（贵州茅台）	878.05	1 200.00	1 384.62	1 636.36

五粮液股份有限公司流动资产周转率计算表见表31。

表31　　　　　**五粮液股份有限公司流动资产周转率计算表**　　　金额单位：元

项　　目	2007 年	2008 年	2009 年	2010 年
营业收入				
平均流动资产				
流动资产周转率				
流动资产周转率（贵州茅台）	1.03	0.84	0.69	0.65

五粮液股份有限公司固定资产周转率计算表见表32。

表32　　　　　**五粮液股份有限公司固定资产周转率计算表**　　　金额单位：元

项　　目	2007 年	2008 年	2009 年	2010 年
营业收入				
平均固定资产				
固定资产周转率				
固定资产周转率（贵州茅台）	4.75	4.10	3.61	3.16

五粮液股份有限公司总资产周转率计算表见表33。

表33　　　　　　　　　　五粮液股份有限公司总资产周转率计算表　　　　　　金额单位：元

项　　目	2007年	2008年	2009年	2010年
营业收入				
平均资产总额				
总资产周转率				
总资产周转率（贵州茅台）	0.73	0.63	0.54	0.51

三、偿债能力指标分析

五粮液股份有限公司流动比率计算表见表34。

表34   **五粮液股份有限公司流动比率计算表**   金额单位：元

项　　目	2007 年	2008 年	2009 年	2010 年
流动资产				
流动负债				
流动比率				
流动比率（贵州茅台）	344.19%	287.97%	306.49%	288.84%

五粮液股份有限公司速动比率计算表见表35。

表35　　　　　　　　**五粮液股份有限公司速动比率计算表**　　　　　金额单位：元

项　　目	2007 年	2008 年	2009 年	2010 年
流动资产				
减：存货				
速动资产				
流动负债				
速动比率				
速动比率（贵州茅台）	235.10%	214.69%	224.17%	209.53%

五粮液股份有限公司现金流动负债比率计算表见表36。

表36　　　　　　　**五粮液股份有限公司现金流动负债比率计算表**　　　　金额单位：元

项　　目	2007年	2008年	2009年	2010年
年经营现金净流量				
流动负债				
现金流动负债比率				
现金流动负债比率（贵州茅台）	82.52%	123.45%	82.69%	88.24%

　　五粮液股份有限公司资产负债率计算表见表 37。

表 37　　　　　　　五粮液股份有限公司资产负债率计算表　　　　金额单位：元

项　　目	2007 年	2008 年	2009 年	2010 年
负债总额				
资产总额				
资产负债率				
资产负债率（贵州茅台）	20.25%	26.98%	25.89%	27.51%

五粮液股份有限公司已获利息倍数计算表见表38。

表 38 　　　　五粮液股份有限公司已获利息倍数计算表 　　　金额单位：元

项　　　目	2007 年	2008 年	2009 年	2010 年
息税前利润				
实际利息支出				
已获利息倍数				
已获利息倍数（贵州茅台）	−100.06	−52.54	−44.50	−39.56

四、发展能力指标分析

五粮液股份有限公司总资产增长率计算表见表 39。

表 39　　　　　　　**五粮液股份有限公司总资产增长率计算表**　　　　　金额单位：元

项　　目	2007 年	2008 年	2009 年	2010 年
资产总额				
资产增长率				
资产增长率（贵州茅台）	11.64%	50.31%	25.49%	29.43%

五粮液股份有限公司资本积累率计算表见表 40。

表 40　　　　　　　**五粮液股份有限公司资本积累率计算表**　　　　　金额单位：元

项　　目	2007 年	2008 年	2009 年	2010 年
股东权益总额				
资本积累率				
资本积累率（贵州茅台）	39.60%	37.46%	27.37%	26.60%

五粮液股份有限公司股东权益各项目增长率计算表见表41。

表41　　　　　　**五粮液股份有限公司股东权益各项目增长率计算表**　　　金额单位：元

项　　　目	2007 年	2008 年	2009 年	2010 年
股本				
股本增长率				
资本公积				
资本公积增长率				
盈余公积				
盈余公积增长率				
未分配利润				
未分配利润增长率				
股东权益总额				
资本积累率				

五粮液股份有限公司营业收入增长率计算表见表42。

表42　　　　　　　　　五粮液股份有限公司营业收入增长率计算表　　　　　　金额单位：元

项　　目	2007 年	2008 年	2009 年	2010 年
营业收入				
营业收入增长率				
营业收入增长率（贵州茅台）	47.82%	13.88%	17.33%	20.30%

五粮液股份有限公司收益增长率计算表见表 43。

表 43　　　　　　　　五粮液股份有限公司收益增长率计算表　　　　　　金额单位：元

项　目	2007 年	2008 年	2009 年	2010 年
营业利润				
营业利润增长率				
利润总额				
利润总额增长率				
净利润				
净利润增长率				
营业利润增长率（贵州茅台）	81.97%	19.12%	12.71%	17.86%
利润总额增长率（贵州茅台）	81.74%	19.09%	12.91%	17.79%
净利润增长率（贵州茅台）	88.40%	34.88%	13.80%	17.28%

实验项目四

综合分析

★实验要求

根据所收集的上市公司报表资料，计算杜邦分析体系的主要指标并进行综合分析。

★实验内容

五粮液股份有限公司权益乘数计算表见表44。

表44　　　　　　　　　**五粮液股份有限公司权益乘数计算表**　　　　　金额单位：元

项　　　目	2007 年	2008 年	2009 年	2010 年
资产总额				
股东权益				
权益乘数				

五粮液股份有限公司杜邦分析计算表见表45。

表45　　　　　　　　　**五粮液股份有限公司杜邦分析计算表**

项　　　目	2007 年	2008 年	2009 年	2010 年
销售净利率				
总资产周转率				
权益乘数				
股东权益报酬率				
股东权益报酬率（贵州茅台）	36.88%	41.89%	34.32%	32.30%

实验项目五

撰写财务分析报告

★ 实验要求

根据上述计算及分析，撰写上市公司财务分析报告。

★ 实验内容

五粮液股份有限公司 2010 年度财务分析报告

实验项目六

上市公司财务评析

★**实验要求**

各小组用 PPT 方式演示上市公司财务分析并评析。

★**实验内容**

_____

_____

_____

_____

_____

_____

_____

_____

附录一　贵州茅台酒股份有限公司 2007—2010 年年度报告①

贵州茅台酒股份有限公司利润表见表 46。

表 46　　贵州茅台酒股份有限公司利润表

单位: 元

项　　目	2007 年度	2008 年度	2009 年度	2010 年度
一、营业收入	7 237 430 747.12	8 241 685 564.11	9 669 999 065.39	11 633 283 740.18
减：营业成本	871 643 568.33	799 713 319.24	950 672 855.27	1 052 931 591.61
营业税金及附加	604 078 928.41	681 761 604.71	940 508 549.66	1 577 013 104.90
销售费用	560 385 186.98	532 024 659.80	621 284 334.75	676 531 662.09
管理费用	723 155 575.20	941 174 062.44	1 217 158 463.04	1 346 014 202.04
财务费用	−44 743 824.95	−102 500 765.33	−133 636 115.78	−176 577 024.91
资产减值损失	−614 738.65	450 078.22	−300 085.01	−3 066 975.05
加：公允价值变动收益	—	—	—	—
投资收益	1 814 950.00	1 322 250.00	1 209 447.26	469 050.00
其中：对联营企业和合营企业的投资收益	—	—	—	—
二、营业利润	4 525 341 001.80	5 390 384 855.03	6 075 520 510.72	7 160 906 229.50
加：营业外收入	2 917 186.44	6 282 035.79	6 247 977.00	5 307 144.91
减：营业外支出	6 233 172.31	11 366 252.66	1 228 603.08	3 796 643.04

① 资料来源：利讯网：http://www.hexun.com。

续表

项　目	2007 年度	2008 年度	2009 年度	2010 年度
其中：非流动资产处置损失	—	—	—	—
三、利润总额	4 522 025 015.93	5 385 300 638.16	6 080 539 884.64	7 162 416 731.37
减：所得税费用	1 555 972 506.98	1 384 541 295.05	1 527 650 940.64	1 822 655 234.40
四、净利润	2 966 052 508.95	4 000 759 343.11	4 552 888 944.00	5 339 761 496.97
归属于母公司所有者的净利润	2 830 831 594.36	3 799 480 558.51	4 312 446 124.73	5 051 194 218.26
少数股东损益	135 220 914.59	201 278 784.60	240 442 819.27	288 567 278.71
五、每股收益				
（一）基本每股收益	3.00	4.03	4.57	5.35
（二）稀释每股收益	3.00	4.03	4.57	5.35

贵州茅台酒股份有限公司资产负债表见表 47。

表 47 贵州茅台酒股份有限公司资产负债表

单位：元

项　　目	2007-12-31	2008-12-31	2009-12-31	2010-12-31
货币资金	4 722 706 300.02	8 093 721 891.16	9 743 152 155.24	12 888 393 889.29
交易性金融资产	—	—	—	—
应收票据	101 046 224.00	170 612 609.00	380 760 283.20	204 811 101.20
应收账款	46 407 153.34	34 825 094.84	21 386 314.28	1 254 599.91
预付款项	6 825 624.62	741 638 536.34	1 203 126 087.16	1 529 868 837.52
其他应收款	86 114 253.52	82 601 388.17	96 001 483.15	59 101 891.63
应收关联公司款	—	—	—	—
应收利息	3 584 400.00	2 783 550.00	1 912 600.00	42 728 425.34
应收股利	—	—	—	—
存货	2 304 818 947.92	3 114 567 813.33	4 192 246 440.36	5 574 126 083.42
其中：消耗性生物资产	—	—	—	—
一年内到期的非流动资产	—	—	17 000 000.00	—
其他流动资产	—	—	—	—
流动资产合计	7 271 502 903.42	12 240 750 882.84	15 655 585 363.39	20 300 284 828.31
可供出售金融资产	—	—	—	—
持有至到期投资	58 000 000.00	42 000 000.00	10 000 000.00	60 000 000.00
长期应收款	—	—	—	—
长期股权投资	4 000 000.00	4 000 000.00	4 000 000.00	4 000 000.00

续表

项　　目	2007-12-31	2008-12-31	2009-12-31	2010-12-31
投资性房地产	—	—	—	—
固定资产	1 826 983 364.36	2 190 171 911.89	3 168 725 156.29	4 191 851 111.97
在建工程	994 453 165.72	582 860 996.70	193 956 334.39	263 458 445.10
工程物资	11 931 427.66	62 368 950.89	24 915 041.53	18 528 802.46
固定资产清理				
生产性生物资产	—	—	—	—
油气资产				
无形资产	249 274 093.40	445 207 595.72	465 550 825.17	452 317 235.72
开发支出				
商誉				
长期待摊费用	12 477 325.46	10 146 520.77	21 469 624.81	18 701 578.16
递延所得税资产	52 849 560.43	176 680 977.54	225 420 802.14	278 437 938.97
其他非流动资产				
非流动资产合计	3 209 968 937.03	3 513 436 953.51	4 114 037 784.33	5 287 295 112.38
资产总计	10 481 471 840.45	15 754 187 836.35	19 769 623 147.72	25 587 579 940.69
短期借款	—	—	—	—
交易性金融负债	—	—	—	—
应付票据	—	—	—	—

续表

项　　目	2007-12-31	2008-12-31	2009-12-31	2010-12-31
应付账款	59 681 964.50	121 289 073.57	139 121 352.45	232 013 104.28
预收款项	1 125 288 196.26	2 936 266 375.10	3 516 423 880.20	4 738 570 750.16
应付职工薪酬	54 596 365.24	361 007 478.77	463 948 636.85	500 258 690.69
应交税费	407 747 376.15	256 300 257.23	140 524 984.34	419 882 954.10
应付利息	—	—	—	—
应付股利	41 806 958.04	—	137 207 662.62	318 584 196.29
其他应付款	423 495 209.82	575 906 355.73	710 831 237.05	818 880 550.55
应付关联公司款	—	—	—	—
一年内到期的非流动负债	—	—	—	—
其他流动负债	—	—	—	—
流动负债合计	2 112 616 070.01	4 250 769 540.40	5 108 057 753.51	7 028 190 246.07
长期借款	—	—	—	—
应付债券	—	—	—	—
长期应付款	—	—	—	—
专项应付款	—	—	10 000 000.00	10 000 000.00
预计负债	—	—	—	—
递延所得税负债	—	—	—	—
其他非流动负债	—	—	—	—

续表

项目	2007-12-31	2008-12-31	2009-12-31	2010-12-31
非流动负债合计	—	—	10 000 000.00	10 000 000.00
负债合计	2 112 616 070.01	4 250 769 540.40	5 118 057 753.51	7 038 190 246.07
实收资本（或股本）	943 800 000.00	943 800 000.00	943 800 000.00	943 800 000.00
资本公积	1 374 964 415.72	1 374 964 415.72	1 374 964 415.72	1 374 964 415.72
盈余公积	838 320 965.63	1 001 133 829.72	1 585 666 147.40	2 176 754 189.47
减：库存股	—	—	—	—
未分配利润	5 077 020 374.58	7 924 671 271.03	10 561 552 279.69	13 903 255 455.61
少数股东权益	134 750 014.51	258 848 779.48	185 582 551.40	150 615 633.82
外币报表折算价差	—	—	—	—
非正常经营项目收益调整	—	—	—	—
归属母公司所有者权益（或股东权益）	8 234 105 755.93	11 244 569 516.47	14 465 982 842.81	18 398 774 060.80
所有者权益（或股东权益）合计	8 368 855 770.44	11 503 418 295.95	14 651 565 394.21	18 549 389 694.62
负债和所有者权益（或股东权益）总计	10 481 471 840.45	15 754 187 836.35	19 769 623 147.72	25 587 579 940.69

贵州茅台酒股份有限公司现金流量表见表48。

表48　贵州茅台酒股份有限公司现金流量表

单位：元

项　　目	2007-12-31	2008-12-31	2009-12-31	2010-12-31
一、经营活动产生的现金流量				
销售商品、提供劳务收到的现金	7 437 754 281.34	11 275 230 701.85	11 756 243 820.83	14 938 581 885.61
收到的税费返还	—	—	—	181 031.15
收到其他与经营活动有关的现金	95 684 682.11	242 355 759.12	185 888 008.21	138 196 684.26
经营活动现金流入小计	7 533 438 963.45	11 517 586 460.97	11 942 131 829.04	15 076 959 601.02
购买商品、接受劳务支付的现金	1 098 306 968.33	1 214 717 814.83	1 557 075 938.70	1 669 804 222.04
支付给职工以及为职工支付的现金	623 333 896.62	809 386 845.15	1 229 305 038.48	1 492 813 443.35
支付的各项税费	3 602 532 438.23	3 666 868 792.10	4 160 350 102.49	4 885 737 303.37
支付其他与经营活动有关的现金	465 962 448.89	579 124 473.15	771 463 605.18	827 128 112.69
经营活动现金流出小计	5 790 135 752.07	6 270 097 925.23	7 718 194 684.85	8 875 483 081.45
经营活动产生的现金流量净额	1 743 303 211.38	5 247 488 535.74	4 223 937 144.19	6 201 476 519.57
二、投资活动产生的现金流量				
收回投资收到的现金	—	21 000 000.00	25 000 000.00	17 000 000.00
取得投资收益收到的现金	—	2 123 100.00	2 080 397.26	1 731 400.00
处置固定资产、无形资产和其他长期资产收回的现金净额	—	50 000.00	—	—
处置子公司及其他营业单位收到的现金净额	—	—	—	—
收到其他与投资活动有关的现金	—	—	—	56 315 726.51

续表

项　　目	2007-12-31	2008-12-31	2009-12-31	2010-12-31
投资活动现金流入小计	—	23 173 100.00	27 080 397.26	75 047 126.51
购建固定资产、无形资产和其他长期资产支付的现金	772 456 652.49	1 010 735 786.04	1 356 601 530.09	1 731 913 788.52
投资支付的现金	17 000 000.00	5 000 000.00	10 000 000.00	50 000 000.00
取得子公司及其他营业单位支付的现金净额				
支付其他与投资活动有关的现金	—	—	—	56 522 892.71
投资活动现金流出小计	789 456 652.49	1 015 735 786.04	1 366 601 530.09	1 838 436 681.23
投资活动产生的现金流量净额	-789 456 652.49	-992 562 686.04	-1 339 521 132.83	-1 763 389 554.72
三、筹资活动产生的现金流量				
吸收投资收到的现金	—	—	—	—
取得借款收到的现金	—	—	—	—
收到其他与筹资活动有关的现金	1 504 621.00	761 176.07	158 121.82	105 801.61
筹资活动现金流入小计	1 504 621.00	761 176.07	158 121.82	105 801.61
偿还债务支付的现金	—	—	—	—
分配股利、利润或偿付利息支付的现金	706 866 028.20	884 671 434.63	1 235 143 869.10	1 292 951 032.41
支付其他与筹资活动有关的现金	—	—	—	—
筹资活动现金流出小计	706 866 028.20	884 671 434.63	1 235 143 869.10	1 292 951 032.41

续表

项 目	2007-12-31	2008-12-31	2009-12-31	2010-12-31
筹资活动产生的现金流量净额	-705 361 407.20	-883 910 258.56	-1 234 985 747.28	-1 292 845 230.80
四、汇率变动对现金的影响	—	—	—	—
五、现金及现金等价物净增加额	248 485 151.69	3 371 015 591.14	1 649 430 264.08	3 145 241 734.05
加：期初现金及现金等价物余额	4 474 221 148.33	4 722 706 300.02	8 093 721 891.16	9 743 152 155.24
六、期末现金及现金等价物余额	4 722 706 300.02	8 093 721 891.16	9 743 152 155.24	12 888 393 889.29
附注：				
1. 将净利润调节为经营活动现金流量				
净利润	2 966 052 508.95	4 000 759 343.11	4 552 888 944.00	5 339 761 496.97
加：资产减值准备	-614 738.65	450 078.22	-300 085.01	-3 066 975.05
固定资产折旧、油气资产折耗、生产性生物资产折旧	103 823 977.32	147 042 974.23	187 387 081.41	267 815 117.52
无形资产摊销	8 419 605.26	6 995 493.68	11 552 408.13	14 719 853.45
长期待摊费用摊销	65 846 168.60	10 613 073.47	8 627 818.88	3 034 894.25
处置固定资产、无形资产和其他长期资产的损失	900 998.31	—	—	—
固定资产报废损失	3 146 711.19	3 241 808.24	227 122.97	617 857.77
公允价值变动损失	—	—	—	—
财务费用	-2 019 007.08	-761 176.07	-158 121.82	-105 801.61
投资损失	-1 814 950.00	-1 322 250.00	-1 209 447.26	-469 050.00

续表

项　　目	2007-12-31	2008-12-31	2009-12-31	2010-12-31
递延所得税资产减少	117 243 937.53	-123 831 417.11	-48 739 824.60	-53 017 136.83
递延所得税负债增加	—	—	—	—
存货的减少	-323 901 731.40	-809 748 865.41	-1 077 678 627.03	-1 381 879 643.06
经营性应收项目的减少	71 616 599.29	-94 515 474.36	-671 596 539.44	231 534 141.13
经营性应付项目的增加	-1 265 396 867.94	2 108 564 947.74	1 262 936 413.96	1 782 531 765.03
其他	—	—	—	—
经营活动产生的现金流量净额	1 743 303 211.38	5 247 488 535.74	4 223 937 144.19	6 201 476 519.57
2. 不涉及现金收支的重大投资和筹资活动				
债务转为资本	—	—	—	—
一年内到期的可转换公司债券	—	—	—	—
融资租入固定资产	—	—	—	—
3. 现金及现金等价物净变动情况				
现金的期末余额	4 722 706 300.02	8 093 721 891.16	9 743 152 155.24	12 888 393 889.29
减：现金的期初余额	4 474 221 148.33	4 722 706 300.02	8 093 721 891.16	9 743 152 155.24
加：现金等价物的期末余额	—	—	—	—
减：现金等价物的期初余额	—	—	—	—
现金及现金等价物净增加额	248 485 151.69	3 371 015 591.14	1 649 430 264.08	3 145 241 734.05

附录二 五粮液股份有限公司 2007—2010 年年度报告[①]

五粮液股份有限公司利润表见表 49。

表 49 五粮液股份有限公司利润表

单位：元

项 目	2007 年度	2008 年度	2009 年度	2010 年度
一、营业收入	7 328 555 841.62	7 933 068 723.21	11 129 220 549.61	15 541 300 510.85
减：营业成本	3 377 979 573.00	3 618 072 871.25	3 860 659 982.32	4 863 189 610.83
营业税金及附加	582 633 454.81	565 747 370.87	798 585 260.90	1 392 170 702.85
销售费用	782 758 181.11	890 832 654.12	1 164 153 836.17	1 803 233 837.68
管理费用	497 940 571.16	588 986 100.30	838 973 053.20	1 561 852 181.17
勘探费用	—	—	—	—
财务费用	−92 227 613.01	−159 954 267.43	−109 732 181.41	−192 470 846.37
资产减值损失	−933 744.61	−165 194.47	8 545 391.55	15 044 946.11
加：公允价值变动净收益	−186 980.00	—	15 521 684.64	−6 911 424.32
投资收益	3 199 582.46	1 579 121.31	3 117 340.01	3 377 150.17
其中：对联营企业和合营企业的投资收益	—	—	2 508 787.02	2 545 036.60
影响营业利润的其他科目	—	—	—	—
二、营业利润	2 183 418 021.62	2 431 128 309.88	4 586 674 231.53	6 094 745 804.43

[①] 资料来源：和讯网：http://www.hexun.com。

续表

项　　目	2007 年度	2008 年度	2009 年度	2010 年度
加：补贴收入	—	—	—	—
营业外收入	1 887 645.74	1 447 926.21	20 724 800.29	50 741 916.62
减：营业外支出	6 959 120.13	33 420 578.86	1 810 404.58	75 244 790.52
其中：非流动资产处置净损失	577 470.38	2 625 775.18	634 492.07	1 698 985.34
加：影响利润总额的其他科目	—	—	—	—
三、利润总额	2 178 346 547.23	2 399 155 657.23	4 605 588 627.24	6 070 242 930.53
减：所得税费用	705 562 448.81	569 455 764.68	1 138 920 195.73	1 508 186 094.93
加：影响净利润的其他科目	—	—	—	—
四、净利润	1 472 784 098.42	1 829 699 892.55	3 466 668 431.51	4 562 056 835.60
归属于母公司所有者的净利润	1 468 920 725.13	1 810 687 550.16	3 244 752 511.45	4 395 355 533.17
少数股东损益	3 863 373.29	19 012 342.39	221 915 920.06	166 701 302.43
五、每股收益				
（一）基本每股收益	0.39	0.48	0.86	1.16
（二）稀释每股收益	0.39	0.48	0.86	1.16

五粮液股份有限公司资产负债表见表 50。

表50　　　　　五粮液股份有限公司资产负债表

单位：元

项　目	2007-12-31	2008-12-31	2009-12-31	2010-12-31
货币资金	4 060 766 891.58	5 925 396 594.68	7 543 588 700.03	14 134 459 002.65
交易性金融资产	8 086 247.16	8 086 247.16	23 705 071.80	20 756 261.28
应收票据	523 942 546.50	601 748 849.88	1 842 131 762.62	2 180 616 262.52
应收账款	6 792 521.38	5 170 935.73	102 759 224.96	89 308 643.66
预付款项	7 624 049.38	45 462 986.79	195 685 085.40	328 380 998.28
其他应收款	27 592 841.54	25 936 687.26	68 864 328.27	37 700 601.64
应收关联公司款	—	—	—	—
应收利息	43 219 626.44	52 818 875.00	29 337 771.64	63 714 535.91
应收股利	—	—	—	—
存货	1 805 867 257.73	2 076 930 883.61	3 476 844 741.04	4 514 778 551.63
其中：消耗性生物资产	—	—	—	—
一年内到期的非流动资产	—	—	—	—
其他流动资产	—	—	—	—
流动资产合计	6 483 891 981.71	8 741 552 060.11	13 282 916 685.76	21 369 714 857.57
可供出售金融资产	—	—	—	—
持有至到期投资	—	—	—	—
长期应收款	—	—	—	—
长期股权投资	26 391 145.92	27 470 267.23	29 979 054.25	32 524 090.85

续表

项　目	2007-12-31	2008-12-31	2009-12-31	2010-12-31
投资性房地产	—	—	—	—
固定资产	4 670 657 791.36	4 334 380 905.88	6 935 927 656.62	6 373 457 302.86
在建工程	322 898 322.74	327 723 836.09	218 457 910.43	514 643 508.65
工程物资	—	—	—	—
固定资产清理	—	—	—	—
生产性生物资产	—	—	—	—
油气资产	—	—	—	—
无形资产	62 487 767.35	60 901 622.47	308 093 817.98	299 598 624.01
开发支出	—	—	—	—
商誉	—	—	1 621 619.53	1 621 619.53
长期待摊费用	—	—	66 356 766.63	70 535 041.77
递延所得税资产	5 324 118.02	4 392 036.46	5 737 024.53	11 405 479.92
其他非流动资产	—	—	—	—
非流动资产合计	5 087 759 145.39	4 754 868 668.13	7 566 173 849.97	7 303 785 667.59
资产总计	11 571 651 127.10	13 496 420 728.24	20 849 090 535.73	28 673 500 525.16
短期借款	—	—	—	—
交易性金融负债	—	—	—	—
应付票据	—	—	—	56 456 400.00

续表

项　　目	2007-12-31	2008-12-31	2009-12-31	2010-12-31
应付账款	30 308 923.31	38 079 985.51	239 072 532.94	155 435 476.76
预收款项	711 587 261.15	1 052 920 496.85	4 376 268 193.67	7 107 610 071.86
应付职工薪酬	193 361 894.02	37 475 412.42	41 710 820.66	348 244 603.84
应交税费	941 728 762.87	827 803 261.90	1 046 110 746.79	1 582 292 614.60
应付利息	—	—	—	—
应付股利	—	—	220 625 990.25	349 275 990.25
其他应付款	65 927 301.58	84 204 694.84	339 959 685.67	689 020 663.08
应付关联公司款	—	—	—	—
一年内到期的非流动负债	—	—	—	—
其他流动负债	—	—	—	—
流动负债合计	1 942 914 142.93	2 040 483 851.52	6 263 747 969.98	10 288 335 820.39
长期借款	—	—	—	—
应付债券	—	—	—	—
长期应付款	2 500 000.00	—	1 000 000.00	1 000 000.00
专项应付款	—	—	—	—
预计负债	—	—	—	—
递延所得税负债	—	—	3 880 421.16	2 152 565.08
其他非流动负债	—	—	—	15 910 598.22

续表

项　　目	2007-12-31	2008-12-31	2009-12-31	2010-12-31
非流动负债合计	2 500 000.00	—	4 880 421.16	19 063 163.30
负债合计	1 945 414 142.93	2 040 483 851.52	6 268 628 391.14	10 307 398 983.69
实收资本（或股本）	3 795 966 720.00	3 795 966 720.00	3 795 966 720.00	3 795 966 720.00
资本公积	953 203 468.32	953 203 468.32	953 203 468.32	953 203 468.32
盈余公积	1 803 743 654.97	1 985 197 516.32	2 318 892 624.67	2 759 520 038.09
减：库存股	—	—	—	—
未分配利润	3 016 465 972.27	4 645 699 661.08	7 206 958 728.18	10 592 343 301.51
少数股东权益	56 857 168.61	75 869 511.00	305 440 603.42	265 068 013.55
外币报表折算价差	—	—	—	—
非正常经营项目收益调整	—	—	—	—
归属母公司所有者权益（或股东权益）	9 569 379 815.56	11 380 067 365.72	14 275 021 541.17	18 101 033 527.92
所有者权益（或股东权益）合计	9 626 236 984.17	11 455 936 876.72	14 580 462 144.59	18 366 101 541.47
负债和所有者权益（或股东权益）总计	11 571 651 127.10	13 496 420 728.24	20 849 090 535.73	28 673 500 525.16

五粮液股份有限公司现金流量表表见表 51。

表 51　　　　　　　　五粮液股份有限公司现金流量表

单位：元

项　　目	2007-12-31	2008-12-31	2009-12-31	2010-12-31
一、经营活动产生的现金流量				
销售商品、提供劳务收到的现金	9 077 978 285.47	9 514 523 471.02	15 120 503 779.30	20 906 767 904.15
收到的税费返还	—	—	26 966 485.60	40 882 192.09
收到其他与经营活动有关的现金	74 197 514.55	161 494 811.90	257 024 052.25	252 083 597.23
经营活动现金流入小计	9 152 175 800.02	9 676 018 282.92	15 404 494 317.15	21 199 733 693.47
购买商品、接受劳务支付的现金	3 186 991 994.31	3 537 850 736.16	3 522 042 233.62	5 101 181 751.02
支付给职工以及为职工支付的现金	692 192 269.19	895 049 489.41	1 127 353 033.62	1 728 275 530.49
支付的各项税费	2 551 496 896.78	2 155 455 747.63	3 165 458 270.11	4 414 637 565.81
支付其他与经营活动有关的现金	1 055 948 696.03	1 115 025 758.91	1 535 631 116.80	2 252 518 560.89
经营活动现金流出小计	7 486 629 856.31	7 703 381 732.11	9 350 484 654.15	13 496 613 408.21
经营活动产生的现金流量净额	1 665 545 943.71	1 972 636 550.81	6 054 009 663.00	7 703 120 285.26
二、投资活动产生的现金流量				
收回投资收到的现金	603 890.00	—	—	—
取得投资收益收到的现金	3 386 562.46	500 000.00	495 807.44	832 123.57
处置固定资产、无形资产和其他长期资产收回的现金净额	1 461 877.56	3 361 413.55	310 042.07	1 556 299.86
处置子公司及其他营业单位收到的现金净额	—	—	—	—

续表

项　目	2007-12-31	2008-12-31	2009-12-31	2010-12-31
收到其他与投资活动有关的现金	—	—	3 107 372.53	2 811 809.32
投资活动现金流入小计	5 452 330.02	3 861 413.55	3 913 222.04	5 200 232.75
购建固定资产、无形资产和其他长期资产支付的现金	248 805 213.51	109 368 261.26	985 162 241.49	462 908 343.55
投资支付的现金	—	—	3 204 512.53	—
取得子公司及其他营业单位支付的现金净额	—	—	3 269 464 666.25	—
支付其他与投资活动有关的现金	—	—	3 101 023.42	6 774 433.12
投资活动现金流出小计	248 805 213.51	109 368 261.26	4 260 932 443.69	469 682 776.67
投资活动产生的现金流量净额	-243 352 883.49	-105 506 847.71	-4 257 019 221.65	-464 482 543.92
三、筹资活动产生的现金流量				
吸收投资收到的现金	15 000 000.00	—	11 000 000.00	13 000 000.00
取得借款收到的现金	—	—	—	—
收到其他与筹资活动有关的现金	15 000 000.00	—	11 000 000.00	13 000 000.00
偿还债务支付的现金	—	—	—	—
分配股利、利润或偿付利息支付的现金	162 684 288.00	—	189 798 336.00	660 767 438.72
支付其他与筹资活动有关的现金	—	2 500 000.00	—	—

续表

项　　目	2007-12-31	2008-12-31	2009-12-31	2010-12-31
筹资活动现金流出小计	162 684 288.00	2 500 000.00	189 798 336.00	660 767 438.72
筹资活动产生的现金流量净额	-147 684 288.00	-2 500 000.00	-178 798 336.00	-647 767 438.72
四、汇率变动对现金的影响	—	—	—	—
五、现金及现金等价物净增加额	1 274 508 772.22	1 864 629 703.10	1 618 192 105.35	6 590 870 302.62
加：期初现金及现金等价物余额	2 786 258 119.36	4 060 766 891.58	5 925 396 594.68	7 543 588 700.03
六、期末现金及现金等价物余额	4 060 766 891.58	5 925 396 594.68	7 543 588 700.03	14 134 459 002.65
附注：				
1. 将净利润调节为经营活动现金流量				
净利润	1 472 784 098.42	1 829 699 892.55	3 466 668 431.51	4 562 056 835.60
加：资产减值准备	-933 744.61	-165 194.47	8 545 391.55	8 301 188.48
固定资产折旧、油气资产折耗、生产性生物资产折旧	466 252 820.24	434 466 978.80	646 335 570.80	722 805 104.56
无形资产摊销	1 586 144.88	1 586 144.88	7 271 245.31	9 197 284.15
长期待摊费用摊销	820 470.57		29 472 070.11	38 118 543.15
处置固定资产、无形资产和其他长期资产的损失	-598 305.26	-633 994.59	415 296.61	810 820.36
固定资产报废损失	577 470.38	2 625 775.18		
公允价值变动损失	186 980.00		-15 521 684.64	6 911 424.32
财务费用				

续表

项　　目	2007-12-31	2008-12-31	2009-12-31	2010-12-31
投资损失	-3 199 582.46	-1 579 121.31	-3 117 340.01	-3 377 150.17
递延所得税资产减少	519 264.49	932 081.56	-1 344 988.07	-5 668 455.39
递延所得税负债增加	-61 703.40	—	3 880 421.16	-1 727 856.08
存货的减少	-297 844 728.14	-269 383 151.68	-685 669 129.10	-1 047 314 129.84
经营性应收项目的减少	118 998 060.00	-122 482 568.70	95 868 443.75	-472 612 913.95
经营性应付项目的增加	-93 541 301.40	97 569 708.59	2 501 205 934.02	3 885 619 590.07
其他	—	—	—	—
经营活动产生的现金流量净额	1 665 545 943.71	1 972 636 550.81	6 054 009 663.00	7 703 120 285.26
2. 不涉及现金收支的重大投资和筹资活动				
债务转为资本	—	—	—	—
一年内到期的可转换公司债券	—	—	—	—
融资租入固定资产	—	—	—	—
3. 现金及现金等价物变动情况				
现金的期末余额	4 060 766 891.58	5 925 396 594.68	7 543 588 700.03	14 134 459 002.65
减：现金的期初余额	2 786 258 119.36	4 060 766 891.58	5 925 396 594.68	7 543 588 700.03
加：现金等价物的期末余额	—	—	—	—
减：现金等价物的期初余额	—	—	—	—
现金及现金等价物净增加额	1 274 508 772.22	1 864 629 703.10	1 618 192 105.35	6 590 870 302.62

参考文献

［1］财政部，国家经贸委，中共中央企业工作委员会，劳动和社会保障部，国家计委．企业效绩评价操作细则（修订）［S］．2002.

［2］财政部，国家经贸委，中共中央企业工作委员会，劳动和社会保障部，国家计委．企业效绩评价指标解释［S］．2002.

［3］国务院国有资产监督管理委员会．中央企业综合绩效评价实施细则［S］．2006.

［4］薛贵．贵州茅台的核心竞争力分析［J］．财务与会计，2009（2）.

［5］周晋兰．基于信贷决策的现金流量分析［J］．财会通讯（综合），2011（1）.

［6］卢雁影．财务分析［M］．武汉：武汉大学出版社，2000.

［7］荆新，刘兴云．财务分析学［M］．北京：经济科学出版社，2000.

［8］金中泉．财务报表分析［M］．北京：中国财政经济出版社，2001.

［9］财政部．企业会计准则（2006）［S］．北京：经济科学出版社，2006.

［10］袁淳，吕兆德．财务报表分析［M］．北京：中国财政经济出版社，2008.

［11］卢雁影．财务分析［M］．北京：科学出版社，2009.

［12］荆新，王化成，刘俊彦．财务管理学［M］．北京：中国人民大学出版社，2009.

［13］财政部．企业会计准则讲解（2010）［S］．北京：人民出版社，2010.

［14］财政部企业司．企业财务风险管理［M］．北京：经济科学出版社，2004.

［15］张新民，等．财务报表分析［M］.3版．北京：中国人民大学出版社，2014.

［16］张先治，等．财务分析［M］.6版．大连：东北财经大学出版社，2013.

［17］BEAVER. Financial ratios as predictors of failures［J］. Empirical Research in Accounting：Selected Studies，1966（4）：71-110.

［18］ALTMAN E I. Financial ratios，discriminant analysis and the prediction of corporate bankruptcy［J］. Journal of Finance，1968（9）：1001-1016.

［19］谢文轩 .80% 茅台是假货，大多产自茅台镇［N/OL］.（2007-11-21）．腾讯网，http：//news. qq. com/a/20071121/000827. htm.

［20］陈晨．高端白酒市场现状及未来前景分析［J/OL］．（2009-03-21）．中国投资咨询网，http：//www. ocn. com. cn.

［21］衣大鹏．《中国酿酒产业十二五（2011—2015 年）发展规划（审定稿）》关键词解读［J/OL］．（2010-10-08）．中国红酒网，http：//www. winechina. cn.

［22］佚名．中国 11 省区联手打击"假茅台"［J/OL］．（2011-01-11）．联合早报网，http：//www. zaobao. com.

［23］童驯．贵州茅台：提价和适度放量确保 11 年增长 40% 以上［J/OL］．（2011-03-21）．搜狐证券，http：//stock. sohu. com/20110321/n279927340. shtml.

［24］张燕．白酒涨价遭指责，利润率或受挤压［N］．新快报，2011-04-11（A22）．